Anika Peucker

Wissenschafts-PR im (Social) Web

TUDpress

DRESDNER REIHE ANGEWANDTE MEDIENFORSCHUNG

DRESDEN SERIES OF APPLIED MEDIA RESEARCH

Herausgegeben von Wolfgang Donsbach und Lutz M. Hagen

Band 2

ANIKA PEUCKER

WISSENSCHAFTS-PR IM (SOCIAL) WEB

EINE STUDIE ZUR BEDEUTUNG VON ONLINEKOMMUNIKATION FÜR DIE KOMMUNIKATOREN AUSSERUNIVERSITÄRER FORSCHUNGSEINRICHTUNGEN

TUD_press_

Wissenschaftliche Arbeit zur Erlangung des akademischen Grades Master of Arts (M.A.) im Studiengang Angewandte Medienforschung am Institut für Kommunikationswissenschaft der Technischen Universität Dresden

Datum der Einreichung: 10. Dezember 2013

Betreut durch: Prof. Lutz M. Hagen

Bibliografische Information der Deutschen Nationalbibliothek
Die Deutsche Nationalbibliothek verzeichnet diese Publikation in der Deutschen Nationalbibliografie; detaillierte bibliografische Daten sind im Internet über http://dnb.d-nb.de abrufbar.

Bibliographic information published by the Deutsche Nationalbibliothek
The Deutsche Nationalbibliothek lists this publication in the Deutsche Nationalbibliografie; detailed bibliographic data are available in the Internet at http://dnb.d-nb.de.

ISBN 978-3-944331-85-0

Verlag der Wissenschaften GmbH
Bergstr. 70 | D-01069 Dresden
Tel.: 0351/47 96 97 20 | Fax: 0351/47 96 08 19
http://www.tudpress.de

Gesetzt von der Autorin. | Typeset by the author.
Printed in Germany.

Executive Summary

Soziale Netzwerke, Blogs, Mikroblogs – medial-gesellschaftliche Veränderungen machen auch vor außeruniversitären Forschungseinrichtungen nicht Halt. Hinzu kommen politische und wirtschaftliche Faktoren: mehr Wettbewerb, Internationalisierung, veränderte Förderung erhöhen den finanziellen Druck auf das Wissenschaftssystem. Sichtbarkeit, Aufmerksamkeitsgenerierung und Exzellenz – auch kommunikative – avancieren zu relevanzbestimmenden Faktoren, die Wissenschafts-PR durch Professionalisierung und Institutionalisierung der Kommunikation wesentlich mitgestalten kann. In der Nutzung der PR-Instrumente und der Etablierung eines Kommunikationsrahmens, nähert sie sich der Unternehmens-PR an, wenngleich sie sich in ihrer inhaltlichen Komplexität von jener unterscheidet. Neben der traditionellen PR mit Schwerpunkt auf der Pressearbeit entwickelt sich eine PR-Kultur, die direkter mit den Anspruchsgruppen kommuniziert. Aber welche Bedeutung hat diese PR-Kultur für die Public Relations außeruniversitärer Forschungseinrichtungen?

Ziel der Studie war, die Bedeutung von Onlinekommunikation, fokussiert auf die Kommunikation im Social Web, für die Wissenschafts-PR außeruniversitärer Forschungseinrichtungen zu evaluieren. Dazu wurden per webbasierter Online-Befragung die Institute und Zentren der vier größten deutschen außeruniversitären Forschungsorganisationen – Fraunhofer, Helmholtz, Max-Planck und Leibniz – befragt. Die Studie wurde als Vollerhebung auf Institutsebene konzipiert. Die Grundgesamtheit zählte 268 Einrichtungen, von denen 168 teilnahmen und 137 den Fragebogen beendeten, welches einer Ausschöpfung 51,1 Prozent entspricht. Die Anzahl der Teilnehmer verteilte sich annähernd gleich auf die vier Organisationen.

Die Studie kommt zu dem Schluss, dass ein wesentlicher Teil künftiger Wissenschafts-PR in der Onlinekommunikation liegt. Die Medien bleiben, selbst wenn sich das Trägermedium ändert, eine wichtige Zielgruppe als Baustein in der Übersetzungskaskade wissenschaftlich komplexer Informationen, die mit ihrer investigativen Berichterstattung den Legitimierungsgedanken unterstützen. Dieser Gedanke wird zusätzlich durch die Dialogmöglichkeiten im Social Web gefördert. Soziale Medien haben neben anderen Kommunikationsformen in der Wissenschafts-PR eine Bedeutung, die sich noch weiter etablieren und deren effiziente Nischen sich herauskristallisieren müssen. Wo Social Media die Wissenschafts-PR hinführt, welchen Anteil sie künftig an der gesamten PR-Arbeit einnimmt und welche Potenziale sie letztlich offeriert, bleiben noch intensiver zu erforschende Fragen.

Inhaltsverzeichnis

Abbildungsverzeichnis

Tabellenverzeichnis

Abkürzungsverzeichnis

$\%_A$	Prozentuale Angabe bezogen auf die Anzahl an Antworten (bei Mehfachantworten-Sets)
$\%_F$	Prozentuale Angabe bezogen auf die Anzahl an Fällen (bei Mehrfachantworten-Sets)
ECM	European Communication Monitor
F	Frage im Fragebogen
FhG	Fraunhofer-Gesellschaft zur Förderung der angewandten Forschung e.V.
GG	Grundgesamtheit
H	Hypothese
HGF	Helmholtz-Gemeinschaft Deutscher Forschungszentren e.V.
I	Item
Max	Maximum
MED	Median
Min	Minimum
MOD	Modus, Modalwert
MPG	Max-Planck-Gesellschaft zur Förderung der Wissenschaften e.V.
MR	Mittlerer Rang
MW	Arithmetisches Mittel
n_A	Anzahl an Antworten (bei Mehrfachantworten-Sets)
n_F	Anzahl an Fällen (bei Mehrfachantworten-Sets)
PR	Public Relations
PUS	Public Understanding of Science
PUSH	Public Understanding of Science and Humanities
r	Korrelationskoeffizient nach Pearson
R	Spearman Rho (Korrelationskoeffizient nach Spearman)
RSS	Really Simple Syndication
SD	Standardabweichung
WGL	Wissenschaftsgemeinschaft Gottfried Wilhelm Leibniz e.V.
WiD	Wissenschaft im Dialog

1 Einleitung

> „Der Unternehmer Heinrich Alwin Münchmeyer hat einmal gesagt: „Wenn ein junger Mann ein Mädchen kennen lernt und ihr erzählt, was für ein großartiger Kerl er ist, so ist das Reklame. Wenn er ihr sagt, wie reizend sie aussieht, so ist das Werbung. Wenn sie sich aber für ihn entscheidet, weil sie von anderen gehört hat, er sei ein feiner Kerl, so sind das Public Relations." In der Wissenschaft funktioniert es im Grunde genauso." (Schnurr, o. A.)

Wissenschafts-PR[1] erfährt in Wissenschaftsorganisationen in Deutschland, anders als im englischsprachigen Raum, erst seit Ende der 1990er Jahre vermehrt Aufmerksamkeit (Borchelt, 2008, S. 150). Initiativen wie Public Understanding of Science and Humanities (PUSH)[2] lösten diese Bewegung mit aus. Wissenschaft im Dialog (WiD) unterstützte die Einrichtungen in der Organisation von PR-Maßnahmen wie die Wissenschaftssommer, Wissenschaftsjahre oder die MS Wissenschaft (Meyer-Guckel, 2013, S. 40; Kleinert, 2012, S. 49ff.). Denn Forschungseinrichtungen erkannten: Wenn wir am Markt nicht nur sichtbar sein, sondern auch im Gespräch bleiben wollen, müssen wir professionell nach innen und außen kommunizieren (Păcurar, 2012, S. 7f.). Universitäre und außeruniversitäre Forschungsorganisationen bauten dahingehend ihre Public-Relations-Abteilungen auf und aus (Meyer-Guckel, 2013, S. 40), zentralisierten sie, institutionalisierten sie, um den Dialog mit den Anspruchsgruppen verständig zu führen.

Evidenz zur Notwendigkeit professionalisierter Wissenschafts-PR liefern derweilen auch politische und wirtschaftliche Veränderungen. Deutschland benötigt im internationalen Wettbewerb die Exzellenz der Wissenschaft (Kohring, 2004, S. 4). Immer mehr Forschungseinrichtungen, Projektgruppen, Cluster, Verbünde formieren sich. Sie sind Ausdruck der Fortentwicklung zur Wissensgesellschaft[3], deren Arbeit bezahlt werden will. Trotz insgesamt steigender Förderquoten durch Bund und Länder (BMBF - Bundesministerium für Bildung und Forschung, 2012, S. 412ff.), sinken die verfügbaren Mittel für die einzelnen Einheiten. Ebenso ist eine Umschichtung der Bezuschussung erkennbar: Eine Reduzierung der Grundmittel hin zu einer leistungsorientierten Finanzierung, die zu mehr Wettbewerb anregt, aber auch externer Kontrolle führt (Meyer-Guckel, 2013, S. 42). Die Konkurrenz um Drittmittel steigt.

---

[1] Wird im vorliegenden Forschungsbericht von Kommunikatoren, PR-Praktikern, Wissenschaftlern etc. gesprochen, so ist damit stets die männliche und weibliche Form gemeint.

[2] Public Understanding of Science and Humanities (PUSH) ist eine 1999 in Deutschland nach englischem Vorbild beschlossene Initiative, an der sich alle großen Forschungsorganisationen beteiligten, mit dem Ziel Experten und Laien näher zusammenzuführen (Lederbogen, 2004, S. 128ff.).

[3] Peters, Brossard, Cheveigné, Dunwoody, Kallfass, Miller und Tsuchida (2008a, S. 272) sprechen von zwei fundamentalen Trends, die den Wandel in der Kommunikation fördern: Zum einen die Entwicklung zur Mediengesellschaft, zum anderen diejenige zur Wissensgesellschaft.

Grundlagenforschung agiert in den Märkten der angewandten Forschung und vice versa. Die Forschungsstrukturen gleichen sich an, bedürfen aber andererseits zur Wahrnehmbarkeit der Abgrenzung. Im gleichen Zungenschlag von Konkurrenz gewinnen Kooperation und synergetische Verbindungen um die begrenzten Ressourcen an Bedeutung. Dieser vermeintliche Widerspruch ist durchaus von der Politik gewollt, die damit nicht zuletzt Innovationen vorantreiben will (Schubert & Schmoch, 2010, S. 255ff.; Hohn, 2010). Für das Wissenschaftssystem resultiert daraus: Es müssen andere Quellen erschlossen, Finanzierungsmodelle entwickelt, Auftraggeber und Kunden gewonnen werden, die zur Deckung des Finanzbedarfs beitragen. Organisierte Wissenschafts-PR, die sich in ihrer Struktur, Ausführung, in den Instrumenten und Methoden der Unternehmens-PR annähert, kann hierzu einen Beitrag leisten[4]. Sie vermag Aufmerksamkeit zu bündeln, Image und Reputation zu gestalten sowie Vertrauen und Glaubwürdigkeit zu fördern. All dies sind wettbewerbsrelevante Faktoren, auf welche die Wissenschaftseinrichtungen mit dem Ausbau ihrer Public Relations reagieren (Raupp, 2010, S. 379). Eine nicht mindere Rolle für die Professionalisierung der Wissenschaftskommunikation spielen neben den politisch-wirtschaftlichen die technischen und gesellschaftlichen Dimensionen. Die Entwicklungen im World Wide Web, in der mobilen Kommunikation sowie das Schließen der digitalen Kluft durch flächendeckend verfügbare, zudem bezahlbare Internetanschlüsse, die das Gros der Gesellschaft durchdringen, lösen ungeahnte Prozesse aus[5]. „Längst stellen Online-Informationsquellen für viele Menschen eine interessante Alternative zu den klassischen Zeitschriften und Zeitungen dar“ (Eck & Pleil, 2006, S. 83). Der Springer-Verlag kündigte im August 2013 über die Nachrichtenkanäle den Verkauf von Print-Titeln an, um sich mehr auf das Online-Geschäft zu konzentrieren. Verkaufszahlen etablierter Zeitungen stagnieren oder verlieren teils an Auflage (vgl. IVW, 2013). Die Verschiebungen in den Hoheitsstrukturen über inhaltliche Selektion und Content-Platzierung sind nur einige Auswirkungen des Wandels (vgl. Oetting, 2011). Daraus entwachsen manche Risiken. Mehr jedoch bietet die Verlagerung sowohl der interpersonalen als auch öffentlichen, der internen sowie externen Kommunikation in die digitale Welt den verschiedenen gesellschaftlichen Gruppen Chancen, authentisch, direkt, orts- und zeitunabhängiger zu kommunizieren – so eben auch der Wissenschaft.

---

4 Post (1997) erwähnte schon damals die zunehmende Notwendigkeit der Wissenschafts-PR für universitäre Einrichtungen im Hinblick auf Finanzmittel, Erschließung weiterer Zuwendungsgeber und Projektpartner sowie das Werben um Studenten und für die interne Kommunikation.

5 Laut der ARD/ZDF-Onlinestudie 2013 nutzen 77,2 Prozent der deutschsprachigen Bevölkerung ab 14 Jahren mindestens gelegentlich das Internet (van Eimeren & Frees, 2013, S. 359).

Das einstige Bild vom Empfänger über den Informationsstrang Wissenschaft - Journalismus - gesellschaftspolitische Öffentlichkeit wandelt sich. Der Empfänger hat eine Stimme – zuweilen eine Laute. Der sprachlose Empfangsmodus wechselt in den teils wortgewandten Kommentarmodus (Meyer-Guckel, 2013, S. 43). Neben der Wissensgesellschaft formt sich im vormedialen Raum des Social Webs die „Partizipationsgesellschaft“ (ebd.), die Themen hoch- oder niederschreiben kann; eine Parallelwelt zum Journalismus mit eigenen Bewertungslogiken für Themen, die nicht immer zu jenen der Wissenschaft passen, welches sich im Netz auf nüchterne, emotionale Weise äußern kann, schneller und unkontrollierbarer als zuvor. Das Wissenschaftssystem wird angreifbarer. Umso wichtiger scheint es, zu lernen, mit diesen nunmehr öffentlichen Bewertungsregeln offen, diskursiv umzugehen (ebd., S. 42). PR gilt dabei als zentraler Baustein. Gemeinsam mit den Wissenschaftlern können die Kommunikatoren die verschiedenen Öffentlichkeiten für Forschung begeistern. Dazu müssen sie jedoch die Kommunikationsinstrumente der Zielgruppen nutzen und inhaltliche Qualität mit gesellschaftlicher Relevanz bieten (Păcurar, 2012, S. 7). Diese Instrumente heißen auch soziale Medien, in denen bevorzugt jene Themen Resonanz auslösen, die den Bezug zum Selbst, zur Politik und Wirtschaft tangieren.

Mit der Onlinekommunikation, allen voran der Kommunikation im Social Web, hat nun das Wissenschaftssystem ein einfaches, wenngleich in der Sache hochkomplexes, und relativ kostengünstiges Instrument, ihre Forschung ohne übersetzende Mediensysteme direkt, verständlich zu erklären. Vorwürfe von verkürzter, kontextloser Darstellung gegenüber dem Journalismus verlieren ihr Fundament. Edelman (2010, S. 2) nennt diese Form der Kommunikation, in der jede Organisation selbst zum medialen Anbieter werden kann, „Public Engagement“. „Understand that every company can become a media company via an owned channel, driving people to substantive and visually alluring material” (ebd.). Der Preis dieser kommunikativen „Freiheit“ ist: Sie muss nahbar sein, um bemerkt zu werden. Zudem muss ihr die Bereitschaft zum Dialog innewohnen. Das fordert die Partizipationsgesellschaft neben schnelleren Reaktionszeiten. Somit ändert sich das Berufsbild professioneller Kommunikatoren – auch in der Forschung. Erreichbarkeit, Partizipation und Aktualität zählen zu Parametern für Aufmerksamkeit. PR-Praktiker stehen vor der Herausforderung den Schwerpunkt der Kommunikation von den Traditions- in die Online- und sozialen Medien zu verlagern. Dabei bleiben jedoch ein ausbalanciertes Kosten-Nutzen-Verhältnis und ein nachhaltiger Umgang mit den verfügbaren Ressourcen bei der Auswahl der Kanäle zu beachten. Nicht auf jeder „Kommunikationswelle“ lohnt es sich zu surfen. Die Instrumente müssen im Rahmen des übergeordneten Kommunikationskonzepts sorgfältig gewählt, Content-Strategien berücksichtigt werden.

Denn ohne strategische Konzepte ist in einer vernetzten Welt die Anfälligkeit für Reputations- und Imageschäden um ein Vielfaches höher (Zerfaß & Pleil, 2012).
Die Beteiligung in den sozialen Medien trifft somit die Organisationskultur in seinen Grundzügen. Wie ist die Haltung des Managements und der Mitarbeiter zu Transparenz und Offenheit im Umgang mit Information? Diese Haltung bestimmt neben dem verfügbaren Personal den Informationsfluss und damit wie inhaltsrelevant, wie engagiert der Dialog geführt werden kann (Rümmele, 2012, S. 160). Taylor und Kent (2010), die inhaltsanalytisch die Artikel zu Social Media einer Public-Relations-Fachzeitschrift untersuchten, schlossen, dass trotz aller vom Social Web gebotenen Vorteile, eine Kluft zwischen dem propagierten und dem empirisch vorfindbaren Potenzial existiert. Sie fordern mehr gesunde Skepsis und eine sorgfältige Analyse der ökonomisch nachhaltigen Verwendung verschiedener Plattformen. Die Kommunikationskontrolle wird – wenngleich im Online-Metier schwierig – einmal mehr wichtig. Nicht nur die klassische Public Relations, auch oder gerade diejenige in der Wissenschaft muss sich fragen, welches die richtigen Kommunikationsmaßnahmen sind. Das schuldet man alleine schon der öffentlichen Finanzierung.
Inwieweit die Kommunikation in den sozialen Medien in die Kommunikationspolitik außeruniversitärer Forschungseinrichtungen integriert und welche Bedeutung ihr in der Wissenschafts-PR zugesprochen wird, soll das Forschungsvorhaben klären.

1.1 Forschungsziel

Ziel der Arbeit ist, die Bedeutung von Onlinekommunikation mit Fokus auf die Kommunikation in den sozialen Medien für die Wissenschafts-PR außeruniversitärer Forschungseinrichtungen zu evaluieren.
Außeruniversitäre Forschungseinrichtungen sind neben der universitären und industriellen Forschung eine wichtige Säule im deutschen Forschungssystem, die sich nach dem Zweiten Weltkrieg konstituierte (Hohn, 2010, S. 457). Als außeruniversitäre Forschungseinrichtungen gelten jene, die nicht einer Universität oder Hochschule angehören, wenngleich sie vom Staat gegründet sein können. Sie werden zu unterschiedlichen Anteilen vom Bund und den Ländern finanziert, haben überregionale Bedeutung und sind von gesamtstaatlichem Interesse. Sie grenzen sich von der Industrieforschung ab, die sich ebenfalls außerhalb von Universitäten formiert und zuweilen öffentliche Zuwendungen erhält (Höhn, 2011, S. 9). Außeruniversitäre Forschungseinrichtungen sind eigenständige Körperschaften, meist in Form gemeinnütziger Vereine. Sie agieren frei und unabhängig im Sinne der Wissenschaft und fördern die gute wissenschaftliche Praxis.

In der Studie geht es um die Kommunikation dieser Forschungseinrichtungen. Genauer, um die Kommunikationsarbeit ihrer Public-Relations-Abteilungen und zwar der vier größten Institutionen in Deutschland: Fraunhofer (FhG), Helmholtz (HGF), Max-Planck (MPG) und Leibniz (WGL). Der Fokus liegt auf der Public Relations mittels der neueren Online-Medien, die zunehmend den Kommunikationsalltag unserer Mediengesellschaft bestimmen und die kommunikative Partizipationskultur im Vergleich zum 20. Jahrhundert umzukehren scheinen. Analysiert werden die Verwendung dieser Instrumente, ihre Relevanz für den Dialog mit den verschiedenen Zielgruppen sowie die Bedeutung dieser für die Wissenschafts-PR im Social Web. Primär geht es um die Zielgruppen der externen Kommunikation. Die wissenschaftlich arbeitenden Kollegen spielen jedoch insofern eine Rolle, als gerade sie in den sozialen Medien Multiplikatoren der Public Relations sind. Zudem braucht die PR die Rücksprache mit den Wissenschaftlern, um die komplexen Themen verständlich und wahrheitsgetreu zu platzieren. Das führt teils zu Konflikten, die in der Arbeit theoretisch aufgearbeitet werden sollen, genauso wie andere Schnittstellen, beispielsweise jene zur Politik, Wirtschaft, Gesellschaft und zu den Medien, meist ausgedrückt im Wissenschaftsjournalismus.

Eine Beziehung zwischen den Systemen betrachtet die Studie nur indirekt, denn Beziehungen schließen die Sicht beider Seiten ein. Vielmehr wird eine Perspektive, die der Wissenschafts-PR, auf die unterschiedlichen Zielgruppen im Rahmen des Medien- und Kommunikationswandels eingenommen. Außen vor bleibt die Scholarly Communication, die Kommunikation der Wissenschaftler untereinander.

Relevante Befragungsthemen werden weiterhin die praktizierten Kommunikationsmodelle, die Orientierung an der reinen Information oder das Interesse am Dialog, und das Vorhandensein von Kommunikationsstrategien sein. Desweiteren erwecken die transportierten Inhalte Forschungsinteresse. Außerdem muss nach dem Potenzial der neueren Kommunikationsmodi in der Onlinekommunikation von Wissenschaft und Forschung gefragt werden.

Zusammengefasst resultiert daraus: Die zentrale Analyseeinheit ist die Wissenschafts-PR. Dabei interessiert, wie sich die Einrichtungen in den sozialen Medien bewegen, welche Bedeutung sie dieser Kommunikationsform beimessen, inwieweit daraus kommunikative Veränderungen resultieren, ob die PR ihre Kommunikationspraktiken evaluiert und welche Perspektiven sie dem Dialog zu Wissenschaftsthemen mit den verschiedenen Anspruchsgruppen per Social Media einräumt. Warum diese Perspektive gewählt wurde, klärt folgendes Kapitel.

1.2 Relevanz

> „Without applied research on how to best communicate science online, we risk creating a future where the dynamics of online communication systems have a stronger

> impact on public views about science than the specific research that we as scientists are trying to communicate.“ (Brossard & Scheufele, 2013, S. 41)

Eine systematische Analyse darüber, wie Forschungseinrichtungen in den sozialen Medien kommunizieren, kann den einzelnen Instituten helfen, ihre eigene Kommunikationsweise zu justieren und Schwächen aber auch Stärken aufzudecken. Das Forschungsvorhaben soll in dieser Weise Ergebnisse liefern, die zur Fortentwicklung der einzelnen Kommunikationspraktiken beitragen können.

Desweiteren ist aus Sicht der Kommunikationswissenschaft die Wissenschaftskommunikation generell, noch mehr die Wissenschafts-PR, wenig erforscht oder Studien veraltet (u.a. Meier & Feldmeier, 2005, S. 211; Höhn, 2011, S. 10, 289; Herrmann-Giovanelli, 2013, S. 53). Daraus und aus den Dynamiken der Onlinekommunikationssysteme leitet sich Forschungsbedarf ab, der in Forschungsaktivitäten der unterschiedlichsten Perspektiven auf Wissenschaftskommunikation mündet. Aufmerksamkeit erhalten Themen wie Veränderungen im Wissenschaftsjournalismus (vgl. u.a. Meier & Feldmeier, 2005; Dunwoody, 2008; Höhn, 2012; Peters et al., 2008a; Peters, 2009), Open Access in der Wissenschaftskommunikation (vgl. u.a. Delfanti, 2012; Döbler, 2010), wissenschaftliche Blogs (vgl. u.a. Littek, 2012; Brumfiel, 2009), twitternde und bloggende Wissenschaftler (vgl. Leßmöllmann, 2012; Scheloske, 2012a) oder allgemein deren Social Media-Affinität und Nutzen daraus (vgl. u.a. Gerber, 2012; Gerber, 2011; Allgaier, Dunwoody, Brossard, Lo & Peters, 2013). Empirische Studien zur Wissenschafts-PR findet man derzeit noch selten, wie auch die Äußerung Borchelts (2008, S. 148) belegt: „(…) PR in science has been poorly studied by communication scholars” – in Deutschland noch weniger als in den USA. Die wenigen vorhandenen Studien schauen dann meist auf die Universitäts-PR (vgl. u.a. Ströle-Bühler, 2007), weniger auf die PR außeruniversitärer Forschung. Oder sie analysieren eine gemischte Zielgruppe, zum Beispiel aus Wissenschaftlern, Wissenschaftsjournalisten und Wissenschafts-PR, ohne auf die Situation der außeruniversitären Forschungseinrichtungen im Einzelnen einzugehen.

Eine Studie, die die Struktur der PR-Abteilungen, ihre Verankerung in der Organisationskultur, das Berufsfeld Wissenschafts-PR und dessen Professionalisierungsgrad beleuchtet sowie Prognosen zu künftigen strukturellen und inhaltlichen Entwicklungen analysiert, legte Tobias Höhn (2011) in seiner Dissertation vor. In einem zweistufigen Forschungsdesign aus quantitativer Online-Befragung und qualitativer Online-Delphi-Studie in drei Wellen befragte er professionelle Kommunikatoren aus Universitäten und den vier außeruniversitären Forschungsorganisationen – Fraunhofer, Helmholtz, Max-Planck, Leibniz – zu den genannten Themenkomplexen.

Meier und Feldmeier (2005) befragten in ihrer Berufsfeldstudie neben Wissenschaftsjournalisten ebenso Verantwortliche aus der Wissenschafts-PR[6] zur Zukunft der Wissenschaftskommunikation besonders für natur-, ingenieurwissenschaftliche und medizinische Themen. Beide Expertengruppen signalisierten Wachstumserwartungen in der Wissenschafts-PR, welche sowohl das Personal als auch das journalistische Aufgreifen von durch die Public Relations aufbereitete Themen betrafen (ebd., S. 231). Daraus resultiert wiederum Forschungsbedarf, der diese Veränderungen empirisch begleitet.

Lederbogen (2004) untersuchte das Potenzial der Public-Relations-Aktivitäten von Hochschulen und Forschungseinrichtungen im Internet. Neben einer Inhaltsanalyse ihrer Webseiten befragte er die Adressaten der Online-PR, darunter Wissenschaftsjournalisten, ebenso wie die Anbieter, um daraus Strategien für die Online-Public-Relations in Wissenschaft und Forschung abzuleiten.

Keine Studien liegen bislang zum Umgang der Wissenschafts-PR außeruniversitärer Forschungseinrichtungen in Deutschland mit den sozialen Medien vor; ebenso wenig, welchen Wert diese Kanäle für die Organisationen besitzen. Die vorliegende Studie möchte einen Beitrag leisten, auf diese offenen Fragen Antworten zu finden. Aufbauend auf den Ergebnissen der skizzierten und weiterer Studien – auch solche aus der Forschung zur Social Media-PR in Unternehmen[7] – soll die Bedeutung der Onlinekommunikation, primär der sozialen Medien, für deutsche außeruniversitäre Forschungseinrichtungen näher analysiert werden. Das Ziel dabei: Weitere Erkenntnisse in dem noch wenig erforschten, wenngleich an Bedeutung gewinnenden, Forschungsfeld *Wissenschafts-PR* zu erhalten.

1.3 Begriffsdefinitionen

Folgend werden einige Begriffe von kapitelübergreifender Bedeutung definiert.

Kommunikation, Onlinekommunikation, Wissenschaftskommunikation

> „*Kommunikation* lässt sich definieren als eine spezifische Form der sozialen Interaktion, die sich auf symbolische Strukturen stützt und durch aufeinander bezogene Kommunikationshandlungen der beteiligten Akteure konstituiert wird. *Kommunikative Handlungen* sind Handlungen, bei denen man versucht, anderen etwas mitzuteilen oder sich bemüht, entsprechende Ausdrucksformen zu verstehen" (Zerfaß & Pleil, 2012, S. 42, Hervorhebung im Original).

[6] Dabei nicht fokussiert auf die PR-Praktiker außeruniversitärer Forschungseinrichtungen.

[7] Da sich Wissenschafts-PR instrumentell derjenigen von Unternehmen annähert, ist es aufgrund fehlender empirischer Grundlagen zur Social Media-Kommunikation in der Wissenschafts-PR relevant, auf Studien aus der Unternehmens-PR zurückzugreifen.

Kommunikation setzt auf Interaktionsprozessen auf, denen ein gemeinsam ausgehandeltes Repertoire an Symbolen, Zeichen etc. zur Verständigung und Verstehenshandlung zugrunde liegt. Das Internet, maßgeblich das Social Web, erweitert den Raum für Kommunikation massiv. Erstmals scheint ein echter Dialog zwischen Organisationen und ihren Bezugsgruppen außerhalb der direkten interpersonalen Kommunikation über lokale Grenzen hinweg auf einfachste Weise möglich, wenngleich die tatsächlichen Ausformungen derzeit noch hinter den Erwartungen zurück bleiben. Wandlungen in der Kommunikationsweise vollziehen sich langsamer als der technische Fortschritt erlauben würde (Zerfaß & Pleil, 2012, S. 39ff.) – auch in der Wissenschafts-PR. Nichtsdestotrotz nutzt sie kommunikatives Handeln im Netz, um Reputation, Glaubwürdigkeit, Vertrauen und Information zu fördern.

Fokussiert auf den Online-Bereich, umfasst *Onlinekommunikation* „alle Formen der interpersonalen, gruppenbezogenen und öffentlichen Kommunikation, die (…) online über Computer(netze) und digitale Endgeräte erfolgen" (DGPuK-CvK, 2004, ¶1)[8]. Charakteristisch ist die digitale Übertragung, leitungsgebunden oder per leitungsloser Funkübermittlung (Schweiger, 2013, S. 255). Differenziert werden kann Onlinekommunikation neben dem zeitlichen Aspekt – synchron versus asynchron – oder der Kommunikationsabsicht – informativ, unterhaltend, überzeugend – beispielsweise nach der Anzahl der beteiligten Kommunikationspartner (ebd.). Im Internet existieren nebeneinander verschiedene Kommunikationsweisen, die die Effizienz von Kommunikation steuern. Die One-to-one-Kommunikation beispielsweise äußert sich in Form von E-Mail-Anfragen, die One-to-many in Weblogs, Mikroblogs oder Social Networks (Kolb, 2010, S. 63ff.; Schweiger, 2013, S. 255). Von Many-to-many-Kommunikation kann bei Wikis (Ebersbach, Glaser & Heigl, 2011, S. 40f.) oder themengebundenen Gruppen wie Diskussionsforen gesprochen werden (Schweiger, 2013, S. 255). Many-to-one-Kommunikation bezeichnet zum Beispiel die Anfragen verschiedener Stakeholder, die durch Sammeln, Strukturieren und Bewerten zur effizienten Beantwortung beitragen. Über die Strukturierung und Bewertung der Fragen können Themeninteressen sondiert werden. Many-to-one-Kommunikation ist derart als Themenradar nutzbar (Kolb, 2010, S. 66f.).

Nach Kluwe und Smodje (2007, S. 75) ist *Wissenschaftskommunikation*

[8] Die Fachgruppe *Computervermittelte Kommunikation* der Deutschen Gesellschaft für Publizistik- und Kommunikationswissenschaft e.V. verwendet statt des Begriffes Onlinekommunikation gleichlautend und namensgebend für die Gruppe den der computervermittelten Kommunikation (CvK). Laut Schweiger und Beck (2010, S. 9) setzte sich dieser Terminus in wissenschaftlichen Publikationen jedoch nicht durch. Zudem scheint der Begriff Onlinekommunikation durch die zunehmende medientechnische Konvergenz, die mobilen Anwendungen, geräteunabhängigen Softwarelösungen und Online-Speichermöglichkeiten besser geeignet und begründbar.

> „(…) die systematisch geplante, durchgeführte und evaluierte Kommunikation von Wissenschaft, mit dem Ziel, Verständnis für und Vertrauen in die Wissenschaft zu schaffen und die dahinter stehende Organisation als wissenschaftliche Einrichtung zu positionieren.“

Mit der Nennung der Aufgaben – Evaluation – und den Zielen – Verständnis, Vertrauen, Positionierung und Repräsentanz der Einrichtung – der Wissenschaftskommunikation wird deutlich, dass sie zu den Aufgaben der institutionalisierten Wissenschafts-PR zählt, die in ihren Funktionen als Beobachter der Umwelt, Vermittler und Repräsentant der Institution genau diese Aufgaben systematisch wahrnimmt.

Burns, O'Connor und Stocklmayer (2003, S. 183) gehen noch weiter, indem sie die medialen Aktivitäten sowie den Dialogcharakter, den Wissenschaftskommunikation seit der Initiative von Public Understanding of Science (PUS) Mitte der 1980er Jahre haben sollte, in ihre Definition von Wissenschaftskommunikation einbeziehen. Sie definieren externe Wissenschaftskommunikation (Science Communication) als

> „(…) the use of appropriate skills, media, activities, and dialogue to produce one or more of the following personal responses to science (…): Awareness, Enjoyment, Interest, Opinion-forming, and Understanding.” (Burns et al., 2003, S. 183)

Awareness zielt auf Aufmerksamkeit, auf das sich der Relevanz von Wissenschaftskommunikation bewusst sein und werden. *Enjoyment* bedient die affektive Komponente, den Entertainment-Faktor. Das Involvement wird als Faktor für *Interesse* gesehen. Die Auseinandersetzung mit den wissenschaftlichen Informationen erzeugt, formt und verändert *Meinungen und Einstellungen* zu Wissenschaftsthemen. Um *Verständnis* für Wissenschaft zu gewinnen, bedarf es unter anderem einer sozial-ethischen Perspektive im Dialog (ebd., S. 191). In den Kommunikationsprozess involviert sind nach Burns et al. (2003, S. 191) „science practitioners, mediators, and other members of the general public (…)”, denen die interaktive Wissenschaftskommunikation ein effizienteres Handeln ermöglicht (ebd., S. 199).

Zu den an Wissenschaftskommunikation beteiligten Akteuren zählen neben den PR-Kommunikatoren die Wissenschaftler selbst, wenn sie beispielsweise an Tagen der offenen Tür, mittels Vorträgen, in Blogs, Mikroblogs oder sozialen Netzwerken direkt mit der gesellschaftspolitischen Öffentlichkeit kommunizieren. Außerdem verhelfen Wissenschaftsjournalisten und mediale Kommunikatoren den wissenschaftlichen Themen zu Publizität (Bräutigam & Ettl-Huber, 2013, S. 148).

Zugleich sind die beiden letztgenannten, neben ihrer direkten Kommunikations- respektive, im Falle der Medienakteure, Mittlerrolle, Anspruchsgruppen der Wissenschafts-PR, zu denen außerdem als wichtige politische und wirtschaftliche Entscheider, Förderer sowie die allgemeine gesellschaftpolitische Öffentlichkeit zählen (Bräutigam & Ettl-Huber, 2013, S. 149;

Höhn, 2011, S. 210f.). Eingeteilt in interne und externe Zielgruppen gehören die Wissenschaftler der eigenen Institution zur internen Kategorie. Alle weiteren können und sollen in dieser Forschungsarbeit als externe Bezugsgruppen bezeichnet werden.

Allgemein ist Wissenschaftskommunikation ein vielfältig definierter und interpretierter Begriff mit großer Begriffsvariabilität, sodass viele Termini synonym verwendet werden. Im angelsächsischen Sprachraum bürgerte sich die Unterscheidung *Science Communication* für eine externe Wissenschaftskommunikation und *Scholarly Communication* für die Kommunikation innerhalb der Scientific Community ein. Im deutschen Sprachraum existiert eine solche Begriffstrennung nicht. Jedoch werden für die externe Wissenschaftskommunikation häufig Begriffe wie *Public Understanding of Science (PUS)* oder *Public Understanding of Science and Humanities (PUSH)* verwendet. Ebenso fallen die Termini Laien- beziehungsweise Expertenkommunikation in diesem Zusammenhang. Ein Experte in einem fachfremden Gebiet kann aber schnell zum Laien avancieren und umgekehrt. Folglich umspannt die gesellschaftspolitische Öffentlichkeit einen sehr breiten Raum, in dem sich je nach Perspektive Akteure und Bezugsgruppen verändern oder überlagern (Herrmann-Giovanelli, 2013, S. 19ff.). Im Hinblick auf die medialen Prozesse kommt ein weiterer Aspekt hinzu: Die einst vorhandenen Grenzen zwischen interner und externer Wissenschaftskommunikation erodieren. Im Social Web halten daher strenge Typisierungen den Begebenheiten häufig nicht mehr Stand (Schmirmund 2010, S. 28f.; Trench, 2008, S. 186).

Öffentlichkeiten und Publics

Öffentlichkeit soll im Rahmen dieser Arbeit verstanden werden als „differenziertes Kommunikationssystem, (…) in dem Themen und Meinungen gesammelt, verarbeitet und weitergegeben werden“ (Bentele, 2013a, S. 611). Damit wird „auf ein spezifisches Verständnis der ‚Öffentlichkeiten‘, eines vieldeutigen Ausdrucks“ (Zerfaß, 2010, S. 195), verwiesen. Öffentlichkeiten sind demnach nicht gleichzusetzen mit Akteuren oder den Bürgern einer Gesellschaft, wenn von *der Öffentlichkeit* gesprochen wird, vielmehr handeln Akteure in Öffentlichkeiten. Somit existieren viele nebeneinander, zum Beispiel die wissenschaftliche, die betriebseigene oder die gesellschaftspolitische Öffentlichkeit[9]. Ihnen ist gemein, „dass sie eine

[9] Die gesellschaftspolitische Öffentlichkeit „steht grundsätzlich allen Mitgliedern eines Gemeinwesens offen“ (Zerfaß, 2010, S. 201), die sich an die verbindlich ausgehandelten politischen und rechtlichen Rahmenbedingungen halten. Ihr zugehörig sind Akteure wie Bürger, Verbände, Parteien, aber auch Wirtschafts- und Wissenschaftseinheiten. Diese Öffentlichkeit hat eine besondere Bedeutung, da sie auf andere Öffentlichkeiten, unter anderem das Mediensystem (Agenda-Setting), Meinungsführer, Empfehlungen aus spezifischen Netzwerken, reagiert oder selbst die verschiedenen Kommunikationsarenen beeinflusst (ebd., S. 198ff.).

Arena für (...) Kommunikationshandlungen bilden“ (ebd., S. 197). Sie unterscheiden sich aber „hinsichtlich der jeweils beteiligten Akteure, der durchsetzbaren Themen, der vorherrschenden Kommunikationsstrukturen und funktionalen Leistungen“ (ebd.). Die Termini Öffentlichkeiten und Kommunikationsarenen werden synonym verwendet. Eine Öffentlichkeit, zur Verdeutlichung die wissenschaftliche Öffentlichkeit, ist somit die Kommunikationsarena, in der die verschiedenen Bezugsgruppen der Wissenschaft, etwa Wissenschaftler, Wissenschaftskommunikatoren, administratives wissenschaftsnahes Personal, handeln. Diese Öffentlichkeit, aber auch die in ihr agierenden Akteursgruppen zeichnen sich jeweils durch Fachsprache, Gestik oder mediale Zugänge aus und markieren derart die Grenzen ihrer Kommunikationsarena (ebd., S. 198). Das bedeutet zugleich, dass selbst die Akteursgruppen innerhalb einer Öffentlichkeit Übersetzungssysteme benötigen, um ein Verständnis für den Kommunikationspartner sowie den Kommunikationsgegenstand zu erlangen. Solche Systeme werden erst recht benötigt, wenn die Kommunikationsarenen wechseln. Durch Diversifizierung gesellschaftlicher und medialer Strukturen wächst der ohnehin schon vorhandene Bedarf an Vermittlern an den verschiedenen Schnittstellen und Systemübergängen. Wissenschafts-PR kann an Schnittstellen vermittelnd und transferierend wirken, vorausgesetzt sie versteht die Kommunikationsstrukturen der unterschiedlichen Systeme, die sie bedient. Fühlt sie sich in den verschiedenen Arenen „zuhause“, beispielsweise via Nutzung von Kommunikationskanälen, die in verschiedenen Öffentlichkeiten Anschluss finden, oder per zielgruppenadäquater Themenverbreitung, kann Wissenschafts-PR die Arenen interdependent vernetzen – die Basis für eine interaktive Austauschbeziehung (ebd., S. 199f.). Wissenschafts-PR nimmt derart eine spezifische Rolle in einem komplexen System ein, die, um sie auszufüllen, klarer Kommunikationsrahmen und dem Wissen um ihre relevanten Anspruchsgruppen bedarf. Wer diese primären Anspruchsgruppen in der Online-Wissenschafts-PR sind, soll unter anderem Gegenstand der Befragung sein.

Publics sind nach Grunig verschiedene Gruppen von Menschen, die anhand ihrer Problemerkenntnis, ihres Betroffenheitsfaktors und Beteiligungsverhaltens in Aktivisten, aktive, passive und Non-Publics segmentiert werden können. Die Gruppen bedürfen einer unterschiedlichen Ansprache durch die Organisation. Publics sind nicht gleichbedeutend mit Stakeholdern oder Bezugsgruppen, vielmehr können Zugehörige zu einer Bezugsgruppe unterschiedlichen Publics angehören. Das Publikationsverhalten in den digitalen Medien kann verwendet werden, Publics hinsichtlich der genannten Faktoren zu charakterisieren (Grunig, 2009, S. 14).

Anspruchs-, Bezugs-, Zielgruppe, Stakeholder

Freeman (2004, S. 229) definiert *Stakeholder* in einem weitgefassten Verständnis als „any group or individual that can affect or is affected by the achievement of a corporation's purpose" mit der Begründung, dass beim Vorliegen solcher reziproker Beziehungsstrukturen jeder Gruppe eigens Aufmerksamkeit zuteilwerden muss. Zum Management der Beziehung bedarf es dabei eines strategischen, gezielt bedienten und überprüften Ordnungsrahmens. Ein sozialwissenschaftliches Synonym für Stakeholder[10] sind die Begriffe *Bezugs-* und *Anspruchsgruppe*. Bezugsgruppen zeigen in Analogie zu Stakeholdern das Vorhandensein einer Beziehung auf, die durch beziehungskonstituierende Merkmale wie Anrainer, Nachbarschaft, Kapitalgeber, politische Entscheidungsmacht, Kunden, aber auch die Qualität der Beziehung, etwa Betroffenheit, Relevanz oder Engagement, geprägt ist (Szyszka, 2013a, S. 580f.).

Die *Zielgruppe* „(…) markiert jene Bezugsgruppen, denen gegenüber Maßnahmen der PR-Arbeit – oder analog anderer Kommunikationsaktivitäten – ergriffen werden (sollen)" (Szyszka, 2013b, S. 630). Von Bezugsgruppen spricht man mehr in systemischen, von Zielgruppen mehr in operationalen Zusammenhängen. So werden Bezugsgruppen, denen eine PR-Maßnahme zuteilwird, für deren Dauer zu Zielgruppen, fallen danach jedoch „wieder in den Status (…) Bezugsgruppen zurück" (ebd.).

Social Web, Social Media, Soziale Netzwerke

Nach Ebersbach et al. (2011, S. 35) besteht das *Social Web* aus „webbasierten Anwendungen, die für Menschen den Informationsaustausch, den Beziehungsaufbau und (…) Pflege, die Kommunikation und die kollaborative Zusammenarbeit in einem gesellschaftlichen oder gemeinschaftlichen Kontext unterstützen (…)", zudem aus den „Daten, die dabei entstehen" (ebd.). Der interdependente Informationsaustausch, das Beziehungsmanagement, die zweckgebundene, rationale, aber ebenso emotionale Kommunikation sowie die Personalisierung sind Kernprinzipien des Social Webs. Gemeinschaftlich werden Ideen (weiter-)entwickelt, Meinungen kundgetan und durch inhaltliche Informationsvernetzung Netzwerkstrukturen aufgebaut, die kollektives Wissen etwa in Form von Wikis festhalten (ebd., S. 32ff.). Das Social Web erfüllt also zwei unterschiedliche Funktionen, eine Soziale sowie eine Nutzen stiftende[11], und „kann (…) als Katalysator für einen Wandel in der öffentlichen Kommunikation betrachtet werden" (Pleil, 2007, S. 12).

---

[10] *Stakeholder* entstammt dem wirtschaftswissenschaftlichen Kontext (Szyszka, 2013c, S. 623).

[11] Zu den Nutzungsoptionen, die das Social Web bietet, zählen eben das Publizieren, das Teilen, die Kollaboration, das Vernetzen sowie das Filtern und Bewerten, welche Orientierung für andere geben und dadurch den

Die webbasierten Anwendungen werden als *soziale Medien (Social Media)* bezeichnet, die in Form von Online-Communities „participatory, conversational, and fluid“ (Tuten, 2008, S. 20) sind und die es ihren Mitgliedern erlauben, „to produce, publish, control, critique, rank, and interact with online content“ (ebd.). Kaplan und Haenlein (2010, S. 61) definieren soziale Medien als „a group of Internet-based applications that build on the ideological and technological foundations of Web 2.0, and that allow the creation and exchange of User Generated Content.”[12] User Generated Content meint in diesem Zusammenhang jene Inhalte, die Nutzer des Social Webs sich gegenseitig offerieren (ebd.). Dadurch entsteht eine neue Form des Produzenten, der zugleich Konsument ist, der sogenannte „Prosumer“ (ebd., S. 66). Insgesamt bedeutet der Terminus soziale Medien „an umbrella phrase for social-networking sites, virtual worlds, social news and bookmarking sites, wikis, and forums and opinion sites” (Tuten, 2008, S. 20). Sie leiten einen „Paradigmenwechsel vom reinen Informationsmedium zum Interaktionsmedium“ (Bräutigam & Ettl-Huber, 2013, S. 150) ein und stehen „für die konsequente, durchgängige und integrative Nutzung der Möglichkeiten des Web 2.0 mit all seinen Facetten (…) inklusive der durch das Social Web angestoßenen sozialen Interaktionen“ (ebd.).

„Social networks are the interpersonal relationships people have with friends, family, colleagues, acquaintances, and others they may come into contact with directly or via media communications“ (Valente, 2008, ¶1). Im vorliegenden Fall sollen *soziale Netzwerke* ausschließlich im Rahmen von Social-Network-Diensten, die „dem Aufbau und der Pflege von Beziehungsnetzwerken [dienen]“ (Ebersbach et al., 2011, S. 37), betrachtet werden. Solche Dienste zur Netzwerkpflege sind beispielsweise *Facebook, Google+, Xing, LinkedIn.* Die direkte Beziehungsebene im persönlichen Kontakt bleibt unberücksichtigt. Erweitert werden muss die Definition um die Beziehungen von professionellen Kommunikatoren, die als Repräsentanten der Organisation auftreten und deren Netzwerk aus Kontakten zu den verschiedenen Bezugsgruppen besteht, wenngleich auch die beschriebenen Beziehungen mit vertreten sind, da jeder Repräsentant immer auch eine persönliche und personalisierte Ebene mit ins Netzwerk einbringt. „Netzähnliche Strukturen verknüpfen [somit] die Handlungen von Personen und Organisationen“ (Zerfaß, 2010, S. 109).

---

sozialen Charakter – das Management von Information, Identität und Beziehung – des Social Webs hervorheben (Pleil, 2007, S. 13f.).

[12] Der Begriff Web 2.0 wird in der Regel synonym zu Social Web gebraucht. Jan Schmidt plädiert jedoch dafür, eher den Terminus Social Web zu verwenden (Schmidt, 2008, S. 19ff.), da sich das Web 2.0 aus technischer Sicht gegenüber dem Web 1.0 nicht verändert hat. Die Erhöhung um eins gleicht in der Informatik jedoch einem wesentlichen Entwicklungssprung, der beim Web 2.0 nicht vorliegt. Die vorliegende Arbeit verwendet den Begriff Social Web.

Mikroöffentlichkeiten und vormedialer Raum

In der Einfachheit der Vernetzung im Social Web entstehen „volatile soziale Netze“ (Pleil, 2010a, S. 3), sogenannte *Mikroöffentlichkeiten*, die über Netzwerkknoten – beispielsweise Online-Meinungsführer – untereinander verbunden sein können. Dadurch verändern sich bewährte Informationsstrukturen, Machtrelationen verschieben sich, Informationshoheiten, wie die des Journalismus (darunter eben auch der Wissenschaftsjournalismus), geraten ins Wanken. Gatekeeperfunktionen übernehmen nun auch andere, beispielsweise die neuen Meinungsführer, die sich zwar nicht immer durch professionelles Kommunizieren, jedoch durch vertrauensvolles Empfehlen auszeichnen. Vertrauen und Glaubwürdigkeit – zwei jeher wichtige Konzepte in der Public-Relations-Forschung – erfahren aufgrund der Informationsfülle in der Onlinekommunikation und erst recht in den sozialen Medien einmal mehr eine Wertsteigerung (ebd., S. 3ff.). Der Ort, an dem sich diese Mikroöffentlichkeiten bilden und vernetzen, kann als vormedialer Raum bezeichnet werden (ebd., S. 9).

Der *vormediale Raum* beschreibt jenen Kommunikationsraum, in dem sich Kommunikation öffentlich, außerhalb der Medienöffentlichkeit und „vor dem (…) Übergang in die massenmediale Kommunikation“ (Pleil, 2010a, S. 9) vollzieht. Er umfasst

> „Veröffentlichungsorte, die nicht von klassischen Medien bzw. Redaktionen bespielt werden. (…) Eine Veröffentlichung oder Diskussion geht (…) auf die Initiative eines Nutzers oder einer Nutzergruppe [oder einer PR-Abteilung] zurück. Ob ein Thema veröffentlicht wird oder nicht, richtet sich nach individuellen Faktoren, nicht unbedingt nach journalistisch-professionellen“ (Pleil, 2010b, Der vormediale Raum, para. 3f.).

Im vormedialen Raum bietet sich einerseits die Möglichkeit zur Anschlusskommunikation im Aufgreifen von und der diskursiven Auseinandersetzung mit Medienthemen außerhalb der professionellen Medienkommunikation. Andererseits kann Anschlusskommunikation im Sinne des Thementransfers in den medialen Raum erfolgen. Nicht selten filtern, verfolgen, greifen Medien Themen, die in (Mikro-)Blogs oder sozialen Netzwerken diskutiert werden und hohe Resonanz erzeugen, medienwirksam auf. Gegenüber dem medialen Raum, der sich an den Nachrichtenfaktoren als Parameter für Nachrichtenwert orientiert, spielen diese im vormedialen Raum nicht die primäre Rolle (ebd., para. 5ff.). Allerdings können die Faktoren in der professionellen Wissenschaftskommunikation auch im vormedialen Raum nicht völlig außer Acht gelassen werden, wenngleich man flexibler Themen positionieren kann.

1.4 Die Kapitel im Überblick

Kapitel zwei stellt die vier außeruniversitären Forschungsorganisationen kurz im Einzelnen vor, bevor in den Kapiteln drei, vier und fünf die theoretischen Grundlagen für das

Forschungsvorhaben gelegt werden. Der Theorieteil baut dabei auf einer Kaskadenstruktur auf, die den Forschungsgegenstand sukzessiv erschließen soll. Kapitel drei öffnet den allgemeinen Rahmen der Public-Relations-Forschung. Nach der Definition von Public Relations (PR) werden die für das Vorhaben wichtigen Konzepte, wie Vertrauen, Glaubwürdigkeit oder Issues Management erörtert und darauffolgend in den Unterkapiteln die Theorie exzellenter PR von James E. Grunig und Todd Hunt (3.1) sowie die Theorie der Unternehmenskommunikation und Public Relation von Ansgar Zerfaß (3.2) im Hinblick auf das Forschungsvorhaben erläutert. Die nächste Stufe der Kaskade beschreibt die Online-PR und die Besonderheiten der PR-Arbeit im Social Web (4). Nach der Definition von Online- und Social Media-PR (4.1) werden die Themen Social Media Governance (4.2), neue Gatekeeper im vormedialen Raum (4.3), Authentizität in Dialogen (4.4) und ausgewählte Social Media Instrumente (4.5) behandelt. Mit den drei Typen der Online-PR nach Thomas Pleil (4.6), die auf dem Modell exzellenter PR sowie der Public-Relations- und Online-Public-Relations-Forschung basieren, schließt Kapitel vier. Das fünfte zentriert als dritte und letzte Stufe der Kaskade auf die PR in Wissenschaftsorganisationen mit Blick auf die neueren Online-Medien. Gemeinsamkeiten und Unterschiede zur PR in Unternehmen werden analysiert (5.1), die Felder der Wissenschafts-PR erörtert sowie die Kommunikationsströme zu den verschiedenen Bezugsgruppen abgegrenzt (5.2). Mit der theoretisch fundierten Ableitung der Hypothesen (5.3) schließt der Theorieteil. Unter sechs werden das methodische Design, die Fragebogenkonzeption und die Durchführung der Studie erläutert. Kapitel sieben stellt die empirischen Ergebnisse kategorie- und hypothesengeleitet dar. Achtens nennt die Kritikpunkte der Forschungsarbeit und gibt einen Ausblick auf offene Fragen.

2 Außeruniversitäre Forschungseinrichtungen in Deutschland

Das Forschungssystem in Deutschland besteht aus zwei Säulen, der universitären und der außeruniversitären Forschung. Zur ersten Säule gehören die Hochschulen und Universitäten. Ihre Finanzierung und Mittelbereitstellung obliegt der jeweiligen Landesregierung des Sitzlandes. Die außeruniversitären Forschungseinrichtungen hingegen fallen in den gemeinsamen Kompetenzbereich des Bundes und der Länder, von denen sie zu unterschiedlichen Teilen finanziert werden. Abhängig von der jeweiligen Forschungsmission der Organisation resultieren daraus unterschiedliche Grundfinanzierungsmodelle anhand derer die Forschungsetats vergeben werden. Insgesamt beträgt der Etat von außeruniversitären Forschungseinrichtungen zirka 60 Prozent dessen der Universitäten und Hochschulen (Hohn, 2010, S. 457; Schubert & Schmoch, 2010, S. 256). Zu den vier größten außeruniversitären Forschungseinrichtungen

Deutschlands zählen: die Fraunhofer-Gesellschaft zur Förderung der angewandten Forschung e.V. (FhG), die Helmholtz-Gemeinschaft Deutscher Forschungszentren e.V. (HGF), die Max-Planck-Gesellschaft zur Förderung der Wissenschaften e.V. (MPG) sowie die Wissenschaftsgemeinschaft Gottfried Wilhelm Leibniz e.V. (WGL) (Schubert & Schmoch, 2010, S. 255). Alle vier bestehen aus etlichen Instituten, Einrichtungen oder Zentren, welche die Grundgesamtheit dieser Studie bilden.

Vorwiegend seit den 1990er Jahren stehen die Forschungseinrichtungen mehr unter Druck sich innerorganisatorisch zu reformieren und ihre Governancestrukturen, das heißt ihren kommunikations- und leistungspolitischen Organisationsrahmen, anzupassen. Ausgelöst wurden diese Reformprozesse nicht zuletzt durch gestiegene gesellschaftliche Leistungserwartungen, eine Ökonomisierung der Wissenschaft sowie Institutionalisierungsprozesse. Wettbewerb um Ressourcen und Reputation sind Stichworte in diesem Zusammenhang, die Neujustierungen auch hinsichtlich der Wissenschaftskommunikation erfordern. Der anhaltende Versuch der Politik, mehr Wettbewerb und zugleich mehr Kooperation in Forschung und Wissenschaft zu verankern, kann ebenso als Auslöser innerorganisatorischer Restrukturierung gelten, wenngleich die Forschungseinrichtungen gegen das von außen bestimmte Reformdiktat meist erfolgreich Widerstand leisteten. Durch Selbstanpassung ihrer Governancestrukturen behaupteten sie weitgehend ihre Forschungsautonomie. Die Max-Planck-Gesellschaft beispielsweise reagierte unter anderem mit dem Ausbau der Public Relations und einer Intensivierung der Kooperationen mit Universitäten auf den Reformdruck (Hohn, 2010, S. 458ff.).

Jahrelang umgingen die Forschungseinrichtungen den innerinstitutionellen Wettbewerb und die Schaffung gegenseitiger Konkurrenz, welches von der Politik als Versäulung bemängelt wurde (Hohn, 2010, S. 466). Erst seit der Jahrtausendwende ändern sich die Konkurrenz- und Kooperationsmodi zwischen den Forschungsorganisationen. Einst existierende Domängrenzen brechen auf, beispielsweise verliert die Fraunhofer-Gesellschaft ihre alleinige Vorherrschaft im Markt der Auftragsforschung, indem Einrichtungen der Helmholtz- und Leibniz-Gemeinschaft vermehrt in diese Märkte drängen. Auf der Seite der Grundlagenforschung erodiert die Exklusivstellung der Max-Planck-Gesellschaft, indem ebenso ein Teil der Helmholtz- und Leibniz-Institute ihre Aktivitäten in diesem Forschungsbereich ausbauen. Desweiteren konkurrieren die Einrichtungen im Einwerben von Drittmitteln anstelle synergetischer Kooperationen (ebd., S. 469f.).

Da direkte Reformvorgaben des politischen Systems meist scheiterten, versucht sie mit indirekten Instrumenten in Form monetärer Anreize für besondere Leistungen Wettbewerb und

Kooperation unter den universitären und außeruniversitären Forschungseinrichtungen zu implementieren. Die Exzellenzinitiative oder der Pakt für Forschung und Innovation[13] können zu solchen Anreizsystemen zählen. Max-Planck und Fraunhofer kooperierten bereits in mehreren Projekten, um die gesamte Prozesskette von den Grundlagen über die Anwendung bis zum Industrietransfer abzudecken (Hohn, 2010, S. 470ff.). Kooperationen gewinnen zudem durch die Reduzierung des Risikos für den Einzelnen bei Großforschungsprojekten an Relevanz (ebd., S. 458).

Tabelle 1: Fraunhofer, Helmholtz, Max-Planck und Leibniz im Vergleich (Hohn, 2010, S. 460)

Forschungs-organisation	Domäne	Finanzierungsform	Quelle
MPG	Akademische Grundlagenforschung	fast 100 % öffentliche Grundförderung – global	50 % Bund, 50% Länder
HGF	Staatliche Vorlaufforschung	70 % öffentliche Grundförderung	90% Bund, 10% Länder
FhG	Industrielle Vertragsforschung	40 % öffentliche Grundförderung – global und erfolgsabhängig	90 % Bund, 10% Länder
WGL, ehemals „Blaue Liste“	Thematische Forschung	Variiert nach Instituten	Bund- und Länderanteil variieren nach Instituten

In den letzten Jahren beobachten Forscher, wie sich sowohl im universitären als auch im außeruniversitären System die inputgesteuerte Mittelvergabe zur outputgesteuerten wandelt. Inputgesteuert meint, die Einrichtungen verteilen die von der Politik zur Verfügung gestellte Grundfinanzierung nach eigenen Forschungskriterien, die sich nicht an der Wirtschaftlichkeit der Institute und Zentren orientieren, sondern an thematischen Aspekten. Outputgesteuerte Finanzierung hingegen misst sich an dieser Wirtschaftlichkeit. Durch die verstärkte Outputorientierung aller Teilsysteme nimmt der Wettbewerb um die verfügbaren Mittel, Kunden und Ressourcen zu (Schubert & Schmoch, 2010, S. 259). Zudem ist „[d]ie Outputsteuerung (…) effizienzorientiert“ (ebd.). Sie erhöht die Wirtschaftlichkeit der Organisationen im internationalen Wettbewerb. Annehmbar ist, dass sich die Missionen zum Beispiel vom Max-Planck

13 Der Pakt für Forschung und Innovation ist ein von Bund und Ländern initiiertes Programm, das durch zusätzliche Finanzmittel den Einrichtungen mehr Handlungs- und Entwicklungsräume offeriert, sie im Gegenzug aber zu mehr Exzellenz, Kooperation, Vernetzung, Nachwuchsförderung und Innovation verpflichtet (Helmholtz-Gemeinschaft, 2013a, Unterseite: Pakt für Forschung und Innovation (www.helmholtz.de/ueber_uns/pakt_fuer_forschung_und_innovation/)).

und Fraunhofer stärker angleichen. Die Fraunhofer-Gesellschaft bedarf, um künftig innovativ zu bleiben, mehr Investition in die Grundlagen, Max-Planck benötigt, um wirtschaftlich zu sein, mehr Anwendungstransfer (ebd., S. 259f.). Tabelle 1 nach Hohn (2010, S. 460) bietet eine Zusammenfassung über den Forschungsschwerpunkt und die Finanzierungsstruktur der vier Organisationen, die folgend vorgestellt werden.

2.1 Die Fraunhofer-Gesellschaft (FhG)

Die *Fraunhofer-Gesellschaft zur Förderung der angewandten Forschung e.V. (FhG)* „betreibt international vernetzt anwendungsorientierte Forschung zum unmittelbaren Nutzen für die Wirtschaft und zum Vorteil für die Gesellschaft" (Fraunhofer-Gesellschaft, o. A., Unterseite: Mission/Leitbild – Unser Auftrag und unsere Verantwortung)[14]. Sie stärkt durch Forschung und Innovation die regionale, nationale und internationale Wettbewerbsfähigkeit der deutschen Wirtschaft, agiert sozial gerecht, umweltverträglich, nachhaltig und bietet ihren Mitarbeitern eine Plattform zur persönlichen sowie fachlichen Entwicklung (ebd.) – so die Mission. Im Gegensatz zur Max-Planck-Gesellschaft, die nach den Grundlagen forscht, zeichnet Fraunhofer die Anwendungs- und Industrienähe, den Transfer marktreifer Produkte aus (Schubert & Schmoch, 2010, S. 257; Hohn, 2010, S. 461, 465).

Die Forschung von Fraunhofer ist aufgaben- und ergebnisorientiert. Mit der öffentlich geförderten Vorlaufforschung legt sie die Basis für die Auftragsforschung, mit der sie zu 70 Prozent ihren Haushalt finanziert (Fraunhofer-Gesellschaft, o. A., Unterseite: Forschung – Anwendungsorientierte Forschung)[15]. Die Performanz von Fraunhofer resultiert auch aus der dezentralen Struktur und Autonomie der Institute mit zentraler Verwaltung, die institutspolitisch beispielsweise bei Schieflagen intervenieren kann (Hohn, 2010, S. 465).

1949 als gemeinnütziger Verein gegründet (Fraunhofer-Gesellschaft, o. A., Unterseite: Geschichte – Chronik)[16] forscht die FhG als größte Organisation für angewandte Forschung in Europa auf den Feldern Gesundheit, Sicherheit, Kommunikation, Mobilität, ressourceneffiziente Produktion, Energie und Umwelt (Fraunhofer-Gesellschaft, o. A.). Die Fraunhofer-Institute kooperieren untereinander beispielsweise in Verbünden und Allianzen. Dadurch bündeln sie Kompetenzen und behaupten sich im Wettbewerb. Externe Kooperationen hält Fraunhofer zu Hochschulen, anderen Forschungseinrichtungen und Institutionen – national,

---

[14] Mission/Leitbild – Unser Auftrag und unsere Verantwortung: www.fraunhofer.de/de/ueber-fraunhofer/mission-leitbild.html

[15] Forschung – Anwendungsorientierte Forschung: www.fraunhofer.de/de/ueber-fraunhofer/mission-leitbild/forschung.html

[16] Geschichte – Chronik: www.fraunhofer.de/de/ueber-fraunhofer/geschichte/chronik.html

europaweit und international (Fraunhofer-Gesellschaft, o. A., Unterseite: Fraunhofer als Kooperationspartner)[17]. Exzellente ebenso wie unabhängige und neutrale Forschung gegenüber politischen, wirtschaftlichen oder gesellschaftlichen Interessengruppen steht für die FhG als Teil der Scientific Community an oberster Stelle; zudem die Bereitschaft zum (digitalen) Dialog mit den unterschiedlichsten Interessengruppen (Fraunhofer-Gesellschaft, o. A., Position in Wissenschaft, Wirtschaft und Gesellschaft)[18].

Mitte der 1970er Jahre stellte der Bund das Finanzierungsmodell von Fraunhofer auf das sogenannte *Fraunhofer-Modell* um, welches eine erfolgsabhängige Grundfinanzierung vorsieht (Fraunhofer-Gesellschaft, o. A., Unterseite: Geschichte - Chronik)[19]. Die Förderung pro Institut hängt von dessen industriellem Ertrag ab und erfolgt nach einem Leistungsschlüssel anhand des Vorjahresertrags. Die Vergabe der Finanzmittel ist somit outputorientiert und zugleich frei von staatlichen Vorgaben (Schubert & Schmoch, 2010, S. 257).

Seit dieser Umstellung hat sich die zuvor eher unbedeutende Einrichtung „in eine prosperierende Organisation für die Vertragsforschung verwandelt und eine Wachstumsdynamik freigesetzt, die alle Erwartungen übertraf" (Hohn, 2010, S. 465). Das Modell sieht eine Grundfinanzierung von 30 Prozent vor, die zu 90 Prozent der Bund und zu 10 Prozent die Sitzländer tragen. Die anderen 70 Prozent erwirtschaftet Fraunhofer mit Auftragsforschung und öffentlichen Projekten. Diese Aufteilung ermöglicht ein „dynamische[s] Gleichgewicht zwischen anwendungsorientierter Grundlagenforschung und innovativer Entwicklung" (Fraunhofer-Gesellschaft, o. A., Zahlen und Fakten – Finanzen)[20]. 2012 betrug das Forschungsvolumen 1,9 Milliarden Euro, davon entstammten 1,6 Milliarden aus der Vertragsforschung. Die Fraunhofer-Gesellschaft beschäftigt über 22 000 Mitarbeiter in mehr als 80 Instituten und Einrichtungen (Fraunhofer-Gesellschaft, o. A., Unterseite: Zahlen und Fakten)[21].

Fraunhofer bekennt sich ausdrücklich zum Einsatz von Social Media in der Kommunikation mit ihren Bezugsgruppen. Sie unterstützt die Mitarbeiter in der berufsbezogenen Kommunikation über diese Kanäle, unter anderem mit Social Media-Guidelines. Die FhG möchte mit der Teilnahme im Social Web Authentizität und Transparenz schaffen, den Kontakt zu potenziellen Mitarbeitern herstellen sowie Vertrauen auf- und ausbauen (Fraunhofer-Gesellschaft, o.

---

17 Fraunhofer als Kooperationspartner: www.fraunhofer.de/de/ueber-fraunhofer/mission-leitbild/kooperations partner.html

18 Position in Wissenschaft, Wirtschaft und Gesellschaft: www.fraunhofer.de/de/ueber-fraunhofer/mission-leit bild/position.html

19 Geschichte – Chronik: www.fraunhofer.de/de/ueber-fraunhofer/geschichte/chronik.html; www.fraunhofer.de/de/ueber-fraunhofer/geschichte/chronik/1972-1982.html

20 Zahlen und Fakten – Finanzen: www.fraunhofer.de/de/ueber-fraunhofer/zahlen-und-fakten/finanzen.html

21 Zahlen und Fakten: www.fraunhofer.de/de/ueber-fraunhofer/zahlen-und-fakten.html

A., Unterseite: Social Media – Warum wir Social Media nutzen)[22]. Zudem will die Gesellschaft „mitreden und mitgestalten, wenn über Fraunhofer im Netz gesprochen wird" (ebd.). Im Dialog mit den Stakeholdern wie Kunden, Förderern, Kollegen, Medien und der Öffentlichkeit versuchen die Kommunikatoren über die sozialen Medien den offenen, wissenschaftlichen Diskurs zu führen und zu fördern. In der wachsenden Beliebtheit der Kanäle sieht Fraunhofer die Chance mit ihren Anspruchsgruppen in direkten Kontakt zu treten und damit Trends zu erkennen, zugleich aber auch zu gestalten (ebd.). Zweck der beruflichen Nutzung der sozialen Medien soll der kommunikative Beziehungsaufbau und der Informationsaustausch sein. Die Kommunikation soll den an Fraunhofer-Themen Interessierten einen Mehrwert bieten. Fehler zugeben, Wettbewerber und Kritiker respektieren sowie offen, ehrlich, transparent kommunizieren – lauten einige Empfehlungen in den Guidelines (Fraunhofer-Gesellschaft, o. A., Unterseite: Social Media – Guidelines)[23].

Fraunhofer bietet aus diesem Verständnis heraus viele Möglichkeiten der Kontaktaufnahme, beispielsweise per Twitter, Google+, Facebook oder YouTube (Fraunhofer-Gesellschaft, o. A., Unterseite: Medien)[24]. Auch im Fraunhofer Forschungs-Blog kann kommentiert werden (Fraunhofer-Forschungs-Blog, o. A.). Die neuesten Informationen auf der Homepage erhält man über RSS-Feeds (Really Simple Syndication) oder im Newsletter (Fraunhofer-Gesellschaft, o. A., Unterseite: Medien). Auch Forschungspodcasts und Filme können angesehen oder downgeloaded werden (Fraunhofer-Gesellschaft, o. A., Unterseiten: Medien – Audio; TV/Filme) [25].

2.2 Die Helmholtz-Gemeinschaft Deutscher Forschungszentren (HGF)

Die *Helmholtz-Gemeinschaft*, hervorgegangen aus der Arbeitsgemeinschaft der Großforschungseinrichtungen (AGF), die 1970 aus einem Zusammenschluss verschiedener Forschungseinrichtungen gegründet wurde, firmiert seit 1995 unter dem Namen Helmholtz-Gemeinschaft Deutscher Forschungszentren. Seit 2001 ist sie ein eingetragener Verein mit eigenverantwortlich agierenden Zentren und zentralen Organen wie dem Präsidenten oder dem Senat. Im Rahmen der Umstrukturierung 2001 wurde auch die Finanzierung der Zentren

[22] Social Media – Warum wir Social Media nutzen: www.fraunhofer.de/de/ueber-fraunhofer/mission-leitbild /social-media.html

[23] Social Media – Guidelines: www.fraunhofer.de/de/ueber-fraunhofer/mission-leitbild/social-media/guidelines .html

[24] Medien: www.fraunhofer.de/de/presse.html

[25] Medien – Audio: www.fraunhofer.de/de/presse/audio.html;
Medien – TV/Filme: www.fraunhofer.de/de/presse/filme.html

auf eine programmorientierte Förderung umgestellt (Helmholtz-Gemeinschaft, 2013a, Unterseite: Stärke und Exzellenz durch Integration und stärkere Eigenverantwortlichkeit)[26]. Die Dachorganisation verteilt die Grundfinanzierung auf die Zentren nach interner Forschungsbewertung (Schubert & Schmoch, 2010, S. 257f.). Diese basieren auf von Wissenschaftlern erarbeiteten Forschungsprogrammen, die international bewertet wurden (Helmholtz-Gemeinschaft, 2013a, Unterseite: Stärke und Exzellenz durch Integration und stärkere Eigenverantwortlichkeit)[27]. Die Mittelvergabe ist damit unabhängig von politischen Bewertungen oder Zweckgebundenheit (Schubert & Schmoch, 2010, S. 257f.).

Die Mission der Helmholtz-Gemeinschaft ist „die programmatisch-strategische und nachhaltige Forschung mit langfristigem Charakter" ((Helmholtz-Gemeinschaft, 2013a, Unterseite: In vier Jahrzehnten von einem losen Verbund zur Gemeinschaft)[28]. Sie „forscht im Auftrag der Gesellschaft an den drängenden Fragen, um die Zukunft zu sichern" (Helmholtz-Gemeinschaft, 2013a). Die Gemeinschaft beschäftigt 36000 Mitarbeiter in der Zentralverwaltung und den 18 naturwissenschaftlich-technisch und biologisch-medizinisch ausgerichteten Zentren, die auf sechs Forschungsfeldern darunter Energie, Gesundheit, Luft-, Raumfahrt und Verkehr forschen (ebd.). Als größte Forschungsgemeinschaft Deutschlands kooperieren die Zentren eng untereinander ebenso wie mit nationalen und internationalen Partnern. „Vernetzung [wird] als Prinzip für forschendes Denken und Handeln" (Helmholtz-Gemeinschaft, 2013a, Unterseite: Mission – Helmholtz: Nachhaltige Forschung gestaltet Zukunft, ¶3)[29] gesehen. Insgesamt ist der Forschungsauftrag der Helmholtz-Gemeinschaft weit gefasst, weil sie die gesamte Prozesskette von den Grundlagen bis zum Prototyp abdeckt (Hohn, 2010, S. 460; Schubert & Schmoch, 2010, S. 257). Sie nimmt so eine konkurrierende Rolle sowohl zur Grundlagenforschung als auch zur angewandten Forschung ein. Damit steht sie einerseits im Wettbewerb mit Max-Planck, andererseits mit Fraunhofer. Die Gemeinschaft bearbeitet primär technologische (Großforschungs-)Projekte, die die Wettbewerbsfähigkeit der deutschen Industrie international sichern (Hohn, 2010, S. 460).

Das Gesamtjahresbudget der HGF beträgt 2013 3,76 Milliarden Euro. Sie wird zu zirka 70 Prozent von der öffentlichen Hand finanziert im Bund-Länder-Verhältnis 90:10. 30 Prozent stammen aus Drittmitteln und der Privatwirtschaft (Helmholtz-Gemeinschaft, 2013a, Unter-

---

[26] Stärke und Exzellenz durch Integration und stärkere Eigenverantwortlichkeit: www.helmholtz.de/ueber_uns/%20geschichte/geschichte_der_helmholtz_gemeinschaft/

[27] Stärke und Exzellenz durch Integration und stärkere Eigenverantwortlichkeit: www.helmholtz.de/ueber_uns/%20geschichte/geschichte_der_helmholtz_gemeinschaft/

[28] In vier Jahrzehnten von einem losen Verbund zur Gemeinschaft: www.helmholtz.de/ueber%20_uns/geschichte/geschichte_der_helmholtz_gemeinschaft/

[29] Mission – Helmholtz: Nachhaltige Forschung gestaltet Zukunft: www.helmholtz.de/ueber_uns/mission/

seite: Zahlen und Fakten[30]; Hohn, 2010, S. 460; Schubert & Schmoch, 2010, S. 257f.). In ihrer Finanzierungs- und Ausrichtungsstruktur ist die HGF eher inputorientiert und liegt somit näher bei der MPG.

Die Helmholtz-Gemeinschaft ist in den sozialen Medien sehr aktiv. Im Social Media Newsroom (Helmholtz-Gemeinschaft, 2013b) der HGF laufen all ihre Aktivitäten zusammen. Zudem erreicht man über die Profile der Zentralverwaltung auch diejenigen der einzelnen Zentren, sodass die Gemeinschaft eine einzigartige Verknüpfung ihrer Aktivitäten präsentiert. Ebenso ist die Breite des Angebots der Geschäftsstelle beachtlich: ein eigenes Blog, Twitter, Facebook, Google+ werden als Dialogplattformen bedient. Mit Resonator stehen Forschungspodcasts zur Verfügung. Videos werden im eigenen YouTube-Kanal offeriert, Audio-Inhalte über Soundcloud verbreitet, Fotos über Pinterest und Flickr verwaltet. Die Aktualisierungen auf der Webpage können per RSS-Feed bezogen werden (Helmholtz-Gemeinschaft, 2013a, Unterseite: Social Media)[31]. Auch ein regelmäßiger Newsletter (Helmholtz-Gemeinschaft, 2013a, Unterseite: Newsletter der Helmholtz-Gemeinschaft)[32] und Livestreams werden angeboten (Helmholtz-Gemeinschaft, 2013a, Unterseite: Livestreams der Helmholtz-Gemeinschaft)[33].

2.3 Die Max-Planck-Gesellschaft (MPG)

Die *Max-Planck-Gesellschaft zur Förderung der Wissenschaften e.V. (MPG)* betreibt als unabhängige Forschungsorganisation exzellente Grundlagenforschung „in den Natur-, Bio-, Geistes- und Sozialwissenschaften im Dienste der Allgemeinheit“ (Max-Planck-Gesellschaft, 2013, S. 1). Allein 17 Nobelpreisträger stammen seit der Gründung 1948 aus den Reihen der MPG (ebd.). Weiterhin belegen jährlich mehr als 15000 Publikationen der MPG-Wissenschaftler sowie eine hochgradig internationale Vernetzung, Kooperationen mit Universitäten auf nationaler und internationaler Ebene und nicht zuletzt die erfolgreiche Beteiligung an zahlreichen Projekten der Exzellenzinitiative die Exzellenz der Max-Planck-Gesellschaft als Organisation für Grundlagenforschung (ebd., S. 4). Dezentral organisiert (Max-Planck-Gesellschaft, 2013, Unterseite: Regel & Verfahren)[34] agiert die Gesellschaft in der Rechtsform eines eingetragenen Vereins mit dem Senat als oberstem Entscheidungsorgan. Sie

---

30 Zahlen und Fakten: www.helmholtz.de/ueber_uns/zahlen_und_fakten/

31 Mediathek –Social Media: www.helmholtz.de/mediathek/social_media/

32 Newsletter der Helmholtz-Gemeinschaft: www.helmholtz.de/mediathek/newsletter/

33 Livestreams der Helmholtz-Gemeinschaft: www.helmholtz.de/mediathek/livestream/

34 Regeln & Verfahren: www.mpg.de/ueber_uns/verfahren

umfasst derzeit 82 Institute, sechs davon im Ausland, mit einem Personalstamm von nahezu 17 000 Mitarbeitern. Die MPG wird fast vollständig vom Bund und den Ländern jeweils anteilig zu 50 Prozent institutionell gefördert. 2013 umfasst die Bund-Länder-Förderung knapp 1,53 Milliarden Euro. Weitere Finanzmittel stammen aus Drittmittelprojekten und privater Förderung (Max-Planck-Gesellschaft, 2013, Unterseite: Zahlen & Fakten)[35]. Die Finanzmittel aus der Grundfinanzierung können weitgehend unabhängig, ohne politischen und wirtschaftlichen Einfluss, innerhalb der Organisation vergeben werden (Hohn, 2010, S. 460). Sie richten sich nicht primär an der Wirtschaftlichkeit eines Instituts aus. Die Finanzmittelvergabe erfolgt somit inputgesteuert nach einem eigenen Gewichtungsschlüssel basierend auf der Relevanzbewertung von Forschungsthemen. Langfristig gesehen werden jedoch auch der Erfolg und die Wirtschaftlichkeit einer Einrichtung mit berücksichtigt. Diese Art der Vergabe soll Innovation, Kreativität und das Forschen an Zukunftsthemen, die erst nach Jahren Effekte oder einen Durchbruch erzielen, sichern (Schubert & Schmoch, 2010, S. 256). Dennoch: Aufgrund sinkender Grundförderung erweitert die Grundlagenforschung ihr Portfolio in Richtung anwendungsorientierte Forschung und vice versa (ebd., S. 259f.). Für Max-Planck und Fraunhofer liegt die Lösung in der Vernetzung. Sie kooperieren, um die Stärken beider Institutionen synergetisch zu nutzen und den Transfer neuer Erkenntnisse in die Wirtschaft und Industrie zu beschleunigen (Max-Planck-Gesellschaft, 2013, S. 5; Fraunhofer-Gesellschaft, o. A., Unterseite: Max-Planck-Kooperationen)[36].

Ein Mittel, um Erkenntnisse zu verbreiten, liegt auch in der Kommunikation eben dieser. Gerade in der Grundlagenforschung, wenn der Informationsstand zwischen Wissenschaft und ihren Bezugsgruppen sehr divergiert, kann Wissenschafts-PR als Vermittler und Übersetzer dienen (Aretin von, 2012, S. 70). Die Online-Medien, vorrangig die sozialen Medien, scheinen durch ihren Dialogcharakter, ihre Aktualität, Schnelligkeit und ihren Sprachstil, der auf einer persönlicheren Ebene fußt, dafür geeignet zu sein. Die Max-Planck-Gesellschaft engagiert sich auf Twitter und Facebook. Sie unterhält einen eigenen YouTube-Kanal, bietet Podcasts und einen Newsletter an. Zudem können per RSS die Aktualisierungen der Einrichtungs-Website verfolgt werden (Max-Planck-Gesellschaft, 2013).

---

[35] Zahlen & Fakten: www.mpg.de/zahlen_fakten

[36] Max-Planck-Kooperationen: www.fraunhofer.de/de/fraunhofer-forschungsthemen/max-planck-kooperatione n.html

2.4 Die Wissenschaftsgemeinschaft Gottfried Wilhelm Leibniz (WGL)

Die *Wissenschaftsgemeinschaft Gottfried Wilhelm Leibniz e. V. (WGL)*, Kurzform *Leibniz-Gemeinschaft*, geht aus den einst in der Blauen Liste[37] geführten Instituten hervor, die vom Bund und den Ländern 1977 ausgewählt und als förderungswürdig befunden wurden. Seit 1997 firmiert die Gemeinschaft unter dem heutigen Namen (Leibniz-Gemeinschaft, 2013, Unterseite: Geschichte der Leibniz-Gemeinschaft)[38]. Unter dem Dach der Leibniz-Gemeinschaft werden 86 selbständige Forschungseinrichtungen geführt, die ein Forschungsspektrum von „Natur-, Ingenieur- und Umweltwissenschaften über die Wirtschafts-, Raum- und Sozialwissenschaften bis zu den Geisteswissenschaften" (Leibniz-Gemeinschaft, 2013, ¶1) bedienen. Diese heterogene Zusammensetzung der Organisation resultiert aus der Entstehungsgeschichte der einst Blauen Liste-Institute (Schubert & Schmoch, 2010, S. 258; Hohn, 2010, S. 461). „Leibniz-Institute bearbeiten gesellschaftlich, ökonomisch und ökologisch relevante Fragestellungen. Sie betreiben erkenntnis- und anwendungsorientierte Grundlagenforschung. Sie unterhalten wissenschaftliche Infrastrukturen und bieten forschungsbasierte Dienstleistungen an" (Leibniz-Gemeinschaft, 2013, ¶1), so die Mission der Gemeinschaft.

Die WGL beschäftigt 17000 Mitarbeiter mit einem Gesamtetat von 1,5 Milliarden Euro (ebd., ¶3). Die Institute kooperieren untereinander in Leibniz-Netzwerken. Zudem pflegt Leibniz nationale und internationale Beziehungen mit Hochschulen, anderen Forschungseinrichtungen, mit der Wirtschaft, mit staatlichen und gesellschaftlichen Institutionen (ebd., Unterseite: Organisation)[39]. Als primäre Bezugsgruppen des Wissenstransfers gelten die Politik, Wissenschaft, Wirtschaft und gesellschaftspolitische Öffentlichkeit (Leibniz-Gemeinschaft, 2013, ¶2).

In Übereinkunft mit dem Bund und den Ländern, welche die Leibniz-Gemeinschaft finanzieren, werden die einzelnen Einrichtungen zur Bestimmung ihrer Wirtschaftlichkeit mindestens alle sieben Jahre inhaltlich sowie strukturell von einer externen Kommission evaluiert. Auf der Basis dieser Evaluierungsverfahren entscheidet die Gemeinsame Wissenschaftskonferenz (GWK) von Bund und Ländern, ob die Bund-Länderförderung des Instituts fortgeführt wird (Leibniz-Gemeinschaft, 2013, Unterseite: Geschichte)[40]. Aufgrund der überwiegend öffentlichen Grundförderung, von beispielsweise 59 Prozent 2007, liegt die WGL hinsichtlich ihrer

---

[37] In diese Liste wurden Institute aufgenommen, die weder in die Forschungslinien der MPG noch der HGF oder FhG passten (Hohn, 2010, S. 461).

[38] Geschichte der Leibniz-Gemeinschaft: www.leibniz-gemeinschaft.de/ueber-uns/geschichte/

[39] Organisation: www.leibniz-gemeinschaft.de/ueber-uns/organisation/

[40] Geschichte der Leibniz-Gemeinschaft: www.leibniz-gemeinschaft.de/ueber-uns/geschichte/

strukturellen Ausrichtung näher bei Helmholtz und Max-Planck als bei Fraunhofer (Schubert & Schmoch, 2010, S. 258). Unter dem Titel Leibniz-Wettbewerb regelt ein internes Förderprogramm, in dem die Institute untereinander konkurrieren, die Vergabe von Forschungsgeldern. Die Förderung von Forschungsvorhaben basiert auf dem Pakt für Forschung und Innovation von 2006. Seit 2011 kann die WGL selbst die Forschungsgelder Projekten zuweisen, zuvor erfolgte die Vergabe durch die Gemeinsame Wissenschaftskonferenz (GWK) (Leibniz-Gemeinschaft, 2013, Unterseite: Leibniz-Wettbewerb & Geschichte)[41].

Die Leibniz-Gemeinschaft ist in den sozialen Medien mit einem Facebook- und Twitter-Profil vertreten. Sie unterhält einen YouTube-Kanal (Leibniz-Gemeinschaft, 2013), führt auf *Leibniz bloggt* eine Liste von bloggenden Leibniz-Wissenschaftlern zusammen (Leibniz-Gemeinschaft, 2013, Unterseite: Leibniz bloggt)[42] und bietet in ihrer Mediathek verschiedene Videos an, mit der Möglichkeit sie direkt auf sozialen Plattformen zu teilen (ebd., Unterseite: Mediathek)[43]. Über das *Leibniz-Transferportal,* einer zentralen Austauschplattform, offeriert die Gemeinschaft der Wirtschaft, Politik, Wissenschaft und Öffentlichkeit im Dialog Informationen zu ihren Themen und hilft beim Finden konkreter Ansprechpartner (Leibniz-Gemeinschaft, o. A.).

Somit nutzen die außeruniversitären Forschungseinrichtungen zentralisiert und institutionalisiert über ihre Public-Relations-Abteilungen zahlreiche Möglichkeiten mit den verschiedenen Stakeholdern zu kommunizieren. Anhand der unterschiedlichen Missionen, Ausrichtungen und Finanzstrukturen ist zu vermuten, dass die Einrichtungen verschieden offensiv mit den neueren Online-Medien umgehen und über sie kommunizieren. Inwieweit eventuell Unterschiede vorliegen, muss unter anderem die Analyse der Daten zeigen. Welche theoretischen Grundlagen die Public-Relations-Forschung bereit hält und welche Konzepte dahinter stehen, soll nun in den folgenden Kapiteln systematisch, deduktiv dargelegt werden.

3 Public Relations als theoretische Basis

> „(…) Public Relations (…) [sind das] Netzwerk der zwischenmenschlichen Beziehungen einer Unternehmung und die Beziehungen dieser Unternehmung zur Öffentlichkeit.“ (Hundhausen, 1951 zit. in Szyszka, 2013d, S. 162)

---

41 Leibniz-Wettbewerb: www.leibniz-gemeinschaft.de/ueber-uns/leibniz-wettbewerb/; Geschichte der Leibniz-Gemeinschaft: www.leibniz-gemeinschaft.de/ueber-uns/geschichte/

42 Leibniz bloggt: www.leibniz-gemeinschaft.de/medien/leibniz-bloggt/

43 Mediathek: www.leibniz-gemeinschaft.de/medien/mediathek/

Beziehungsmanagement, Netzwerkpflege, Vertrauensaufbau und Glaubwürdigkeit gelten seit jeher als Kernbegriffe der Public Relations. Erste rudimentäre PR-Ansätze gab es schon im 19. Jahrhundert, fundiertere Praktikeransätze jedoch erst in den 1950er Jahren (Kunczik & Szyszka, 2013, S. 111ff.). Seit den 1980ern prägt das Modell Exzellenter Public Relations, ein organisationsbezogener[44] Ansatz, von James E. Grunig und Todd Hunt (1984) die Kommunikationswissenschaft. Neben den organisationsbezogenen existieren gesellschaftstheoretische und handlungsbezogene PR-Theorien[45] (Szyszka, 2013d, S. 163ff.), die jedoch nicht primär die empirische Arbeit leiten[46]. Vielmehr geht es um die Ebene der Institute, ihr kommunikatives Handeln in einer medial vernetzen Welt. Organisationsbezogene Ansätze scheinen daher geeignet, Wissenschafts-PR zu analysieren.

Public Relations sei dafür nach Bentele (1997, S. 22f.) definiert als

> „(…) das Management von Informations- und Kommunikationsprozessen zwischen Organisationen einerseits und ihren internen und externen Umwelten (…) andererseits. Funktionen von Public Relations sind Information, Kommunikation, Persuasion, [Argumentation,] Imagegestaltung, kontinuierlicher Vertrauenserwerb, Konfliktmanagement und das Herstellen von gesellschaftlichem Konsens."

Der Begriff „Organisation" umfasst dabei Unternehmen ebenso wie Einrichtungen des politischen und Non-Profit-Sektors oder Forschungsinstitute (ebd., S. 24). Insofern schließt die Definition von Public Relations auch den Teilbereich Wissenschafts-PR ein. Denn sie unterliegt – schon aufgrund ihrer Finanzierung – genauso der Pflicht zu informieren, zu kommunizieren und ihr Profil zu transportieren, nicht nur zum Selbstzweck, sondern auch aus Gründen der Legitimität. Das vielleicht mehr denn je im Angesicht finanzieller Umverteilungen, einer öffentlich hinterfragenden Gesellschaft und den veränderten Kommunikationsweisen.

Diese Veränderungen stärken die Bedeutung von Konzepten wie Vertrauen, Glaubwürdigkeit, Transparenz, Authentizität oder das Management der Themen auf der öffentlichen Agenda,

---

44 Auch die Theorie der Unternehmenskommunikation und Public Relations von Zerfaß zählt zu den organisationsbezogenen Ansätzen (Jarren & Röttger, 2013, S. 26f.; zur Theorie: Zerfaß, 2010).

45 Zu den makroskopischen Theorieperspektiven auf gesellschaftstheoretischer Ebene zählt beispielsweise der systemtheoretisch fundierte Ansatz von Ronneberger und Rühl 1992 (Jarren & Röttger, 2013, S. 21). Gesellschaftstheoretische Ansätze betrachten dabei den Nutzen, die Funktion, Verbindung und Folgen der Public Relations für das Gesamtsystem Gesellschaft. Auf der handlungsbezogenen, auch mikroanalytischen, Ebene geht es um den einzelnen Akteur, sein konkretes Handeln, seinen Nutzen, seine Motivation. Das organisationsbezogene Erkenntnisinteresse (Mesoebene) hingegen liegt auf der analytischen Betrachtung des Nutzens und der Effizienz von Public Relations für die Organisation selbst (Szyszka, 2013d, S. 161f.; Bentele, 2013b, S. 148f.).

46 Teils weisen sie jedoch Schnittstellen zur organisationsbezogenen Ebene auf, da organisatorisches Handeln immer auch Handeln in der Interdependenz mit den organisationsrelevanten gesellschaftlichen Öffentlichkeiten bedeutet und weil Organisationshandeln immer auch auf individuelles Handeln in vielen Facetten zurückschließt.

die eng mit den Public Relations verbunden sind. In Medien- und Wissensgesellschaften „ist wohl der größte Anteil der Wirklichkeitswahrnehmung des Weltgeschehens durch öffentliche Kommunikation, also einerseits durch vormediale Informationsproduktion der Public Relations sowie durch Selektions- und Konstruktionsprozesse, durch die mediale Wirklichkeiten entstehen, vermittelt“ (Bentele & Seidenglanz, 2013, S. 346). Angesichts des Wachstums im Gebrauch mobiler Endgeräte (Smartphones, Tablets) (Sombre de, 2013, S. 2ff.) gilt Benteles Aussage mehr denn je. Bei medial veröffentlichter Information kann nicht per se von deren Korrektheit ausgegangen werden, zudem ist sie häufig nicht unmittelbar nachprüfbar. Vertrauen in den (korporativen) Akteur als Vorschussleistung und als komplexitätsreduzierendes Mittel ist demnach der Stoff mit dem Informationen konsumiert werden (Bentele & Seidenglanz, 2013, S. 346). Wenn nun im Social Web potenziell jeder zum Kommunikator avancieren kann, gewinnt das Konstrukt Vertrauen essentiell an Bedeutung. Wenn es im Kern dazu noch um Wissenschaftsthemen geht, die wie keine weiteren, um verstanden zu werden, der Komplexitätsreduktion bedürfen, und die zudem nur medial oder öffentlichkeitswirksam erfahrbar sind, kann die Bedeutung von Vertrauen und Vertrauensvorschuss nicht hoch genug eingeschätzt werden. Die Glaubwürdigkeit als Teilaspekt des Vertrauens in den (korporativen) Akteur wird zu dessen Gradmesser, ebenso wie Vermittler, Multiplikatoren, Meinungsführer und Empfehlungen (ebd., S. 346ff.). Public Relations, im speziellen Fall Wissenschafts-PR, muss diese Vermittler- respektive Übersetzerrolle extern wie intern übernehmen; außerdem die Schulung und Motivation der Mitarbeiter als Multiplikatoren im Social Web unterstützen, weitere Meinungsführer in den relevanten Bezugsgruppen, die für ihre Netzwerke die nächste Stufe der Übersetzung einleiten, gewinnen und das Empfehlungsverhalten, auf das sich im Social Web zunehmend mehr Vertrauen stützt, forcieren, aber auch per Issues Monitoring kontrollieren. Dann kann Wissenschaftskommunikation und Wissenstransfer aus dem komplexen System Wissenschaft in die diversen diversifizierten Öffentlichkeitsarenen gelingen.

> „Perspektivisch gesehen sind es weniger traditionelle Elemente der Einweg-Kommunikation, die die Vertrauensbildung nachhaltig unterstützen, sondern vor allem *dialogische Formen, offenes Kommunikationsverhalten (Transparenz), die Fähigkeit zu selbstkritischer Betrachtung* und zur *Revision* von (als falsch erkanntem) Verhalten“ (Bentele & Seidenglanz, 2013, S. 357, Hervorhebung im Original).

Neben der inhärenten Vermittlerrolle zwischen den Organisationsinteressen und den Bezugsgruppen ist die PR im vormedialen Raum ebenso Vertrauensobjekt, dessen Sachkompetenz, „vertrauenswürdiges Verhalten“ (ebd.) und widerspruchsfreie Kommunikation auf dem

Prüfstand stehen. Denn nie zuvor war es leichter Diskrepanzen aufzudecken und so Vertrauensbonus zu verlieren (ebd., S. 355ff.)[47]. Dialog muss daher die Bereitschaft zur „kommunikativen Auseinandersetzung mit anderen Positionen“ (ebd., S. 357) sowie zur potenziellen Korrektur des eigenen Verhaltens meinen (ebd.). Auch die Themen auf der wissenschaftlichen Agenda müssen eine Korrektur zulassen.

Gerade in der Wissenschaftskommunikation waren bislang überwiegend die klassischen Medien das Tor zur interessierten Öffentlichkeit[48]. Ihre kanalisierende Funktion in beide Richtungen, zur Gesellschaft und zur Organisation, war und ist ein wichtiger Parameter im Issues Management[49] der Einrichtungen. Zu versuchen, Themen auf die Medien-Agenda zu setzten (Agenda-Building), aber ebenso auch die Medien- und öffentliche Agenda zu beobachten (Monitoring), gehören zu den wesentlichen Aufgaben der Public Relations und PR-Kontrolle. In der zunehmenden Relevanz der Onlinekommunikation und mit Ausweitung von Social Media-Aktivitäten scheint sich die Agenda-Setting-Funktion der Medien zu verschieben. Weitere primäre Informationsquellen, etwa Blogs oder Online-Meinungsführer[50], existieren nun nebenher, welche die öffentlichen Themen und den Meinungsbildungsprozess zu diesen Themen beeinflussen (Rössler, 2013, S. 368f.)[51]. Schon Studien der 1980er und 1990er Jahre, welche die Rolle der Massenmedien im Hinblick auf Themenkarrieren analysieren, erkannten einen „Spill-Over-Effekt“ (vgl. Mathes & Pfetsch, 1991). Gemeint ist, dass Special-Interest- und Alternativ-Medien die Hauptquelle für die allgemeinen Massenmedien sind (Rössler, 2013, S. 365f.). Überträgt man nun diese Ergebnisse und entwickelt den Gedanken unter Berücksichtigung der medialen Prozesse fort, so könnte man zu dem Schluss kommen, dass neue Alternativquellen, wie hochfrequentierte Blogs, Meinungsführer oder Twitter-Ströme die Funktion der spezialisierten Medien übernehmen. Damit gewinnt für die Wissenschafts-PR

[47] Beispiele für Vertrauensverlust im Social Web berichten van Rinsum und Zimmer (2011, S. 78ff.).

[48] Eine Bevölkerungsbefragung des Instituts für Demoskopie Allensbach (IfD, 2008) ergab beispielsweise, dass 65 Prozent aus Zeitungen und Zeitschriften sowie 58 Prozent etwas aus dem Fernsehen (Mehrfachantworten) über die Fraunhofer-Gesellschaft erfahren haben. Bei den Entscheidern aus der Wirtschaft, und damit Kunden der Organisation, rangieren Zeitungen und Zeitschriften ebenso mit 55 Prozent an erster Stelle. Zudem wird von 40 Prozent das Internet als Informationsquelle genannt (IfD, 2009).

[49] Issues Management nach Röttger (2013, S. 597) meint „die *Identifikation, Analyse und strategische Beeinflussung* von öffentlich relevanten Themen bzw. Erwartungen von Anspruchsgruppen (Issues), welche die Handlungsspielräume einer Organisation und die Erreichung ihrer strategischen Ziele potenziell oder tatsächlich tangieren.“ (Hervorhebung im Original)

[50] Meinungsführer gibt es zwar schon immer, jedoch erreichen sie im Internet eine neue Dimension und Qualität, zum Teil – wenn auch derzeit noch wenige – mit enormer Reichweite.

[51] Was Rössler (2013) primär für die politische Kommunikation beschreibt, kann auf die Wissenschaftskommunikation übertragen werden.

eben nicht nur das Issues Management, sondern auch der direkte Dialog zu den neu hinzukommenden zwischengeschalteten Informationsquellen der Medien an Bedeutung.
Weiterhin zeigen Studien (vgl. z. B. Peters, 1994; Baerns, 1990) einen direkten, wenngleich mitunter schwachen, Einfluss der Public Relations auf mediale Publikationen. Gemeint ist damit die gering- oder unveränderte Übernahme von Pressemitteilungen in den Massenmedien. Entfällt nun durch mediale und gesellschaftliche Veränderungen die Notwendigkeit über die Medien mit den Bezugsgruppen in Kontakt zu kommen, ergeben sich gänzlich neue Chancen und Risiken für Agenda-Building-Prozesse und Themenkarrieren. Das tangiert in letzter Konsequenz wiederum die Nachrichtenfaktoren, die Bewertung einer nachrichtenwerten Information.
Allgemein resultiert daraus, dass bei Agenda-Building-Prozessen und öffentlicher Informationspublikation neue Kommunikationspfade beschritten werden müssen –gerade wenn es sich wie bei Wissenschaftsthemen um quasi unaufdringliche (unobtrusive) Themen[52] handelt. Solche Pfade berühren die Rolle und Macht der Traditionsmedien im Meinungsbildungsprozess. Unter Umgehung dieser erfahren die Public Relations und alternativen Informationsquellen im direkten Dialog mit den Öffentlichkeiten eine Aufwertung. Ob und inwieweit Wissenschafts-PR solche direkten Onlinekommunikationsmöglichkeiten bereits nutzt und wie deren (künftiges) Potenzial bewertet wird, soll im Forschungsvorhaben hinterfragt werden.

3.1 Das Modell von Grunig und Hunt

Das Modell *Exzellenter Public Relations* von Grunig und Hunt (1984) ist das wohl meist beachteste in der kommunikationswissenschaftlichen Public-Relations-Forschung und dient vielen PR-Modellen als Fundament, so beispielsweise dem Typen-Modell der Online-PR von Pleil (2007)[53]. Trotz der bereits in den 1980er Jahren entworfenen Modelle scheint der Ansatz mehr den je, wie neuere Publikationen von Grunig zeigen, auf die heutige Situation der Online-Relations und PR im Social Web übertragbar zu sein (vgl. z. B. Grunig, 2009). Gerade das Modell der symmetrischen Kommunikation, welches seit dem ersten Entwurf den Dialog vorsieht, ist theoretisch das inhärente Ziel der Social Media-Kommunikation. Daher sollen die Modelle im Hinblick auf den Forschungsgegenstand kurz skizziert werden.

[52] Unaufdringliche Themen sind im Agenda-Setting Themen, die nahezu ausschließlich über mediale Quellen und kaum in der interpersonalen Kommunikation wahrgenommen werden können. Selbst wenn Wissenschaftsthemen freilich auch für den ein oder anderen im persönlichen Umfeld oder bei Tagen der offenen Tür und anderen Wissenschaftsveranstaltungen wahrnehmbar sind, bleibt das Gros der Gesellschaft doch überwiegend auf mediale Quellen angewiesen.

[53] Zum Modell vergleiche Kapitel 4.6.

Abgeleitet aus der historischen Perspektive auf die PR-Forschung und -Praxis entwickeln Grunig und Hunt (1984) vier Modelle der Public Relations und Kommunikation: Das *Publicity-* (1), das *Informations-* (2), das *Zwei-Weg asymmetrische* (3) und das *Zwei-Weg symmetrische Modell* (4). Letzteres gilt als Exzellenz-Modell mit der höchsten Effizienz, Nachhaltigkeit und Ethik (Grunig & Grunig, 1992, S. 308f.). Insgesamt spiegeln die vier Ansätze die Vielfalt der PR wider (ebd., S. 286), wie sie auch heute noch in der Praxis anzutreffen sind. Anhand der zwei Primärvariablen *Richtung* (uni- oder bidirektional) und *Zweck* (asymmetrisch, unbalanciert oder symmetrisch, balanciert) lassen sich die Modelle klassifizieren (ebd., S. 289). *Publicity* meint dabei, den schönen Schein wahrend häufig auch in Kombination mit Unwahrem. Die Kommunikation verläuft asymmetrisch sowie unidirektional in Monologform. Monolog und Asymmetrie sind ebenso kennzeichnend für das Modell der Informationsdistribution (2). Obwohl die PR-Praktiker auch in diesem Modell in der Regel positive Informationen verbreiten, so sind diese wahrheitsgemäß und präzise. Das *Zwei-Weg asymmetrische Modell* ist zwar dialogorientiert, aber unbalanciert und persuasiv. Das heißt, die Organisation schaut auf die verschiedenen Anspruchsgruppen und sondiert die relevanten Themen. Sie schließt daraus jedoch nicht auf eigene strukturelle oder kommunikative Änderungen, sondern versucht durch geschickte Maßnahmen, die Meinungen und Einstellungen in der Öffentlichkeit zu ändern (ebd., S. 287ff.). Im *symmetrischen Modell* hingegen, „understanding is the principal objective of public relations (…)" (ebd., S. 289). Es sieht den echten Dialog vor und justiert die Beziehung zwischen der Einrichtung und ihren Bezugsgruppen aus. Daraus resultiert, dass beide Seiten sich anpassen und Veränderungen ermöglichen. Nur dieses vierte Modell kann den Verdacht, manipulativ zu sein, ausräumen und verfahrene Strukturen aufbrechen (ebd.).

Aus theoretischer Sicht wäre in komplexen Kommunikationsfeldern wie in der Wissenschaftskommunikation das Zwei-Weg symmetrische Modell die beste Wahl. Doch Theorie ist nicht gleich Praxis. Das hängt maßgeblich mit drei Parametern zusammen: Der Unternehmenskultur, den Potenzialen der PR-Abteilungen und mit den Schemata, die von Public Relations in der Organisation vorherrschen respektive welcher Stellenwert ihr vom Management zugesprochen wird (ebd., S. 298ff.). Übertragen auf die Social Media-PR muss gefragt werden: Wie offen und hierarchisiert ist die Unternehmensstruktur? Welches Verständnis von Macht und Führung liegt vor? Wie wird Public Relations gelebt? Liegt ein Verständnis von „the dominant coalition typically believes that an open, symmetrical system threatens its power" (ebd., S. 300) vor, hat erfolgreiche Social Media-Kommunikation kaum Chancen. Ebenso wenig, wenn die Leitung nicht hinter den Kommunikatoren und deren Konzepten steht oder Verwirrung in der Unterscheidung zwischen Marketing und PR herrscht. Das Schema

der Institutsleitung von Public Relations sowie ein Grundvertrauen bestimmen, wie PR in der Organisation ausgeführt wird. Da das Social Web häufig schnelle Reaktionen fordert und lange Abstimmungsprozesse dem widersprechen, sind ein Grundvertrauen und der Rückhalt des Managements umso wichtiger, gerade in einem hochspezialisierten Feld wie der Wissenschaftskommunikation[54]. Weiterhin müssen die PR-Verantwortlichen selbst ein Verständnis für den balancierten Dialog aufbringen. Sie müssen die Instrumente beherrschen, nicht zuletzt aufgrund der Schnelligkeit und Unkontrollierbarkeit der Informationsverbreitung. Zudem fördern der direkte Zugang zur Leitung und die Beteiligung an Entscheidungen zum Kommunikationsmanagement die Etablierung von Dialogstrukturen.
Studien unter Wissenschaftsorganisationen aus den 1980ern sowie jüngere (vgl. u.a. Lederbogen & Trebbe, 2003; Gordon & Berhow, 2009; Linvill, McGee & Hicks, 2012; Gerber, 2011) zeigen, dass das asymmetrische Modell der Informationsdistribution vorherrschte. Jedoch wurde durchaus auch die symmetrische Kommunikation praktiziert (Grunig & Grunig, 1992, S. 304f.). Zu fragen bleibt, inwieweit die außeruniversitären Einrichtungen im Social Web dem Konzept der Informationsdistribution folgen, ob sie den Dialog führen oder Mischformen vorliegen. Die Ergebnisse der vorliegenden Studie sollen diese Fragen klären. Denn Social Media „have the potential to truly revolutionalise public relations – but only if a paradigm shift in the thinking of many practitioners and scholars takes place“ (Grunig, 2009, S. 16).

3.2 Modell der Organisationskommunikation von Zerfaß

Zerfaß entwickelte 1996 ein interdisziplinäres Modell der Unternehmenskommunikation, das sozialtheoretische, kommunikationswissenschaftliche und betriebswirtschaftliche Perspektiven integriert (Zerfaß, 2010, S. 287ff.). Er unterscheidet dabei drei Bereiche, die gemeinsam, integrativ den Kommunikationsprozess in Unternehmen abbilden und steuern. Als Bereiche nennt er zum einen die Organisationskommunikation. Hierin verortet er die gesamte interne Kommunikation, weshalb im Folgenden von interner Kommunikation gesprochen werden soll. Der zweite Bereich umfasst die Marktkommunikation, bei der es um die ökonomische

[54] Ein Studie von Kohring, Marcinkowski, Lindner & Karis (2013), die 1619 Entscheider aus Universitäten zum Einfluss von PR auf ihre Entscheidungen befragte, zeigte, dass die Entscheider den PR-Managern eher einen geringen direkten und indirekten Einfluss auf strategische Entscheidungsprozesse innerhalb der Universität bescheinigten. Sie sahen die PR-Expertise hauptsächlich in der Formung des öffentlichen Universitätsbildes. Fehlendes Vertrauen, fehlende Glaubwürdigkeit und Wertschätzung der PR ist unter den wissenschaftlichen Entscheidern, insbesondere dem akademischen Rat, an deutschen Universitäten noch weit verbreitet. Alles in allem scheint die PR als wichtiger Teil des strategischen Managements einer Universität, die mit ihrer Expertise wertvolle Impulse einbringen könnte, noch nicht angekommen zu sein (ebd., S. 176). Zu hoffen bleibt, dass Entscheider in außeruniversitären Forschungseinrichtungen ihre Kommunikatoren und deren Arbeit mit anderen Augen sehen.

Sicherung der Institution geht, das Schaffen von anschlussfähigen Handlungen, die im Austausch von geldwerten Ressourcen münden. Die Public Relations als dritter Teilbereich steuert die Kommunikation im gesamten gesellschaftpolitischen Umfeld und zwar in jenem, in dem es nicht um monetäre Austauschbeziehungen geht. In diesem gesellschaftspolitischen Umfeld treffen die Kommunikationsmaßnahmen auf verschiedene Öffentlichkeiten (Politik, Kultur, Medien, allgemeine bürgerliche Öffentlichkeit), die mit diversen Kommunikationsinstrumenten angesprochen werden können (und um Aufmerksamkeit zu erzielen auch müssen) (ebd., S. 287ff.).

Die drei Bereiche werden von Zerfaß als gleichberechtigte Komplexe im Kommunikationsprozess gesehen (ebd., S. 316). „Öffentlichkeitsarbeit ist damit nicht mehr ein untergeordnetes Instrument im Marketing-Mix, sondern ein gleichrangiges Standbein der Unternehmenskommunikation" (Lederbogen, 2004, S. 57). So „(…) bricht [Zerfaß] mit der klassischen Denkstruktur des Marketing und weist den Beziehungen zum gesellschaftlichen Umfeld einen (…) gleichberechtigten Stellenwert zu" (ebd., S. 58). Die verschiedenen gesellschaftlichen Gruppen, darunter das Laien-Publikum, rücken – übertragen auf die Wissenschafts-PR ganz im Sinn des *Public Understanding of Science* – in den Fokus der Aufmerksamkeit. PR und interne Kommunikation erfahren eine Auf- jedoch keine Überbewertung. Jeder der drei Bereiche trägt auf seine Weise und in der synergetischen Verbindung zum Gesamterfolg der Organisation bei. Trotz, dass interne Kommunikation, Public Relations und Marktkommunikation unterschiedliche Ziele verfolgen, weisen sie auf der Handlungsebene Synergien auf. Sie gilt es effizient zu nutzen (Zerfaß, 2010, S. 318). Allen drei Bereichen gemein ist ihre Einordnung in die übergeordnete Unternehmensstrategie. Diese Einordnung sorgt unter anderem für eine effiziente PR-Arbeit in der gesellschaftspolitischen Arena (Lederbogen, 2004, S. 58).

Lederbogen (2004, S. 59) überträgt Zerfaß' *Theorie der Unternehmenskommunikation und Public Relations* auf das Wissenschaftssystem mit der Begründung, dass nationale und internationale Profilierung, gesamtgesellschaftliche und gesellschaftspolitische Veränderungen Wissenschaftsinstitutionen dazu zwingen, sich mehr und mehr unternehmerischen Strukturen zu öffnen. Marktkommunikation wird beispielsweise im Wettbewerb mit anderen Forschungseinrichtungen bedient, Public Relations deckt die gesamte Kommunikation mit dem Bezugsgruppen des gesellschaftspolitischen Umfelds ab (beispielsweise interessierte Bürger, Journalisten, andere Meinungsführer), interne Kommunikation umfasst die Mitarbeiter der Institution sowie die unterstützenden Organisationsgremien. Auch Lederbogen sieht eine erfolgreiche Public Relations für Forschungseinrichtungen nur dann gegeben, wenn ihre Kommunikationsmaßnahmen in das Gesamtkonzept der Organisationskommunikation integriert sind und allgemein akzeptiert werden (ebd.). Doch welche Erfahrungen macht die Praxis?

Halten die PR-Kommunikatoren eine Kommunikationsstrategie, Regeln und Guidelines für sinnvoll im Alltagsgeschäft? Studien zeigten bisher, dass nur eine Minderheit ein strategisches Konzept für die Public Relations in ihre Arbeitsabläufe integrierte. Laut Lederbogen (2004, S. 164f.) existierte bei 29 Prozent der teilnehmenden Forschungseinrichtungen zum Zeitpunkt der Erhebung (2000) ein PR-Kommunikationskonzept. 17 Prozent waren dabei, eines zu erarbeiten und weitere elf diskutierten darüber. Jedoch fehlte auch bei 43 Prozent bislang eine entsprechende Strategie. Höhn (2011, S. 208f.)[55] ermittelte für den Bereich *Pressearbeit* ähnliche Ergebnisse. Ein Drittel der beteiligten Forschungseinrichtungen hielten ein Konzept für nicht nötig. Allerdings arbeiteten auch 16 Prozent bereits auf Basis einer festgelegten Strategie, 15 Prozent verabschiedeten ein Konzept, weitere 36 Prozent diskutierten über entsprechende Maßnahmen. Inwieweit sich in der Akzeptanz und Relevanz von Governancestrukturen ebenso wie in Unternehmensbefragungen (vgl. u. a. Zerfaß, Fink & Linke, 2011; Zerfaß, Fink & Linke, 2012) Verschiebungen ergeben, soll die Befragung der PR-Verantwortlichen klären.

Ein weiterer Aspekt betrifft den Wert von Public Relations und Marketing für Forschungsorganisationen in einer sich verändernden Medienumgebung mit sich daran anpassenden Aufmerksamkeitsregeln. Höhn (2011, S. 296, 275f., 286ff., 292) konnte, ableitend aus seinen empirischen Ergebnissen, zeigen, dass eine gleichberechtigte Stellung von PR und Marketing, die Zerfaß‘ Theorie immanent ist, sowie das Ausnutzen synergetischer Effekte zur Steigerung der kommunikativen Effizienz bei den Beteiligten auf Konsens stößt. Im Rahmen der Delphi-Studien sprachen die befragten Experten der Public Relations und dem Marketing künftig mehr Bedeutung zu (ebd., S. 242; 269), welches unter anderem mit dem Verhältnis zwischen finanziellen wie personellen Ressourcen und wachsenden Aufgaben zu begründen ist. Diese qualitativen Ergebnisse der Delphi-Studie von Höhn sollen im Forschungsvorhaben quantitativ überprüft werden. Die Besonderheiten, die mit der Online-PR verknüpft sind, greifen nun die folgenden Kapitel auf.

4 Online-Public-Relations mit Fokus auf die PR im Social Web

> „Das Internet ist das Gewebe, auf dem unser Leben beruht.“ (Castells, 2005, S. 9)
> „[Es] (…) sorgt durch seine technischen Möglichkeiten dafür, dass PR-Kommunikation dialogischer, netzwerkartiger, interaktiver, authentischer und symmetrischer wird. Transparenz wird zu einem zentralen Merkmal von PR-

[55] Die Online-Befragung der PR-Verantwortlichen von Hochschulen und außeruniversitären Forschungseinrichtungen führte Höhn im ersten Halbjahr 2009 durch.

> Kommunikation im Internet. Ziele von Online Relations sind das Herstellen von Offenheit, Empowerment und Verständigung." (Schultz & Wehmeier, 2010, S. 421)

Netzwerke gibt es seit alters her – denkt man nur an die antiken Markplätze der Welt (Kolb, 2010, S. 57f.; Korbien, 2012, S. 83f.). Auf den historischen Märkten fanden ganz natürlich Gespräche, Empfehlungen, Austausch über Anbieter, Angebote und deren Wahrnehmung statt. Die Anbieter gingen zielgruppenspezifisch auf die Nachfrager ein, informierten sie zielorientiert und boten ihnen situationsabhängig individuelle Angebote. In den vergangenen Jahrzehnten hingegen trat die Orientierung an den Bezugsgruppen häufig hinter der maximalen Effizienz (Korbien, 2012, S. 83f.) oder „einer künstlichen Hülle der institutionalisierten Kommunikation" (Schindler & Liller, 2012, S. 356) zurück. Durch die Überschwemmung der Märkte wurden Produkte, Unternehmen, Arbeitnehmer und Verbraucher austauschbar. Nach der Phase der Einwegkommunikation und massenmedialen Mediatisierung finden im Netz nun „Gespräche (...) wieder statt, wie damals auf den historischen Märkten" (Korbien, 2012, S. 84). Globale Direktkommunikation in einer noch nie da gewesenen Dimension ist theoretisch möglich (Kolb, 2010, S. 57f.). Die dabei entstehenden Netzwerke können sehr leistungsfähig sein, so dass beispielsweise vertikale Hierarchien in der bisher praktizierten Weise zu hinterfragen sind (Castells, 2005, S. 9). Veränderungen in der Organisationskommunikation und -kultur müssen einmal mehr diskutiert werden. Fehlen Mut zur Veränderung etablierter Strukturen und das ernsthafte Interesse an den (kritischen) Meinungen der Stakeholder, sollte womöglich auf die aktive Onlinekommunikation, vornehmlich im Social Web, verzichtet werden. Eine Entscheidung für einen Social Media-Auftritt basierend auf: „Die Konkurrenz ist dabei, also *müssen* wir auch vertreten sein!", ohne die nötigen Voraussetzungen und den Wert der Plattformen für die eigenen Kommunikationsinteressen zu evaluieren (Schultz & Wehmeier, 2010, S. 412; Pleil, 2010c, S. 19), verfehlt ihr Ziel. Sie kostet nur – Ressourcen, langjährig aufgebaute Reputation, interne Glaubwürdigkeit der Kommunikatoren und Entscheider. Vielmehr bedarf es Lösungen, die den Aufbau von Sozialkapital planen. Beziehungsmanagement wird zur wesentlichen Aufgabe im Social Web. Eine Aufgabe, die nicht sofort erreichbar ist, sondern kontinuierlicher Arbeit bedarf (Pleil, 2010c, S. 19). In der Wirtschaft oder auf der Ebene bekannter Persönlichkeiten gibt es häufig Fälle, denen nicht durchdachte Online- und Social Media-Aktivitäten unerwünschte Folgen bescherten (vgl. van Rinsum & Zimmer, 2011). In der Wissenschaftskommunikation, wo Meinungen aufeinandertreffen, in Publikationen verklausuliert wird, Fakten und Quellen leichter geprüft werden können, wird es kaum anders sein. Eine Entscheidung sollte damit nicht auf einer normativen Wertung – zeitgemäß oder old-style – beruhen, sondern analytisch, nüchtern, von den Zielgruppen her gedacht getroffen werden.

Jedoch muss auch beachtet werden, dass der Wissenschaft(skommunikation) aufgrund ihrer Pflicht zu informieren und sich zu legitimieren eine Sonderrolle zukommt, bei der Onlinekommunikation effizient unterstützen kann. Denn für eine Vielzahl von Menschen gehören heute globale Vernetzung via Internet und soziale Medien zum Alltagsleben. Laut ARD/ZDF-Online-Studie 2013 nutzen 77,2 Prozent das Internet zumindest gelegentlich. Befragt nach den letzten vier Wochen, waren drei Viertel (75,7 Prozent, 53,1 Millionen) der deutschsprachigen Bevölkerung ab 14 Jahren online, gegenüber dem Vorjahr ein Zuwachs um einen Prozentpunkt. In der jüngsten Alterskohorte, den 14- bis 19-Jährigen, nutzen schon seit 2010 100 Prozent das Internet. Ebenso sind die 20- bis 39-Jährigen nahezu vollständig im Netz vertreten. Unter den 40- bis 49-Jährigen gehen fast 90, unter den 50- bis 59-Jährigen 82,7 Prozent online (van Eimeren & Frees, 2013, S. 358ff.). Auch die Allensbacher Markt- und Werbeträgeranalyse (AWA) 2013 verzeichnet 73 Prozent deutschsprachige Internetnutzer ab 14 Jahren. Von 14 bis 64 sind es sogar 87 Prozent (Sombre de & Bruttel, 2013, S. 6). Täglich kommunizieren zum Beispiel in sozialen Netzwerken oder Chats 93 Prozent der 14- bis 19-Jährigen, bei der Alterskohorte der 50- bis 59-Jährigen sind es immerhin noch 47 Prozent. Hinsichtlich des tagesaktuellen Geschehens informieren sich durchschnittlich 80 Prozent zwischen 30 und 59 Jahren im Internet (ebd., S. 9). Bezogen auf alle deutschsprachigen Onlinenutzer ab 14 Jahren lesen nach der ARD/ZDF-Online-Studie 2013 55 Prozent aktuelle Nachrichten im Netz. Direkt zu Wissenschaft, Forschung, Bildung beziehen 44 Prozent dieser Befragten Informationen online (van Eimeren & Frees, 2013, S. 365). In den USA liegen die Anteile derer, die Nachrichten im Internet konsumieren, höher, zudem spielen die sozialen Netzwerke im Nachrichtenkonsum eine wichtigere Rolle. Diese Form, sich tagesaktuell zu informieren, ist in Europa noch weit weniger verbreitet, wie Studien von Newman und Levy (2013) und Kohut, Doherty, Dimock und Keeter (2012) zeigen.

Fokussiert auf soziale Netzwerke nutzen laut Allensbacher Computer- und Technikanalyse (ACTA) 2013 40 Prozent der deutschen Bevölkerung ab 14 Jahren ein solches (Köcher, 2013, S. 20). Auch die Entscheider aus Politik und Wirtschaft – wichtige Bezugsgruppen der Wissenschaftskommunikation – sind laut ACTA 2012 mehrheitlich in sozialen Netzwerken aktiv; Parlamentsabgeordnete zu 74, das Topmanagement deutscher Unternehmen zu 52 Prozent (Bruttel, 2012, S. 5). Beruflich kommunizieren durchschnittlich schon 25 Prozent per Online-Communities, etwas über dem Durchschnitt liegt die Altersklasse zwischen 30 und 49 (29 Prozent) (ebd., S. 23). Diese Ergebnisse signalisieren, dass es für Wissenschaftsorganisationen durchaus interessant sein kann, ihre Botschaften aktiv online zu kommunizieren – sofern für die Online- und Social Media-Auftritte ausreichend Ressourcen (personell, finanziell, strukturell) zur Verfügung stehen, um sinnhaft zu agieren. Nehmen die Einrichtungen nicht selbst am Dialog teil, besteht die Gefahr der fremdbestimmten Informations- womöglich Gerüchteverbreitung ohne Option auf direkte Klarstellung (Kolb, 2010, S. 63). Der Verlust an Kommunikationskontrolle liegt dann umso höher.

4.1 Definition von Online- und Social-Media-Public-Relations

Die Definition von Public Relations soll nun für die Onlinekommunikation erweitert werden. Public Relations wurde nach Bentele (1997, S. 22f.) definiert als

> „(…) das Management von Informations- und Kommunikationsprozessen zwischen Organisationen einerseits und ihren internen und externen Umwelten (…) andererseits. Funktionen von Public Relations sind Information, Kommunikation, Persuasion, [Argumentation,] Imagegestaltung, kontinuierlicher Vertrauenserwerb, Konfliktmanagement und das Herstellen von gesellschaftlichem Konsens."

Online-PR meint dahingehend nun Public Relations mit all ihren Funktionen, „die vorwiegend das Internet nutzt, um mit realen und virtuellen Bezugsgruppen [(Umwelten)] zu kommunizieren" (Neuberger & Pleil, 2006, S. 2). Darauf aufbauend bezeichnet Social Media-PR[56] als Erweiterung der klassischen und Online-PR

> „das bewusste, geplante und dauernde Engagement einer Organisation oder Persönlichkeit im Social Web. Sie verfolgt das Ziel, online mit integrierter, vernetzter und transparenter Kommunikation eine Reputation aufzubauen, welche auf Akzeptanz, Verständnis und Vertrauen basiert. Glaubwürdigkeit strebt sie mit personalisierter und authentischer Kommunikation, möglichst in Echtzeit, an. Hauptelemente der öffentlichen Kommunikation mit den Dialoggruppen sind gegenseitiges Zuhören, Interaktion und Kollaboration; im Vordergrund stehen die Bereitschaft und die Fähigkeit zu Dialog und Vernetzung (…)" (Schindler & Liller, 2012, S. 59).

Zu den Kernaufgaben der professionellen Kommunikatoren zählen demnach die Vernetzung von Bezugsgruppen und Organisation, der Abbau von Barrieren, indem Menschen wieder mit Menschen sprechen. Über Personalisierung und strukturierte Multi-Voice-Policy[57] kann sodann Glaubwürdigkeit und Vertrauen aufgebaut, erweitert sowie erhalten werden (ebd., S. 355ff.). Die Einbindung der Mitarbeiter in die Organisationskommunikation im Social Web gilt daher ebenso als Kernaufgabe. Sie sind Multiplikatoren, die die Organisation nach außen repräsentieren, die Reichweite, Vernetzung, Sichtbarkeit und Authentizität schaffen (ebd., S. 65). Die Integration der Mitarbeiter in die öffentliche Kommunikation erfährt in Wissenschaftseinrichtungen eine noch weitreichendere Ebene, die aus der Komplexität des Gegenstandes her rührt und den Faktor Verständlichkeit in den diversen Übersetzungskaskaden

56 Synonyme für Social Media-PR: Cluetrain-PR, PR 2.0 (Schindler & Liller, 2012, S. 59).

57 Viele Stimmen tragen die Botschaften der Organisation inhaltlich stimmig nach außen. Dazu können beispielsweise die Social Media affinen Mitarbeiter beitragen.

betrifft. Gerade in der Wissenschaftskommunikation „können die Antworten [nicht immer] allein aus der Kommunikationsabteilung kommen, sondern müssen gegebenenfalls breiter (...) abgestützt sein“ (ebd.). Daher scheint es umso wichtiger, wenn Wissenschaftler auch selbst online mit den Bezugsgruppen in den verschiedenen Kommunikationsarenen interagieren und die Public Relations für die nötigen Rahmenbedingungen sorgen. Dieses signalisiert wiederum Kompetenz und Interesse gegenüber den Anspruchsgruppen, trägt zur Glaubwürdigkeit und zum Aufbau digitaler Reputation bei, woraus indirekt geldwerte Projekte resultieren können.

4.2 Social Media Governance

Zu den Rahmenbedingungen, den so genannten Governancestrukturen[58], für effiziente, sichere, authentische Kommunikation gehören neben der Definition von Verantwortlichkeiten auch das Erlassen von Social Media-Guidelines und Richtlinien für die Onlinekommunikation. Sie reduzieren Unsicherheit im korporativen Kommunikationsalltag. Sie schützen Mitarbeiter wie Institution gleichermaßen und begleiten den Prozess der Veränderung. Dabei müssen sie selbst von den PR-Praktikern immer wieder auf Utilität geprüft werden (Schindler & Liller, 2012, S. 356f.; Fink, Zerfaß & Linke, 2012, S. 104ff.; Zerfaß & Pleil, 2012, S. 71). Doch selbst wenn Guidelines und übergeordnete Governancestrukturen von Experten und vielen Praktikern als wichtig erachtet werden (Zerfaß et al., 2012, S. 16, 29), folgt die Umsetzung meist ihren eigenen Regeln. So zeigen die Ergebnisse der Social Media Governance- beziehungsweise Delphi-Studien von 2010, 2011, 2012[59] zwar einen deutlichen Anstieg, jedoch haben längst nicht alle befragten Organisationen Ordnungsrahmen etabliert. Inzwischen verfügen aber etwas mehr als die Hälfte (55 Prozent) der teilnehmenden Organisationen über Governancestrukturen, eine Zunahme um 26 Prozentpunkte gegenüber dem Vorjahr (2011: 29,4 Prozent; 2010: 16,1 Prozent; Zerfaß et al., 2012, S. 14). Ebenfalls stieg die Integration der Guidelines, gegenüber 2011 um acht Prozentpunkte von 31 auf 39 Prozent (2010 waren es

[58] „Governance bezeichnet in der sozialwissenschaftlichen Fachdiskussion die institutionellen Strukturen und die Prozesse der Interdependenzbewältigung zwischen verschiedenen Akteuren. Social Media Governance umfasst analog die strategische Gestaltung und Realisierung solcher Ordnungsrahmen für Social Media und ist eine unabdingbare Voraussetzung für deren erfolgreiche Etablierung in Organisationen“ (Fink & Fuchs, 2012, S. 7).

[59] Befragt wurden jeweils Kommunikationsmanager und PR-Verantwortliche von Unternehmen, Behörden, Non-Profit-Organisationen in Deutschland (2011 beteiligten sich auch Einrichtungen aus Österreich und der Schweiz; Stichproben: 2010 = 1007, 2011 = 596, 2012 = 860). 2012 wurde zusätzlich zur quantitativen Erhebung eine 2-stufige Delphi-Studie mit 32 Experten im Bereich Onlinekommunikation/Social Media aus Wissenschaft und Praxis durchgeführt (Zerfaß & Fink, 2010, S. 4; Zerfaß et al., 2011, S. 4; Zerfaß et al., 2012, S. 3).

noch 19,1 Prozent; (Zerfaß et al., 2012, S. 15, 28; Zerfaß et al., 2011, S. 54; Zerfaß & Fink, 2010, S. 50)). Der Zuspruch auf Leitungsebene, das Formulieren von Strategiepapieren und Mitarbeitertrainings legten um 21, zehn und neun Prozentpunkte auf 69, 33 und 23 Prozent gegenüber 2011 zu (Zerfaß et al., 2012, S. 15).

Inwieweit haben aber außeruniversitäre Forschungseinrichtungen Social Media Governancestrukturen, Guidelines oder Monitoring-Tools, die als essentielle Treiber für den Kommunikationserfolg gelten, etabliert? Dieses wird im Forschungsvorhaben zu hinterfragen sein. Erste Ansätze legten, wie zitiert, Lederbogen (2004, S. 164f.) und Höhn (2011, S. 208f.) vor, jedoch keine für die Kommunikation im Social Web.

Bei den Teilnehmern der Governance-Studie lagen der Monitoring-Anteil zudem der des Issues Monitoring 2011 unter 30 Prozent (Zerfaß et al., 2011, S. 39, 54). Auch die systematische Kommunikationskontrolle im Social Web wurde im Kommunikationsmanagement der Organisationen selten integriert. Gründe dafür sahen die Teilnehmer etwa in der Komplexität des Webs und der sozialen Medien durch Wechselwirkungen, den hohen Vernetzungsgrad, die Bewertung von Multiplikatoren oder die Qualität der Beziehungen (Zerfaß et al., 2012, S. 34ff.). Andererseits kann das Netz die Kommunikationskontrolle und das Monitoring auch erleichtern, weil Statistiken direkt abrufbar sind. Zur Beobachtung relevanter Themen und Trendeinschätzungen eignet sich beispielsweise Twitter inklusive dessen Analysetools (Schultz & Wehmeier, 2010, S. 420f.; Fink, 2012, S. 272).

Wichtig und zugleich schwierig ist die Diskussionsverfolgung im Social Web, weil die Gespräche über die verschiedenen Kommunikationsräume verteilt sein können (Schindler & Liller, 2012, S. 66). Keine lineare, sondern eine hochgradig vernetzte Linkstruktur bestimmt den Kommunikationsfluss. Das bedeutet: Selbst wenn eine Einrichtung sich gegen einen Social Web-Auftritt entscheidet, auf ein Imagemonitoring sollte sie nicht verzichten. Allein die Beobachtung der Institutswebsite reicht selten aus. Bei einer Beteiligung kann Aufmerksamkeit durch integrative Vernetzung der Kommunikationsräume erhöht werden. Die Nachrichtenverbreitung über verschiedene Plattformen, zudem crossmedial, aber dennoch zielgruppenspezifisch, erhöht die Sichtbarkeit (ebd., S. 11ff.). Je nach Themenrelevanz können die Botschaften virale Effekte auslösen, die in Reichweite die Massenmedien übertreffen. User Generated Content, Peers, Empfehlungen des Beziehungsnetzes und der Meinungsführer entwickeln eine integrative Kraft in der Nachrichtenverbreitung, da sie auf Vertrauen fußen. Word-of-Mouth und das „Web of Trust" (ebd., S. 81) gewinnen gerade in der Fülle der Information im Internet an Bedeutung (Schindler & Liller, 2012, S. 80f.; Pleil & Zerfaß, 2007, S. 529). So erzielen laut Edelman Trustbarometer 2013[60] „a person like yourself" und wissenschaftliche sowie Branchenexperten unter der informierten Bevölkerung sowohl global als auch in Deutschland die höchsten Vertrauenswerte, wenn es um die Glaubwürdigkeit von Informationen geht (Edelman, 2013a, S. 27f.; Edelman, 2013b). Den sozialen Medien vertrauen aus der Allgemeinbevölkerung insbesondere die Jüngeren, wenngleich die traditionellen Medien, aber auch die Suchmaschinen in allen Alterskategorien das höchste Vertrauen in die Richtigkeit von Informationen genießen (Edelman, 2013a, S. 19).

4.3 Die neuen Gatekeeper im vormedialen Raum

Im vormedialen Raum erhalten Medienschaffende schleichend Konkurrenz in ihrer Rolle als Gatekeeper mit möglichen Auswirkungen auf den Prozess der Meinungsbildung. Die zuvor nur über die traditionellen Medien rezipierbaren Themen werden zunehmend außerhalb der Medienöffentlichkeit erfahrbar (Pleil, 2010c, S. 5f.). Dabei verändern sich analog zu den technischen und gesellschaftlichen Entwicklungen des zwischenmenschlichen Kommunikationsprozesses auch die Selektionskriterien einer Botschaft. In der Folge können Medien- und Öffentlichkeitsagenda durch wachsende Veränderungen in den Kommunikationsstrukturen divergieren. Für Organisationen jeglicher Art, darunter die Wissenschaftseinrichtungen, resultiert daraus, dass die alleinige Fokussierung auf die Medienbeziehungen zur Verbreitung der eigenen Themen zu kurz greift. Die klassischen Media Relations verlieren an Dominanz (ebd., S. 6), gleichwohl sie derzeit noch eine wesentliche Rolle spielen, die im Wissenschaftsbereich nicht unterschätzt werden darf. Das heißt, die richtige kommunikative Balance muss gefunden werden (Yin, 2008, S. 21). Denn die 90-9-1-Regel, die das Verhältnis von passiver zu aktiver Kommunikationsbeteiligung im Social Web beschreibt, besagt: Zirka 90 Prozent der User rezipieren lediglich passiv. Neun Prozent kommentieren Publiziertes und lediglich ein Prozent stellt selbst eigene Inhalte ins Netz (Schindler & Liller, 2012, S. 6f.)[61]. Diesem einen Prozent gebührt jedoch Aufmerksamkeit. Denn sie sind die „ProdUser", die „Knoten innerhalb eines Netzes" (Pleil, 2012, S. 35), die zusätzlich zur Vernetzung anhand ihrer Themenkompetenz und Kommunikationsfähigkeit es verstehen, Aufmerksamkeit zu generieren. Durch ihr Ansehen innerhalb ihres Netzwerks sind sie nicht nur fähig Informationen zu

[60] Der Edelman Trustbarometer ist eine seit 2001 jährlich in 26 Ländern durchgeführte Studie zum Vertrauen in Informationen und Institutionen der Politik, Unternehmen, Nichtregierungsorganisationen und Medien mit mehr als 31 000 Befragten ab 18 Jahren (Edelman, 2013a, S. 2f.).

[61] Ergebnisse der ARD/ZDF-Online-Studien belegen, dass außerhalb von Online-Communities Informationen mehr konsumiert, denn kommentiert oder aktiv verbreitet werden, gerade auch bei den jungen Altersgruppen (van Eimeren & Frees, 2012, S. 364f.).

verteilen, sondern auch selbst Themen öffentlichkeitswirksam zu setzten. Solche Meinungsführer gilt es in der Public Relations zu gewinnen und Beziehungen zu ihnen künftig stärker zu fördern. Möglicherweise finden sich unter den Mitarbeitern, im vorliegenden Fall unter den Wissenschaftlern, solche Netzwerkknoten, die aktiviert werden können (ebd.). Das scheint in der Wissenschaftskommunikation unter mehreren Perspektiven relevant: Neben der Wirkung der kommunikativen Kompetenz auf die Eigenreputation des Wissenschaftlers innerhalb seines persönlichen Netzwerks und der Fachwelt strahlt sein kompetentes Auftreten in den verschiedenen Kommunikationsarenen auf die Online-Reputation der Forschungsorganisation aus. Denn in der Fülle der Informationen ist vertrauenswerter „content king" (Schindler & Liller, 2012, S. 81). Die gleichzeitige Vernetzung und Empfehlungen erzeugen Resonanz. Sie formen so den Kontext, sozusagen die kingdoms (Gerber, 2011, S. 42), den Einfluss der Einrichtung. Zudem wird neben der Fachexpertise die Organisation durch Personalisierung greifbarer. Diese offenere Zugänglichkeit kann die Akzeptanz, Glaubwürdigkeit und Unterstützung der Forschungseinrichtung positiv beeinflussen. Neben den Vernetzungsstrukturen dürfen die Suchmaschinen als Gatekeeper nicht vergessen werden, die per Algorithmen ebenso Aufmerksamkeit steuern und Orientierung im vormedialen Raum geben[62] (Pleil, 2010c, S. 8ff.). Somit „trägt (…) das Internet deutlich zur Realitätskonstruktion seiner Nutzer bei" (ebd., S. 9).

Damit jedoch PR-Botschaften durch Meinungsführer oder einzelne User zu Anschlusskommunikation führen, bedarf es neben der inhaltlichen Relevanz und Personalisierung der Aktualität der Information (Pleil & Zerfaß, 2007, S. 522). Außerdem werden in den Dialogmedien schnellere Reaktionen erwartet (Pleil, 2010c, S. 21). Feste Kommunikationszeiten kennt die Online-Welt, besonders das Social Web, nicht. Die Bezugsgruppen lesen, teilen, kommentieren Informationen global 7 Tage, 24 Stunden. Mobile Endgeräte verschärfen zusätzlich diese Situation, der sich die Public Relations stellen müssen (Mavridis, 2011, S. 247; Schindler & Liller, 2012, S. 66f.; (Pleil, 2012, S. 24). Erfolgreiche Kommunikation scheint nur mit ausreichend personellen und finanziellen Ressourcen sowie sorgfältiger Planung möglich (Schultz & Wehmeier, 2010, S. 424). Nicht viele Botschaften haben in der Fülle der Information das Potenzial reichweitenstarke Effekte auszulösen. Inhaltliche Relevanz, Kontext, Aktualität, Reaktionsschnelligkeit, verfügbare Ressourcen treiben somit wesentlich die Effizienz der Organisationskommunikation.

---

[62] Nicht selten finden sich unter den ersten Treffern Beiträge aus den sozialen Medien, die wiederum Einfluss auf die Meinungsbildung, auf das weitere Such- und Bewertungsverhalten nehmen. Der Trustbarometer 2013 belegt das Vertrauen in Suchmaschinen (Edelman, 2013a, S. 19).

4.4 Authentische Dialoge – Diskrepanz zwischen Theorie und Realität

Theorie und Empirie divergieren häufig im Bereich der Interaktion und authentischer Dialoge im Social Web (Schultz & Wehmeier, 2010, S. 421). „Viele (...) Hoffnungen werden enttäuscht, weil das Interaktionspotenzial von Online-Plattformen nicht automatisch zu einem Wandel von Beziehungs- und Machtstrukturen führt (...)" (Boelter & Hütt, 2012, S. 395). Strukturen der einseitigen Informationsdistribution beherrschen oft weiterhin die angestrebten Interaktionen in den Dialogmedien (Neuberger & Pleil, 2006, S. 10; Pleil & Zerfaß, 2007, S. 516f.). Gespräche entstehen aber nicht aus sich heraus. Vielmehr bedarf es eines auslösenden Moments, eines interessanten Einstiegs in ein nicht weniger interessantes Thema sowie der Moderation des Dialogs (Boelter & Hütt, 2012, S. 400). Ansätze des Storytellings können hilfreich sein, da sie Komplexität reduzieren, schwierige Sachverhalte verständlicher darstellen und derart Glaubwürdigkeit fördern (Wehmeier & Winkler, 2012, S. 384ff.)[63]; für die Wissenschaftskommunikation ein interessanter Gedanke. Die Frage ist allerdings: Verfügt die Organisation über ausreichend öffentlichkeitswirksame Themen, um sich kontinuierlich im Stream und somit in „Lesweite" respektive im Gedächtnis der Anspruchsgruppen zu verankern? Denn „Likes" signalisieren zwar Interesse, initiieren jedoch für sich genommen noch keinen Dialog und haben wenig Wert, wenn die Botschaften der Organisation in der Fülle der Nachrichten im Newsstream unbemerkt bleiben; erst recht, wenn zusätzlich die netzwerkeigenen Filteralgorithmen greifen (vgl. Eck, 2013; Geisel, 2013; van Rinsum & Zimmer, 2011, S. 151). Die PR muss demnach ausreichend Ideen für bezugsgruppenrelevante Inhalte entwickeln. Fragen stellen, zuhören, das Gehörte aufgreifen, kann das Involvement der Nutzer und daraus resultierend das Beziehungsmanagement unterstützen (vgl. Eck, 2013).

An Themenvielfalt mangelt es den Forschungsorganisationen vielerorts kaum. Jene Inhalte aufzugreifen, welche die Anspruchsgruppen bewegen und der wissenschaftlichen Erläuterung bedürfen, reduziert Unsicherheit gegenüber dem oft als geschlossen wahrgenommenen Wissenschaftssystem. Die Interaktion hängt allerdings auch von der Agilität der Bezugsgruppen ab. Adäquate Ansprache, die zielgerichtete Auswahl der Kommunikationsplattformen können den Kontakt wesentlich beeinflussen.

[63] Mit Storytelling sind keine Inszenierungen und Informationsbeschönigung gemeint, denn diese werden in der Online-Welt schnell entlarvt (Wehmeier & Winkler, 2012, S. 386ff.).

4.5 Ausgewählte Social Software-Tools: Wege der Vernetzung

Internationalen Studien zufolge setzen PR-Abteilungen zur Kommunikation mit den Zielgruppen durchschnittlich fünf respektive sechs Social Media-Instrumente ein. Zu den meistgenutzten Tools zählen E-Mails, Intranet, soziale Netzwerke, Blogs oder Video-Sharing-Plattformen. Der Gebrauch von Mikroblogs fällt zum Zeitpunkt der Befragungen (2007 und 2010) verhalten aus (Eyrich, Padman & Sweetser, 2008, S. 413; Curtis, Edwards, Fraser, Gudelsky, Holmquist, Thornton & Sweetser, 2010, S. 91). Er dürfte bis heute gestiegen sein, da beispielsweise Twitter ebenso wie andere Plattformen stetig steigende Nutzerzahlen verzeichnen. Die Verwendung von Social Media-Instrumenten hängt auch mit deren Glaubwürdigkeitszuschreibung durch die PR-Praktiker zusammen, außerdem mit deren Effektivitätseinschätzungen im Erreichen der Zielgruppen und Organisationsziele sowie mit dem Beitrag, den die Tools zur Weiterentwicklung der Kommunikationsstrategie leisten (Curtis et al., 2010, S. 92). Einige der Instrumente werden folgend erläutert.

Weblogs

Weblogs „sind auf WWW-Seiten öffentlich geführte Tagebücher (…) [in] chronologisch umgekehrter Reihenfolge" (Ebersbach et al., 2011, S. 61f.). Charakteristisch sind zudem die frei zugängliche Kommentarfunktion, die Aktualität der Beiträge[64] und leichte Handhabung über Content-Management-Systeme (CMS) beispielsweise *WordPress* (http://de.wordpress.org/). Mit Authentizität durch Personalisierung, Storytelling-Elementen und Emotionalität erzeugen sie Glaubwürdigkeit, die sich wiederum auf Vernetzung und Verbreitung der Inhalte auswirkt (Ebersbach et al., 2011, S. 62). Im Bereich der Organisationskommunikation existieren Corporate Blogs, welche „in erster Linie dem Marketing und der PR nach innen und außen [dienen]" (ebd., S. 64). Sie eignen sich jedoch ebenso für den direkten Informationsaustausch innerhalb der Belegschaft oder zwischen der Organisation respektive den Mitarbeitern und den Bezugsgruppen (Ebersbach et al., 2011, S. 64; Eck & Pleil, 2006, S. 92). Nicht viele Blogs ziehen Aufmerksamkeit nachhaltig auf sich. Sogenannte A-Blogger schaffen es aber tausende Leser zu erreichen und tragen so zur Meinungsbildung sowie Orientierung in der Informationsfülle bei. Sie haben das Potenzial klassische Gatekeeping-Mechanismen zu umgehen und selbst Themen öffentlich zu platzieren. Medien beobachten solche Blogs, greifen ihre publizierten Themen in der Berichterstattung auf und setzen sie auf die medieneigene Agenda. Das garantiert zusätzlich Reichweite und Vernetzung mit weiteren Kaskaden der

[64] Sofern das Blog ernsthaft betrieben wird. Zahlreiche Blogs, die wenig beziehungsweise nach einer Phase des erfolglosen Ausprobierens nicht mehr aktualisiert werden, existieren jedoch ebenso.

Informationsdistribution und Themenerweiterung. Folglich müssen sich Blogs stets weiterentwickeln, hören was die Leser bewegt, um nicht im Long Tail des Webs zu versinken (Ebersbach et al., 2011, S. 74ff.; Pleil, 2004, S. 11ff.; Eck & Pleil, 2006, S. 86ff.). Corporate Blogs haben es häufig schwer größere Reichweiten zu erzielen. Denn ihre „starren Organisationsstrukturen stehen dem fluiden Weblogformat entgegen“ (Ebersbach et al., 2011, S. 76). Nichtsdestotrotz gibt es auch Positivbeispiele. Wissenschaftsblogs wie das mehrfach ausgezeichnete Blog des Fraunhofer-Institutes für Arbeitswirtschaft und Organisation IAO (blog.iao.fraunhofer.de/) oder das duale Blog der Fraunhofer-Gesellschaft (www.forschungs-blog.de/dual/)[65] (Gerber, 2011, S. 13) können durch die Beteiligung vieler Wissenschaftspublizisten Themenvielfalt garantieren. Sie schüren Interesse an wissenschaftlichen Themen und Anschlusskommunikation, indem sie den Öffentlichkeiten freien Zugang zu genau jenen Interesse weckenden Informationen bieten. Claudia Garád vom Fraunhofer IAO bezeichnet das Blog als „(…) ein Schaufenster unserer gesamten Forschungstätigkeit“ (Claudia Garád zit. in Stifterverband für die Deutsche Wissenschaft, 2012, S. 4). Jeder Mitarbeiter kann sich am Bloggen nach einem Blog-Coaching beteiligen, das dazu dient, „ein Bewusstsein und ein Verständnis für das neue Medium zu schaffen (…) da zum Beispiel sehr viel mehr eigene Meinung auch mal sein darf (…)“ (ebd.). Trench (2008, S. 192f.) sieht in Blogs ein Fenster zu wissenschaftlichen „Insights“, das den Medien und der Bevölkerung im traditionellen Kommunikationsmodus verschlossen blieb und nun offen steht, weil in Blogs auch Themen oder Ergebnisse diskutiert werden, die vormals nur in Fachzeitschriften erschienen.

Ferner belegen Studien wie die EuroBlog-Studie 2007[66], dass Weblogs in den Public Relations an Bedeutung gewinnen. Nach Meinung der Befragten verändern Blogs und Social Software die öffentliche Kommunikation und werden ganz natürlich in die Kommunikation integriert (Zerfaß, Sandhu & Young, 2007, S. 10). Begrenzungen, Weblogs zu utilisieren, sahen die Befragten in der Personalkapazität (69 Prozent) und der Erfolgsmessung (42 Prozent). Als Herausforderungen wurden Zeit für Aktualisierungen, Inhaltsreichtum, Beantwortung der Kommentare oder die Integration in die übergeordnete Kommunikationsstrategie genannt (83, 80, 83, 88 Prozent). Chancen ergeben sich aber, laut den Partizipienten, in den Interaktions-

[65] Mit dem dualen Blogging-Konzept hat die Fraunhofer-Gesellschaft eine Plattform geschaffen, auf der ein Thema einerseits präzise in wissenschaftlicher Tiefe und Fachterminologie, andererseits populärwissenschaftlich aufbereitet wird. Themen, zu denen duale Blogposts existieren, werden zweispaltig nebeneinander dargestellt (vgl. Fraunhofer-Forschungs-Blog, o. A.).

[66] Die Studie befragte PR-Praktiker aus 24 EU-Ländern zur Implementierung und zum Gebrauch von Social Software in der PR und Organisationskommunikation (Zerfaß et al., 2007, S. 5).

sowie schnellen Reaktionsmöglichkeiten (73, 74 Prozent), in der Authentizität und Personalisierung (77 Prozent) oder im Issues Monitoring (81 Prozent) (ebd., S. 17ff.).

Pod- und Videocasts

Podcasts sind Blogs, die Botschaften per Audiodateien „als kleine Sendungen im Netz“ verbreiten (Ebersbach et al., 2011, S. 77). Neben den Audio- können auch *Videocasts* für PR-Zwecke verwendet werden. Die Kommentarfunktion im Blog bietet die Möglichkeit des Feedbacks und der Interaktion. Über integrierte Sharing-Funktionen mit Verknüpfungen zu sozialen Netzwerken oder Mikroblogs können Reichweite und Bekanntheit gesteigert werden (Pleil, 2007, S. 21ff.).

Mikroblogs

Mikroblogs, als bekanntester Vertreter *Twitter*, sind Websites, auf denen Nutzer Kurznachrichten veröffentlichen können. Charakteristisch für Mikroblogs sind unter anderem die hohe Aktualitätsfokussierung, das Folgen, „Verfolgt“ werden, Kommentieren, Verweisen, Weiterleiten und Anreichern von Informationen. Mikroblogs gewinnen hauptsächlich durch die Verbreitung des mobilen Internets an Bedeutung und Reichweite. Sie sind geeignet für eine schnelle Kommunikations- und Informationsdistribution (Ebersbach et al., 2011, S. 84f.; Fink, 2012, S. 273). Durch Verschlagwortung können separate „temporäre Nachrichtenkanäle“ (Ebersbach et al., 2011, S. 85) entstehen, die sich unter anderem zum Verfolgen von Konferenzen und Veranstaltungen eignen und sich darin bereits etabliert haben. Interessant ist dies für den Wissenschaftssektor allemal. Nichtteilnehmer können so Kernthemen der Konferenz verfolgen (ebd., S. 92), teilhaben, mitreden, Meinungen äußern. Veranstaltungen wie die Langen Nächte der Wissenschaften können derart von Wissenschaftlern, Initiatoren sowie von der teilnehmenden Bevölkerung gleichermaßen kommunikativ begleitet werden. – Interaktion zwischen Veranstaltern und den Bezugsgruppen par excellence und dieses auf einfache Weise, gerade mit der zunehmenden Verbreitung der Mobilkommunikation. Twitter bietet als „sehr schnelles Nachrichtenmedium (…) die perfekte Grundlage für virale Kommunikation“ (Fink, 2012, S. 266). Auch, weil viele Meinungsführer mit erstklassiger Vernetzung auf Twitter agieren. Einflussreiche Blogger, Journalisten, Nichtregierungsorganisationen, Unternehmen, Wissenschaftseinrichtungen und Wissenschaftler twittern. Jedoch verbreiten sich auch in Mikroblogs Nachrichten nicht von selbst. Die Qualität und Größe des Netzwerks, die Beziehung zu den Followern, die zugeschriebene Kompetenz, Sympathie und Glaubwürdigkeit des Twitteres, inhaltliche Qualität, Bezugsgruppenrelevanz und Posting-Frequenz sind Faktoren, welche die Verbreitung von Botschaften beeinflussen. Die Vernetzung mit anderen Kanälen, beispielsweise der Organisationswebsite, dem Blog oder den Netzwerken, spielt eine Rolle (ebd., S. 266ff.). So meint Fink (2012, S. 278): „Zielgerichtet eingesetzt und eng verzahnt mit anderen Online- und Offline-Prozessen wird Mikroblogging in Organisationen weiter an Bedeutung gewinnen."

Soziale Netzwerke

Social Networks, Plattformen, die Menschen auf privater oder geschäftlicher Ebene miteinander verbinden (Ebersbach et al., 2011, S. 96), wurden bereits in Kapitel eins definiert. Folgend werden daher kurz ausgewählte, für die Wissenschafts-PR relevante Business- und Freundschaftsnetzwerke vorgestellt. Zu den *Businessnetzen* zählen die englischsprachige Plattform *LinkedIn* und das europäische Pendant *Xing*. Die Netzwerke werden zur Pflege von Geschäftsbeziehungen, dem Generieren von Aufträgen und gemeinsamen Projekten oder zur Personalrekrutierung verwendet (ebd., S. 99f.). Vordergründig aktiviert und pflegt man bereits bestehende Kontakte. Das Knüpfen neuer wird als zweitrangig angesehen (ebd., S. 110). Nach eigenen Angaben verzeichnete Xing im Juni 2013 weltweit über 13 Millionen Mitglieder, darunter 6,5 Millionen im deutschsprachigen Raum (vgl. Xing, 2013). Für LinkedIn wies statista, basierend auf den Angaben des Netzwerks, für das zweite Quartal 2013 weltweit 238 Millionen Nutzer aus (vgl. statista, 2013a), in Deutschland nutzten im März 2013 3,23 Millionen die Plattform (vgl. statista, 2013b).

Das meist und überwiegend privat genutzte soziale Netzwerk *Facebook* verzeichnete im Juni 2013 weltweit 1,06 Milliarden Nutzer, davon 26 Millionen in Deutschland. Die USA rangierte in der Länderliste mit 168 Millionen auf dem ersten Platz (vgl. allfacebook, 2013). Die Unternehmensseiten bieten Organisationen die Möglichkeit, Kontakte zu ihren Bezugsgruppen zu unterhalten, sodass private und öffentliche Nutzungsweisen vermischt werden. Außerdem kommt vielmals die Vernetzung mit Kollegen, ein Art Business-Pflege, hinzu. Facebook entwickelte sich in den vergangenen Jahren „zu einem zentralen und führenden Netzknotenpunkt" (Ebersbach et al., 2011, S. 111). Deshalb ist das Netzwerk für die Public Relations zur Erreichung seiner Bezugsgruppen höchst interessant (ebd.).

Google+, das Konkurrenzprodukt zu Facebook, verzeichnete laut eigenen Angaben im August 2013 400 Millionen Nutzer weltweit (vgl. Google+, 2013). Für Deutschland wies comScore (Stand: März 2013) 6,68 Millionen aus (vgl. statista, 2013b). Vorteile von Google+ gegenüber Facebook werden unter anderem in den Privatsphäre-Einstellungen (53,8 versus 17,6 Prozent), der Kategorisierung von Kontakten (41,5 respektive 30,4 Prozent) sowie der besseren Eignung für gesellschaftliche Kontakte (43,2 zu 21,3 Prozent) gesehen. Facebook hingegen kann bei der trendigeren Aufmachung (42,5 versus 23,9 Prozent) und mit mehr

Spaß bei der Nutzung (50,8 zu 18,4 Prozent) überzeugen (vgl. statista, 2013c).Welches letztlich gewählt oder ob beide genutzt werden, hängt von persönlichen Präferenzen, Vernetzungsmöglichkeiten mit Freunden und weiteren Interaktionsangeboten ab.

Soziale Netzwerke sind für die Wissenschafts-PR aufgrund heterogener Zielgruppenerreichbarkeit interessant. Dabei hilft eine Analyse der erreichbaren Zielgruppen vorab, die richtigen Kanäle zu wählen. Dennoch zeugt eine Beteiligung nicht immer von Erfolg. So berichtet die Universität Trier von ihrem Google+-Auftritt über stagnierende Fanzahlen und geringe Interaktion (Stifterverband für die Deutsche Wissenschaft, 2012, S. 1ff.). Allgemein können soziale Netzwerke zur Bildung und Sicherung von Sozialkapital beitragen. Dabei nehmen sie über die Qualität der Beziehungen Einfluss auf gegenseitige Akzeptanz (Ebersbach et al., 2011, S. 99; Pleil & Bastian, 2012, S. 314) – ein wichtiger Faktor im Online-Reputationsmanagement von Organisationen. Business-Communities und Public-Relations-Beziehungen weisen überwiegend schwache Bindungen (weak ties) auf, denn ihre primären Ziele sind der Informationsaustausch und ökonomische Effizienz. Sozialkapital wird bei schwachen Bindungen hauptsächlich über die Netzwerkgröße der Nutzer respektive Fans aufgebaut. Je weniger Überschneidungen ihre persönlichen Netzwerke aufweisen, desto höher das soziale Kapital (Ebersbach et al., 2011, S. 98f.). Denn die rasche Informationsdistribution wird gefördert und virale Effekte verstärkt.

Wikis

„Ein *Wiki* ist eine webbasierte Software, die es allen Betrachtern einer Seite erlaubt, den Inhalt zu ändern, indem sie diese Seite online im Browser editieren. (...) kooperatives Arbeiten an Texten und Hypertexten" (Ebersbach et al., 2011, S. 40) ist somit charakteristisch für Wikis. Interessant scheinen Wikis in der internen Kommunikation, im Wissensmanagement zur Wissensbewahrung einer Organisation sowie zur Projektdokumentation, indem prozessual der Projektfortschritt von den Beteiligten verfolgt werden kann (ebd., S. 43, 50f.). In außeruniversitären Forschungseinrichtungen können Projekte derart kollaborativ begleitet werden. In der Public Relations eigenen sich die Inhalte von Corporate Wikis als Grundlage zur Aufbereitung von Themen für die Verbreitung auf weiteren Plattformen.

Insgesamt bildet sich im Social Web und der Onlinekommunikation eine eigene Sprachkultur heraus, die selbst nach Plattformen variiert. Public-Relations-Praktiker müssen diese Sprachen sprechen, die fundierte Kenntnisse in der Online-Welt voraussetzen (Korbien, 2012, S. 85f.). Dieses berührt auch das Berufsbild professioneller Kommunikatoren, die die diversen Plattformen nicht nur auf technischer, sondern auch auf sozialer Ebene begreifen müssen (Schindler & Liller, 2012, S. 368ff.). Darüber hinaus dürfen synergetische Effekte nicht unbeachtet bleiben. Onlinekommunikation und die noch immer domminierende Kommunikation mittels traditioneller Medien können sich ergänzen. Das heißt, komplementäre, balancierte Nutzungsformen sind gefragt (Pleil & Zerfaß, 2007, S. 530; Yin, 2008, S. 21). Synergien von Marketing und Public Relations müssen im Hinblick auf Ressourcen beachtet werden (vgl. Scott, 2009). Bei all den kommunikativen Veränderungen sollte man zudem nicht vergessen, dass bewährte Kommunikationsmodelle mit teils geringer Anpassung immer noch ihre Gültigkeit besitzen, so zum Beispiel die PR-Modelle von Grunig und Hunt. Die Website ist beispielsweise bezeichnend für das Publicity-Modell. Wird sie häufig aktualisiert, zielt sie auf Informationstätigkeit, Modell zwei, ab. Ein Blog mit Kommentarfunktion kann durch asymmetrische Kommunikation dem dritten Modell zugeordnet werden. Die zweiseitige, symmetrische Verständigung wird über Online-Communities erreicht. Außerdem sind bewährte Kommunikationsmodelle grundlegend für diejenigen im vormedialen Raum. Die Forderungen nach gänzlich neuen Regeln, Modellen und Strukturen ist somit nur begrenzt zielführend (vgl. Grunig, 2009; Mavridis, 2011, S. 246). Alles in allem kann so konstatiert werden:

> „Similarly, at the end of the day, websites, blogs, Facebook, Twitter, etc. are all simply tools capable of performing a particular job, some better suited to that job than others. However, it [sic] up to the experienced public relations practitioner to determine which tool is best capable of building sturdy, long-lasting relationships with stakeholders and to use this tool with skill and precision. (...) it is up to the practitioner to use these tools in such a way so that they actually allow their organization to engage in dialogic communication.“ (Rybalko & Seltzer, 2011, S. 341)

4.6 Das Onlinekommunikationsmodell von Pleil

Thomas Pleil entwickelte 2007, aufbauend auf den Modellen zur Public Relations von Grunig und Hunt (1984), ein Modell der Online-PR (Pleil, 2007, S. 16ff.; Pleil, 2010d; Zerfaß & Pleil, 2012, S. 53ff.). Darin unterscheidet er drei PR-Typen: Die digitalisierte, die Internet- sowie die Cluetrain-PR. Die beiden ersten rechnet Pleil der *Internet-Galaxie*[67], die Cluetrain-PR der *Google-Welt* zu. Die Modelle beschreiben und systematisieren die kommunikationsspezifischen Auswirkungen dieser zwei derzeit nebeneinander existierenden Paradigmen auf das Kommunikationsmanagement. Dabei unterliegen die unterschiedlichen PR-Typen keiner normativen Wertung, sondern besitzen abhängig von der jeweiligen Organisationsstruktur ihre Berechtigung (ebd.).

[67] Der Begriff „Internet-Galaxie“ prägte der Soziologe Manuel Castells (vgl. Castells, 2005).

Die *digitalisierte PR* überträgt das Vorgehen aus der „Printwelt" in die digitale. Ihr Hauptziel ist das Bereitstellen und Übermitteln von Basisinformationen vorrangig zum Zweck der Selbstdarstellung. Sie will Orientierung geben. Sie fokussiert auf Präsenz im Netz und verzichtet dabei auf das Anbieten eines Rückkanals, auf eine Form der möglichen Interaktion. Monolog und das Denken in Kommunikator und rezipierendes Publikum respektive Konsument leiten diese Kommunikationsform. Die Kommunikatoren selbst nehmen im Modell der digitalisierten PR eine ausführende Rolle ein. Geringe Veränderung in der Kommunikationsstruktur der Organisation, das Beibehalten bewährter PR-Konzepte, die ergänzt um Hypertextualität auf den effizienteren Kommunikationsraum übertragen werden, zeichnen das Modell aus. Der Aufwand zur Betreuung der Onlinekommunikationsinstrumente, gemessen an den anderen Typen, ist verhältnismäßig gering (Pleil, 2007, S. 16ff.; Pleil, 2010d; Zerfaß & Pleil, 2012, S. 53ff.).

Auch das Ziel der *Internet-PR* ist die Informationsverbreitung. Zudem möchte sie mit ihren Themen überzeugen. Dazu nutzen die Kommunikatoren die Möglichkeiten des Webs in Form eines indirekten, nicht-öffentlichen Rückkanals zum Beispiel per Kontaktformular, Useability-Test, Onsite-Befragung oder Nutzungsstatistiken. Diese Daten fließen in die inhaltliche Entwicklung der Kommunikationsangebote ein und werden strategisch mit den Kommunikationszielen der Organisation verknüpft. Die begrenzten Interaktionsmöglichkeiten sorgen, gezielt angelehnt an die Interessen der Organisation, für eine Verbesserung des Informationsangebots. Formal ist dieser Kommunikationstypus jedoch ebenfalls monologisch angelegt und sieht den Kommunikationspartner in der Rolle des Rezipienten respektive Konsumenten, wenngleich eben mit begrenzter Rückkopplung. In technischer Hinsicht erhöht sich der Aufwand für die Kommunikation. Personell, finanziell und zeitlich erfordert dieser Typ ebenfalls mehr Ressourcen. Häufig müssen für die Betreuung der Onlinekommunikation neue Personalstellen geschaffen werden. Die Bedeutung im Umgang mit Content-Management-Systemen steigt, ebenso wie die Fähigkeit mit sozialwissenschaftlichen Methoden und Daten umzugehen. Die Online-Kommunikatoren sehen sich demzufolge mit neuen Herausforderungen konfrontiert, die Mechanismen der Online-Vernetzung zu verstehen und die Informationen strategisch-konzeptionell zu kanalisieren (Pleil, 2007, S. 17ff.; Zerfaß & Pleil, 2012, S. 54f.).

„Markets are conversations" (vgl. Levine, Locke, Searls & Weinberg, 1999), so die erste These des „Cluetrain-Manifest – eine[r] Sammlung von 95 Thesen zur Veränderung der Gesellschaft durch das Internet" (Zerfaß & Pleil, 2012, S. 55), welches von Levine, Locke, Searls und Weinberg 1999 erstmals publiziert wurde (vgl. Levine et al., 1999; Levine, Locke, Searls & Weinberg, 2009). Im Kern geht es darin um die Beziehung zwischen Anbieter und

Nachfrager sowie dessen veränderter Rolle durch Empfehlen, Bewerten, Meinungen äußern, das per Social Software wesentlich vereinfacht wird (Korbien, 2012, S. 84; Zerfaß & Pleil, 2012, S. 56). In Analogie zum Cluetrain-Manifest bezeichnet Pleil den dritten Typ seines Modells für Online-PR als *Cluetrain-PR*. Sie rückt das Gespräch, die Dialogbereitschaft zwischen der Organisation und ihren verschiedenen Anspruchsgruppen in den Mittelpunkt der Kommunikationsbeziehung. Die Betonung liegt auf der Bereitschaft, da „Organisationen [nicht] zwangsläufig in jeder Kommunikationssituation Dialoge pflegen (müssen)" (Zerfaß & Pleil, 2012, S. 56). Nun geht es nicht mehr um den Fluss, der die Information ausschließlich in eine Richtung kanalisiert, auch nicht um laut vorgetragene Persuasion. Es geht vielmehr um situative Kommunikation, die informativ, überzeugend und argumentativ sein kann. Es geht um die gegenseitige Wahrnehmung, das gegenseitige Zuhören – aus Organisationssicht, um das Zuhören können – um Austausch, Beziehungsaufbau und Netzwerkbildung (Pleil, 2007, S. 16ff.; Zerfaß & Pleil, 2012, S. 54ff.). Das Social Web wird für die Cluetrain-PR zum Handlungsraum, „in dem Stakeholder nicht Rezipienten, sondern Kommunikationspartner sind" (vgl. Pleil, 2010d). Die Cluetrain-PR zielt auf den „Aufbau von Online-Reputation und das Schaffen von Mehrwert" (ebd.) ab. Personalisierte Kommunikation, Betroffenheit, Emotionalität und Storytelling, jedoch mit inhaltlicher Relevanz bezogen auf die einzelnen Bezugsgruppen, zählen zu den Kernelementen im neuen Aktionsraum (Wehmeier & Winkler, 2012, S. 388). So zeigen auch im Social Web die Nachrichtenfaktoren – vielleicht mit anderer Gewichtung – ihre Bedeutung, denn sie modellieren Vertrauen und Authentizität.

Welches Modell letztlich zur Organisation passt, muss im Einklang mit den Organisationsstrukturen entschieden werden. Klar ist jedoch, dass die Cluetrain-PR wesentlich mehr Ressourcen bindet als die Internet- und digitalisierte PR. Professionelle Onlinekommunikation im Sinne von Cluetrain nebenher ohne separate Personalstelle und zugehöriges kompetentes Personal scheint zu scheitern. Inwieweit jedoch die theoretische Klassifikation in der Praxis vorfindbar ist oder Mischformen existieren, müssen erst Evaluationen zeigen.

Digitalisierte, Internet-, Cluetrain-PR – sind sie auf die Public Relations von Forschungsinstituten übertragbar? Setzen die PR-Manager auf ein digitalisiertes Public-Relations-Konzept, das den Fokus auf die Information der verschiedenen Anspruchsgruppen über die neuesten Forschungsergebnisse richtet? Schöpfen sie das Potenzial des Social Webs aus, indem sie das Cluetrain-Modell in ihre Kommunikationsstrategie integrieren? Fragen wie diese sollen im Forschungsvorhaben geprüft werden. Zunächst folgt jedoch die theoretische Annäherung an die (Online-)PR von Wissenschaftsorganisationen.

5 Wissenschafts-PR: Kommunikation online und im Social Web

> „Wissenschaftseinrichtungen nutzen zunehmend die vielfältigen Kanäle medialer Kommunikation zur gezielten Verbreitung wissenschaftlicher Themen.“ (Trescher, 2010, S. 25)

Alle Wissenschaftseinrichtungen sind im Internet vertreten (Dernbach & Schreiber, 2012, S. 363). Daneben werden zunehmend soziale Medienkanäle in die Kommunikationsstrategien der Institute integriert. Gründe dafür leiten sich neben der stetig wachsenden Teilnehmerzahl im Social Web (vgl. u.a. van Eimeren & Frees, 2013; Sombre de, 2013; Köcher, 2013) aus dem anhaltenden Interesse an Wissenschaftsinformationen mitbegründet durch Initiativen wie Public Understanding of Science und Humanities (PUSH) oder aus der vermehrten medialen Präsenz seit den 1980er und 1990er Jahren ab (Duke, 2002, S. 312; Meier & Feldmeier, 2005, S. 201f.). Wissenschaftliche Themen – Klima, Umwelt, Energie, Medizin beispielsweise – knüpfen vielerorts an den Alltag der Menschen an, lösen Betroffenheit aus, woraus wiederum Anschlusskommunikation, Konversation und Multiplikation der Botschaften resultieren. Mit der aktiven Partizipation an den Diskursen im vormedialen Raum machen sich Wissenschaftsorganisationen unabhängiger von der Selektion der Massenmedien. Für die Wissenschafts-PR geht es nun darum, die neueren medialen Räume zu verstehen, sie im Sinne der institutionellen Ziele zu evaluieren und die veränderten Selektions- und Informationsprozesse gekonnt zu nutzen. Mehr Personalisierung in der Kommunikation kann dabei den Vertrauensaufbau über den Meinungsbildungsprozess hinaus fördern, welches anhand der Komponenten Kompetenz, Integrität und Wahrhaftigkeit die Bewertung von Informationen mit beeinflusst, etwa die Beurteilung von Twitternachrichten oder Blog-Publikationen (Borchelt, 2008, S. 153; Schmirmund, 2010, S. 29f.). „Vertrauen kann ich [aber] nur Personen“ so ein Expertenstatement in der Delphi-Studie von Gerber (2011, S. 33). In der gleichen Studie stimmen zudem 93 Prozent der befragten Wissenschaftskommunikatoren der These „Personalisierung steigert das Interesse an der Arbeit der Wissenschaftler und vermittelt deren Begeisterung“ (ebd.) zu. Personalisierung vermag auch die Leserschaft von (Wissenschafts-)Blogs zu steigern (Brumfiel, 2009, S. 274; van Eimeren & Frees, 2013, S. 362). Meinungsäußerung und eine gewisse emotionale Nähe sprechen Menschen an und lösen Reaktionen etwa in Form von Kommentaren aus. Public Relations gleichsam Wissenschafts-PR wissen um die Kraft der Personalisierung. Nun muss diese auf sachliche, respektvolle, veritable Weise, ohne ins Boulevardeske zu entgleiten, aktiviert werden. Denn die Kombination aus langjährig aufgebautem Organisationsimage und Persönlichkeit der Mitarbeiter auf der einen Seite, plus modernen PR-Instrumenten auf der anderen Seite formen das öffentliche Bild der Einrichtungen und unterscheidet es von anderen (Păcurar, 2012, S. 8f.).

Wie kann dahingehend (Online-)Wissenschafts-PR definiert werden? Bentele (1997, S. 22f.) bezeichnete Public Relations als „(…) das Management von Informations- und Kommunikationsprozessen zwischen Organisationen einerseits und ihren internen und externen Umwelten (…) andererseits." Dieses trifft in gleicher Weise auf Wissenschafts-PR zu. Die fortschreitende Institutionalisierung, Professionalisierung und Zentralisierung der Kommunikationsprozesse in Forschungsorganisationen seit den 1990er Jahren führten zur Herausbildung von Public-Relations-Abteilungen, die die Kommunikation und Informationsdistribution nach innen und außen managen. Der Institutsleitung in der Regel direkt unterstellt, konzipieren, organisieren und moderieren sie den Austausch. Wissenschafts-PR nimmt im Grunde dieselben Aufgaben wie Unternehmens-PR wahr, bedient sich des gleichen Instrumentariums, wenngleich sich beide in der Heterogenität der Anspruchsgruppen sowie in der inhaltlichen Komplexität unterscheiden. Dieser Angleichungsprozess wird durch gesellschaftspolitische Veränderungen intensiviert.

In Kapitel 4.1 wurde der Public-Relations-Begriff für die Online-PR erweitert um PR, „die vorwiegend das Internet nutzt, um mit realen und virtuellen Bezugsgruppen zu kommunizieren" (Neuberger & Pleil, 2006, S. 2). Dieser Definition kann Online-Wissenschafts-PR in eben analoger Weise folgen. Sie versucht gleichsam über ihre Online-Präsenzen, Aufmerksamkeit, Bekanntheit, Reputation sowie den direkten Dialog zu fördern und zu etablieren.

Schließlich wurde auf den klassischen und Online-PR-Definitionen aufbauend die Social Media-PR als „das bewusste, geplante und dauernde Engagement einer Organisation (…) im Social Web" (Schindler & Liller, 2012, S. 59) bezeichnet, die das Ziel „integrierter, vernetzter und transparenter Kommunikation" (ebd.) verfolgt, um Reputation aufzubauen sowie den verschiedenen Stakeholdern die Bereitschaft zum vernetzten Dialog zu signalisieren (ebd.). Wissenschafts-PR im Social Web folgt ebenso dieser Definition, selbst wenn Governancestrukturen und Evaluierungsverfahren noch von einer Minderheit angewendet werden und die Etablierung von sozialen Medien in der Wissenschaftskommunikation Zeit braucht. In einem Frühstadium können neben quantitativen auch qualitative Evaluierungsverfahren Evidenzen liefern, welche der neueren Instrumente den Kommunikationsinteressen der Institution entsprechen (Borchelt, 2008, S. 156). Denn wie, wo und womit man adäquat die relevanten Anspruchsgruppen erreicht, muss sorgfältig geklärt sein. Twitter, soziale Netzwerke oder Video-Plattformen wie YouTube scheinen der Wissenschaftskommunikation generell einen Mehrwert zu bieten (Leßmöllmann, 2012, S. 254). Über soziale Netzwerke, wie Facebook oder Google+, kommunizieren die Einrichtungen mit der gesellschaftspolitischen Öffentlichkeit.

Twitter[68] eignet sich unter anderem für die Information von Journalisten, ebenso wie die Institutswebseite oder Blogs. Einrichtungswebsites, Mikroblogs, Blogs und Businessnetzwerke vermögen ebenso, die Interaktion mit der Wirtschaft und Politik zu unterstützen respektive über diese Kanäle die Bekanntheit bei diesen Bezugsgruppen zu erhöhen.

Die sozialen Medien beschleunigen ohne Zweifel die Kommunikation. Zugleich wird sie demokratischer und sozialer, da das Gros der Bürger Zugang zu den Instrumenten hat. In der Delphi-Studie von Gerber (2011, S. 12f.) meinen 63 Prozent der Kommunikatoren, dass sich „die Wissenschaftskommunikation (..) von den klassischen Medien, vor allem Print, ins Internet verlagern [wird].“ Die bisherige Konzentration auf die Massenmedien sollte somit einer Mehrsäulen-Kommunikationskultur weichen, die den bidirektionalen Austausch erlaubt. Bislang belegen internationale, europäische und deutsche Analysen von Universitäts- und Collegewebseiten oder jenen von außeruniversitären Forschungseinrichtungen: Die Website als Kommunikationsinstrument wird überwiegend zum Offerieren und Distribuieren von Information eingesetzt, weniger zum direkten Dialog. Als indirekter Rückkanal bieten die meisten Einrichtungen den E-Mail-Austausch an (Gordon & Berhow, 2009; Dernbach & Schreiber, 2012; Trench, 2008, S. 191ff.; Lederbogen & Trebbe, 2003; Sonnabend, 2009, S. 49). Eine Website ist meist auch nicht für den Dialog konzipiert, sondern in der Anlage mehr auf Statik und Inhaltsdarstellung ausgerichtet. In dieser asymmetrischen Funktion kann sie den Informationsaustausch, losgelöst von Zeit und Raum, jedoch wesentlich unterstützen.

Videos können Botschaften zuweilen einfacher als Textnachrichten und emotional ansprechender transportieren. Das MARUM - Zentrum für Marine Umweltwissenschaften der Universität Bremen unterhält beispielsweise einen eigenen YouTube-Kanal mit erfolgreichen Klickraten (Gerdes & Pätzold, 2012, S. 128f.).

Insgesamt eröffnet Onlinekommunikation und Social Media den Wissenschaftskommunikatoren Chancen, Wissenschaftsthemen zielgruppenadäquat in die verschiedenen Kommunikationsarenen zu tragen. Durch die einfacheren Möglichkeiten einerseits der globalen, andererseits der präzisen Ansprache auf Gruppen- oder Individualebene steigt der Wert der Kommunikation, welcher sich durchaus in monetärem Wert beispielsweise in Form von Aufträgen aus der Wirtschaft oder Forschungsförderung äußern kann (Borchelt, 2008, S. 152). Als komplementäre Verbreitungskanäle zu den traditionellen PR-Instrumenten erleichtern Online-Plattformen die Erfüllung von Public-Relations-Aufgaben. Dabei

[68] Journalisten verwenden Twitter als Recherchemedium und zur Themenfindung (Gerber, 2011, S. 13). Zudem twittern alle großen Forschungseinrichtungen (Leßmöllmann, 2012, S. 252).

> „sind jetzt nicht nur die technischen Voraussetzungen für eine direkte, dialogische Kommunikation vorhanden, sondern auch eine Kultur, in der Dialog- und Partizipationsmöglichkeiten nachgefragt werden. In Zukunft wird es für eine ernsthafte Wissenschaftsvermittlung unumgänglich sein, angemessen auf diese Entwicklungen zu reagieren.“ (Robertson-von Trotha, 2012, S. 24f.)

Dazu bedarf es einer Änderung der bisherigen Geisteshaltung, denn das ist Kommunikation in der Online-Welt – eine Neue (vgl. Sonnabend, 2009).

5.1 PR und Wissenschafts-PR: Ihre Gemeinsamkeiten und Unterschiede

In der Unternehmenskommunikation hat Public Relations lange Tradition. Professionelle Kommunikatoren kümmern sich um das Bild des Unternehmens nach innen wie nach außen, sei es direkt oder indirekt über die Massenmedien als Publicity, Information, asymmetrische Kommunikation oder um den Dialog bemüht. Ebenso weiß die Politik um die Bedeutung ihrer Kommunikatoren. In der Wissenschaftskommunikation kam die Einsicht in die Notwendigkeit einer professionalisierten Kommunikation verspätet (Borchelt, 2008, S. 148), eben auch, weil Wissenschaftler selbst publizieren und teils eigene Kontakte zu den Medien halten (Miller zit. in Raupp, 2010, S. 380). Weiterhin lässt sich ein Wissenschaftler nur begrenzt sagen, wie er seine Forschungserkenntnisse zu kommunizieren hat – zumal von denjenigen, die seine Profession nur bedingt in ihrer wissenschaftlichen Tiefe verstehen. All das erschwerte und erschwert die Rechtfertigung für eine zentralisierte Kommunikation, die obendrein ein Budget braucht, dessen monetärer Gegenwert meist nicht in wissenschaftlicher Genauigkeit belegbar ist. Nun aber zwingen mediale, gesellschaftspolitische Veränderungen sowie die Notwendigkeit, auf den (virtuellen) Märkten der Weltwirtschaft präsent zu sein, das Wissenschaftssystem, seine Einstellung gegenüber der Institutionalisierung und Professionalisierung der Kommunikation zu ändern. Zur Finanzsicherung und Sichtbarkeit in einem verschärften Wettbewerb müssen die Wissenschaftseinrichtungen in einigen Bereichen vermehrt wie Unternehmen agieren (Sava, 2011, S. 11f.; Kluwe & Smodej, 2007, S. 71; Höhn, 2012, S. 11; Thomas, 2005, S. 314). Public-Relations-Abteilungen werden – zuweilen noch weniger professionell (Höhn, 2012, S. 15), da Mittel und Personalressourcen fehlen – aufgebaut und erweitert. Wissenschaft genießt dabei den „Vorsprung an Glaubwürdigkeit und Vertrauen (…) in der Öffentlichkeit“ (Kallfass, 2009, S. 129). Das verpflichtet zugleich zur kommunikativen Transparenz. Auch kontroverse Inhalte, Rückschläge und der Forschungsprozess müssen wahrhaft vermittelt werden (ebd., S. 127ff.).

Die Gegenrechnung des Geldwertes von Kommunikation unterscheidet die Wissenschafts-PR von jener in Wirtschaft und Industrie (Kallfass, 2009, S. 128) ebenso wie das Promoten der Institutsangehörigen. Zwar tragen die Wissenschaftskommunikatoren die institutionellen

Themen und das Image der Einrichtung in die Öffentlichkeit, darüber hinaus moderieren sie jedoch das Image der institutsangehörigen Wissenschaftler (Păcurar, 2012, S. 6). Auch die thematische Komplexität sowie die Übersetzungsleistung wissenschaftlicher Sprachcodes für Medien und Öffentlichkeit (Kallfass, 2009, S. 146) unterscheidet Wissenschafts- von Unternehmens-PR. Der Weg, wie Informationen in die Öffentlichkeit gelangen, bietet hierbei zudem vielfältigere Möglichkeiten, beispielsweise über PR initiierte Fachpublikationen, die aufgegriffen von den Traditionsmedien (ebd., S. 139), von Bloggern oder weiteren Multiplikatoren die interessierte Öffentlichkeit erreichen. Dies ist besonders dann der Fall, wenn wissenschaftliche Themen an gesellschaftspolitische, wirtschaftliche oder Alltagsthemen anknüpfen (Meier & Feldmeier, 2005, S. 203).

Weitere Unterschiede bestehen in der Social Media-Nutzung, wenngleich beide deren Möglichkeiten nicht ausschöpfen (Gerber & Neuhaus, 2013, S. 18). In Unternehmen wächst ihr Anteil, laut Social Media Governance- und Delphi-Studien, jedoch kontinuierlich (vgl. Zerfaß et al., 2012). Nach einer Erhebung von BITKOM (2012, S. 6) waren 2012 47 Prozent der deutschen Unternehmen im Social Web aktiv. Auch europaweit sprechen den Ergebnissen des European Communication Monitor (ECM) 2013 zufolge professionelle Kommunikatoren den sozialen Medien Bedeutung zu (Zerfaß, Moreno, Tench, Verčič & Verhoeven, 2013, S. 33). In der Wissenschaft – unter Wissenschaftlern und in der institutionellen Kommunikation – bedient man sich zwar mehr und mehr sozialer Medien, jedoch zögerlicher (Gerber & Neuhaus, 2013, S. 18). Sicher finden sich dafür gute Gründe. Sie liegen beispielsweise in den verschiedenen Informationsabsichten, der inhaltlichen Komplexität, der Kosten-Nutzen-Bilanz der Instrumente, aber auch in Systemzwängen. Verfestigte Systemstrukturen, Denkmodelle oder Verlustängste von Wissenshoheit und Kontrolle verhindern in manchen Einrichtungen den nötigen Strukturwandel, um sich der Welt des Social Webs zu öffnen. Bisweilen scheint die Mehrzahl der Wissenschaftler, die die institutionelle Kommunikation im Social Web braucht, noch gering motivierbar zu sein (Gerber & Linke, 2013, S. 29).

Trotz der Unterschiede in Zielgruppen, Akteuren oder Inhalten zwischen Unternehmens- und Wissenschafts-PR, ähnliche Funktionslogiken finden sich eben auch: „Wirtschaft und Wissenschaft wollen beide ihre Kommunikation verbessern, treffen aber im Social Web auf dynamische und komplexe Bedingungen“ (Gerber & Linke, 2013, S. 29). Soziale Netzwerke, online wie offline, und Algorithmen bestimmen zunehmend die Diffusion von Informationen innerhalb der Gesellschaft. Online-Netze besitzen dabei eine latente, indirekte Macht, die der Gesellschaft mehr Kommunikationsmacht verleiht (Brossard & Scheufele, 2013, S. 41; Gerber & Neuhaus, 2013, S. 18). Die Prosumenten erwarten von Kommunikation mehr als Informationsdistribution und erschüttern damit die Kontrollmöglichkeiten der PR (Gerber,

2011, S. 10). Mit dieser veränderten Kommunikationsrealität, in deren Zentrum die (virtuelle) Konversation steht, müssen Unternehmen wie Wissenschaftseinrichtungen umgehen, darauf reagieren und selbst Reaktionen herbeiführen. Denn nur aktive Beteiligung löst Commitment aus (Borchelt, 2008, S. 151) mit dem Resultat Aufmerksamkeit zu lenken.

In beiden Feldern der Public Relations ist die Unterstützung des Managements nötig (Borchelt, 2008, S. 154; Zerfaß et al., 2012, S. 14ff.). Gerade in der Kommunikation im Social Web ist der Rückhalt der Leitungsebene unerlässlich. Desweiteren werden Public Relations in beiden Bereichen als strategische Managementaufgabe begriffen (Gerber & Linke, 2013, S. 29), die zentral von der PR-Abteilung koordiniert werden muss, gleichwohl sie gerade über die sozialen Medien dezentral ausgeführt werden kann (Zerfaß et al., 2012, S. 22ff.). Das bedeutet: Die PR koordiniert und schafft die nötigen Rahmenbedingungen zur sicheren Teilnahme im Social Web für die Organisation einerseits und deren Mitarbeiter andererseits. Wissenschafts-PR vernetzt intern mit extern, wirkt an den Schnittstellen, entwickelt Strategien, probiert neue Tools sowie Monitoringsysteme aus und bewertet deren Performanz (Rümmele, 2012, S. 161ff.). Die Relevanz von Wissenschaftskommunikation als Managementfunktion beziehungsweise PR als deren ausführendes Organ unterstreicht die Zustimmung zu diesem Thema von 83 Prozent der Teilnehmer der Delphi-Expertenbefragung (Gerber, 2011, S. 16) sowie das Statement von Beatrice Dernbach, eine der Expertinnen. Ihrer Meinung nach ist „Wissenschaftskommunikation (…) Management, und das kann man nicht Wissenschaftlern überlassen“ (Dernbach zitiert in Gerber, 2011, S. 16). Auch die Experten der Wissenschaftskommunikation in der Delphi-Studie von Höhn sehen Publik Relations künftig als „Schaltzentrale der Kommunikation“ (Höhn, 2011, S. 257). Die neuen Aufgabe fordern mehr Kommunikationsmanagement (ebd., S. 256f.). Die Wissenschaftskommunikatoren „kontrollieren weniger und gestalten mehr“ (Rümmele, 2012, S. 160). Die Helmholtz-Zentren setzen neben Guidelines als Frühwarnsystem Social Media-Monitoringwerkzeuge ein, beispielsweise für Krisen. Allerdings sind solche Tools derzeit noch nicht vollständig ausgereift (ebd., S. 161f.).

In Unternehmen sowie Wissenschaftsorganisationen entstehen neue Personalstellen, wie die des Social Media-Managers, „eine Art Pressesprecher 2.0“ (Rümmele, 2012, S. 163), der die Online-Auftritte der Organisationen betreut. Laut BITKOM (2012, S. 16) verfügen 41 Prozent der befragten 332 Unternehmen über solche personellen Ressourcen. Wissenschaftseinrichtungen beschäftigen derzeit noch weit weniger Personal, das ausschließlich die Onlinekommunikation verantwortet. Allerdings wird in den Instituten deren Bedarf erkannt und entsprechende Maßnahmen eingeleitet. Die Fraunhofer-Gesellschaft und auch das Fraunhofer IAO beschäftigen extra Personal, ebenso einige Helmholtz-Zentren (Rümmele, 2012, S. 163). Aber nicht nur die Organisation von Kommunikation ähnelt sich zusehends. Viele Instrumente der

Public Relations werden in der Wissenschafts-PR adaptiert. Forschungsorganisationen setzen beispielsweise Newsletter ein, um die Öffentlichkeit unabhängig von Zeitung, TV oder Radio zu informieren (Păcurar, 2012, S. 7).

Aus all diesen Gemeinsamkeiten kann daher konstatiert werden: „(...) the science dissemination process in itself had become something which is very similar to techniques from PR without losing the essence and the truth of science research or scientific results of the researching process“ (Păcurar, 2012, S. 9). Zudem kann „die Wissenschaftskommunikation (...) aus den Erfolgsgeschichten und Fehlern der Unternehmenskommunikation lernen“ (Gerber & Neuhaus, 2013, S. 29) – für die Kommunikation im Social Web ein Gewinn.

5.2 Wissenschafts-PR und ihre wichtigsten Arenen der Kommunikation

Politik, Wirtschaft, die gesellschaftspolitische Öffentlichkeit, die Massenmedien, primär der Wissenschaftsjournalismus, und in der innerorganisatorischen Kommunikation die Wissenschaftler sind wichtige Bezugsgruppen in der täglichen Kommunikationsarbeit der Wissenschafts-PR. Doch welchen (medialen) Interaktionsbeziehungen begegnen die Kommunikatoren dabei? Wissenschaftsseiten in publizistischen Medien oder populärwissenschaftlich aufbereitete Wissenschaftssendungen im TV stiegen seit den 1980er/1990er Jahren in Frequenz, Aufmachung und Umfang (Leßmöllmann, 2009, S. 137). Das Vertrauen in Wissenschaft unter der Bevölkerung ist hoch. Selbst wenn einzelne Institute davon eingebüßt haben sollten, vertrauen die Bürger Wissenschaftlern respektive Forschungseinrichtungen und deren Sprechern – will heißen, dem direkten wissenschaftlichen Output – immer noch mehr als der Politik, Geschäftsführern oder den Medien (Niesbet & Scheufele, 2012, ¶3; Edelman, 2013a). Für ein Angebot zum offenen Dialog ein Bonus, der erste Türen öffnen kann (Kallfass, 2009, S. 129).

Public Relations übernimmt nicht nur im Dreieck Medien, Wissenschaft, Politik (Mayer, 2012, S. 24), sondern auch im Kommunikationsgeflecht zwischen Medien, Politik, Wissenschaft, Wirtschaft und Öffentlichkeit eine vermittelnde Rolle. Es geht darum, dialogische Austauschbeziehungen mit Hilfe von klassischen und Online-Instrumenten zu managen (Miller zit. in Raupp, 2010, S. 380). Als „Seismograph“ beobachtet PR die organisationsrelevanten Themen und kanalisiert sie nach innen sowie außen (Lederbogen, 2004, S. 92f.). Die Integration der sozialen Medien in die Kommunikationsabläufe der Forschungseinrichtungen reduzieren den Bedarf an massenmedialer Kommunikation (Brossard & Scheufele, 2013, S. 40), substituieren ihn aber nicht. Vielmehr tritt eine Komplementärnutzung zu Tage, in der mit Hilfe der neueren Medien und der damit offerierten Public-Relations-Instrumente die Begrenzungen der Traditionsmedien überwunden werden. Die interaktiven Medien ermöglichen den außeruniversitären Forschungseinrichtungen neue Handlungsspielräume für neue PR-Perspektiven (Lederbogen, 2004, S. 306).

5.2.1 Wissenschafts-PR und Medien: (Un-)Ähnlichkeiten, Verschiebungen

> „Together, (…) science journalists and science public relations practitioners play an important role in the popularization stage of science communication. This is the stage in which scientific ideas become public through news reporting, marketing and public policy debates. It is this stage that public relations play a key role." (Duke, 2002, S. 312f.)

Die Traditionsmedien, allen voran der Journalismus, waren im Zeitalter der Massenmedien eine der Hauptzielgruppen der Wissenschaftskommunikation und zählen trotz des Medienwandels auch heute noch als Tor zur Öffentlichkeit dazu (Bräutigam & Ettl-Huber, 2013, S. 162f.; Kallfass, 2009, S. 138). In der Kommunikation mit den Journalisten muss die direkte Kommunikation mit den Wissenschaftlern und jene über respektive mit den Public Relations unterschieden werden. In Einrichtungen mit institutionalisierter PR erfolgen beide Austauschprozesse über die Public Relations. Als eine ihrer Aufgaben vermittelt sie somit unter den verschiedenen Experten (Kallfass, 2009, S. 118f.). Damit die Kommunikatoren ihre Vermittlerrolle aber überhaupt wahrnehmen können, müssen sie wissen, wie Wissenschaftler das Verhältnis zu den Medien bewerten. Entgegen der früheren kritischen, bisweilen verachtenden Beziehung, die in aller Regel am Anspruch der Wissenschaftler auf exakte, wahrheitsgetreue, ungekürzte Darstellung in adäquater wissenschaftlicher Sprache scheiterte, wandelt sich neueren Studien zufolge die Bewertung dieses Verhältnisses seitens der Wissenschaftler ins Positive (Peters et al., 2008a, S. 267; Peters, Brossard, Cheveigné, Dunwoody, Kallfass, Miller, Tsuchida, 2008b, S. 204f.; Peters, 2012, S. 333). Peters et al. (2008a; 2008b) befragten dazu in einer Online-Befragung 1354 biomedizinische Forscher aus den USA, Japan, England, Frankreich und Deutschland. Im Ergebnis liegt für Wissenschaftler der größte Anreiz, mit den Medien zu kooperieren, in der Realisierung von Öffentlichkeit. Ebenso wird es, im Sinne des Legitimierungsgedankens, als verpflichtende Aufgabe gesehen, die Öffentlichkeit über wissenschaftliche Erkenntnisse und Entwicklungen zu informieren. 93 Prozent sehen darin die Möglichkeit, in der Öffentlichkeit für Verständnis für die eigene Disziplin oder wissenschaftlichen Themen zu werben. Eine bessere Informiertheit der Öffentlichkeiten für deren Entscheidungen ist für 92 Prozent ein Antrieb, um mediale Kontakte zu pflegen. Außerdem bewerten 46 Prozent solche Kontakte als positiv für die eigene Karriere. Ein Pflichtgefühl gegenüber der Institution, zur öffentlichen Sichtbarkeit und organisationalen Reputation beizutragen, spielt überdies eine Rolle (Peters et al., 2008a, S. 267f.; Peters et al., 2008b, S. 204). Durchschnittlich bewerten 57 Prozent den Kontakt zu den Medien als überwiegend positiv, nur 3 Prozent als negativ (Peters et al., 2008b, S. 205). Desweiteren wird die Zufriedenheit mit der medialen Berichterstattung durchschnittlich neutral bewertet (Peters et al., 2008a, S. 268). Auch die Studie von Herrmann-Giovanelli (2013, S. 160) bekräftigt, dass Wissenschaftler den Medienkontakt positiver bewerten als in früheren Publikationen propagiert.

Wie begründet sich dieser Beziehungswandel? Die Forscher sehen dafür einerseits eine höher frequentierte, intensivere, wahrheitsgetreuere Berichterstattung verantwortlich zeichnen. Andererseits liegt der Beziehungswandel in der Veränderung der Wissenschaftskommunikation selbst begründet: Professionalisierung der Kommunikation nach außen, deren Institutionalisierung und damit Stärkung der Organisation, indem der einzelne Wissenschaftler hinter der Institution zurücktritt. Außerdem mehr Bewusstsein für Image, für die Auswirkungen von Reputation auf Meinungsbildungs- und Entscheidungsprozesse in Gesellschaft, Politik sowie Wirtschaft (Peters et al., 2008a, S. 271). Die strategische Initialisierung von *Public Understandig of Science (PUS)* sowie die Einsicht in die Relevanz zum öffentlichen Dialog, haben die Einstellung der Wissenschaftler zur Qualität und Art der öffentlichen Wissenschaftskommunikation geändert, welches wiederum auf die Einstellung gegenüber den Medien ausstrahlt. Ein Aushandeln zwischen Aufmerksamkeit, Kommunikationserfolg und exakter, wissenschaftlicher Ergebnisdarstellung tritt in den Vordergrund. Nicht zuletzt aufgrund einer Medialisierung der Wissenschaftskommunikation, aus der eine Schwerpunktverschiebung von wissenschaftlichen hin zu mehr strategischen PR-Kriterien in der medial-öffentlichen Darstellung resultiert (ebd., S. 271f.). Die Wissenschaftler entwickeln ein Gespür für Public Relations und für die Zusammenarbeit mit den PR-Praktikern zur Erzielung medialer Präsenz. Ferner resultieren aus der Kooperation zwischen Wissenschaft und Wissenschafts-PR im Medienkontakt sowie aus der institutionellen Etablierung der Public Relations Freiräume für die Wissenschaftler, die ihrer eigentlichen Aufgabe, dem Forschen, der Kreierung von Innovation, zufließen.

Der Wissenschaftsjournalismus ist auf die Wissenschafts-PR angewiesen (Peters, Brossard, Cheveigné, Dunwoody, Heinrichs, Jung, Kallfass, Miller, Petersen, Tsuchida, Cain, Paquez, 2009, S. 14) und gewiss ebenso umgekehrt. In der Themenauswahl geht die Wissenschafts-PR zweistufig selektiv vor: Erstens wählt sie die Themen nach organisationalen Interessen aus, um im zweiten Schritt das Gewählte anhand medialer Kriterien aufzubereiten. Dies erfolgt beispielsweise in der Anpassung des medialen Schreibstils, indem die W-Fragen beantwortet und Analogien, Vergleiche oder Bilder verwendet werden (Kallfass, 2009, S. 144ff.). Denn „[e]ine gute Medienarbeit hilft den Journalisten dabei, Forschungsergebnisse einzuordnen und überprüfbar zu machen“ (Mayer, 2012, S. 24).

Wissenschaftsthemen haben nach der Studie von Meier und Feldmeier (2005) in der öffentlichen Wahrnehmung an Bedeutung gewonnen[69]. Der Bedeutungszuwachs betrifft vorrangig Themen mit politischem oder Alltagsbezug. Solche werden von Journalisten aufgrund ihrer ressortübergreifenden Querschnittfunktion bevorzugt behandelt. Vermutet wurde zudem von Journalisten wie Kommunikatoren, dass die PR stärker wachsen wird (Meier & Feldmeier, 2005, S. 213ff.). Eine Nature-Umfrage unter 493 Wissenschaftsjournalisten aus den USA und Kanada ergab passend dazu eine Verkleinerung der Wissenschaftsredaktionen um ein Drittel bei zugleich steigendem Arbeitspensum[70]. Ähnliche Verhältnisse spiegelten sich in Großbritannien wider. In Deutschland blieb die Zahl der Wissenschaftsjournalisten relativ stabil (Brumfiel, 2009, S. 274f.). Dennoch entstammen viele PR-Praktiker dem Journalismus. Sie beherrschen den Schreibstil und die journalistischen Selektionskriterien und nutzen sie, um Informationen zielgerichtet zu platzieren (Kallfass, 2009, S. 152).

Der Druck auf Journalisten und die journalistisch aufbereiteten Presseinformationen führen dazu, dass häufiger PR-Material ohne zusätzliche Recherche übernommen wird (Brumfiel, 2009, S. 275; Aretin von, 2012, S. 233). So äußert sich der Wissenschaftseditor Mark Henderson von *The Times*: „if there's a good press release and you've got four stories to write in a day, you're going to take that short cut" (zit. in Brumfiel, 2009, S. 275). Bereits Studien aus den 1980er und 1990er Jahren (vgl. u.a. Baerns, 1990) deuteten solche, wenngleich schwachen, Determinationseffekte an. Einiges spricht aber ebenso für Interdependenzen, Tauschakte, mit dem Ziel der Ressourcenschonung und beiderseitigen Gewinnoptimierung hinsichtlich der Publizität und Aufmerksamkeit als knappem Gut (Raupp, 2010, S. 384ff.). Inwieweit beide Effekte direkt die Medienagenda und das Selektionsverhalten von Journalisten beeinflussen, ist nicht abschließend geklärt. Die Einflussnahme der Wissenschafts-PR auf die Medien scheint jedoch geringer zu sein als die der Politik (ebd., S. 388).

Die Online-PR-Kommunikation von Wissenschaftsthemen fördert mit hoher Wahrscheinlichkeit die indirekte Einflussnahme auf die Medienagenda. Indem Themen über eine kritische Masse hinaus im vormedialen Raum öffentliche Resonanz erzeugen, kommt der Journalismus nicht umhin, sie aufzugreifen. In den USA beispielsweise stieg gegenläufig zur Verkleinerung der Wissenschaftsressorts sowohl die Anzahl als auch die Leserschaft von Wissenschaftsblogs

[69] Eine Bekräftigung dieser These kann in der Inhaltsanalyse von Abonnementzeitungen (Sächsische Zeitung, Leipziger Volkszeitung, Mitteldeutsche Zeitung) von Höhn (2012, S, 13) gesehen werden. Die Ergebnisse zeigen, wissenschaftsjournalistische Artikel haben sich im untersuchten Zeitraum 2000-2010 verdoppelt.

[70] Auch 71,5 Prozent der Wissenschaftskommunikatoren außeruniversitärer Forschungseinrichtungen beklagen laut der quantitativen Befragung von Höhn (2011, S. 221) eine hohe Arbeitsbelastung. Auf fehlende personelle Ressourcen weisen 70,2 Prozent der Teilnehmer hin.

(Brumfiel, 2009, S. 274f.). Wissenschaft nur per Presse zu rezipieren, verliert an Bedeutung (Schmirmund, 2010, S. 28f.). Ferner suchen Journalisten zunehmend in Blogs nach Informationen für ihre Artikel oder betreiben beziehungsweise publizieren selbst in darin[71] (Brumfiel, 2009, S. 276). Diese können komplementär den Wissenschaftsjournalismus bereichern (Moosmüller, 2012, S. 173f.). Sie beschleunigen aber auch publizistische Wandlungsprozesse, wenn Wissenschaftler und PR-Praktiker dahingehend ihr Engagement in den Massenmedien reduzieren (Leßmöllmann, 2012, S. 253). Wissenschaftsorganisationen nehmen folglich mehr denn je Einfluss auf die öffentliche Agenda und indirekt auf die der Medien (Brumfiel, 2009, S. 274ff.).

In einer qualitativen Studie mit Journalisten und Wissenschaftskommunikatoren zur Social Media-Nutzung in der externen Wissenschaftskommunikation sprechen die Journalisten den neueren Online-Angeboten einen zunehmend höheren Stellenwert zu. Beide Gruppen werten die sozialen Medien als relevant in ihrer Kommunikationsarbeit, perspektivisch sogar mit steigender Tendenz (Bräutigam & Ettl-Huber, 2013, S. 157f.). Social Media eignet sich für den kommunikativen Austausch zwischen Wissenschafts-PR und Journalisten. Dem Journalismus dienen die Tools zur Themenfindung und Recherche. Herausforderungen sehen Wissenschaftskommunikatoren unter anderem im Kulturwandel, der Kanalwahl, Reaktionsgeschwindigkeit und der Sicherung kommunikativer Qualität (ebd., S. 159ff.). Generell sind die Journalisten mit den Informationen der PR zufrieden[72]. Bedarf sehen sie im Bereitstellen von Kurzinformationen, in mehr Aktualität und audio-visuelle Materialien (ebd., S. 155f.). Auch Lederbogen und Trebbe (2003) benannten nach einer Inhaltsanalyse der Webseiten von Forschungseinrichtungen, den Mangel an Aktualität, audio-visuellen Elementen sowie zielgruppenspezifischer Ansprache. Insgesamt aber „(…) hat die externe Wissenschaftskommunikation eine hohe Chance von JournalistInnen in Social Media wahrgenommen zu werden“ (Bräutigam & Ettl-Huber, 2013, S. 164).

Durch Social Media verändert sich die journalistische Gatekeeperfunktion.

> „Über die Relevanz einer Information entscheiden anstelle journalistischer ‚Gatekeeper‘, immer öfter die Empfehlungen (‚Likes‘ & ‚Shares‘) des persönlichen Netzwerks. Diese Entwicklungen erodieren die Fundamente des Journalismus und somit

[71] Von den befragten Journalisten der Nature-Umfrage 2009 gaben 63 Prozent an, schon einmal Themen in Wissenschaftsblogs gefunden zu haben, 5 Jahre zuvor waren es noch 18 Prozent. Befragt danach, wer regelmäßig Themen in solchen Blogs aufgreift, bejahten dieses 33 Prozent der Wissenschaftsjournalisten – ein Anstieg um 29 Prozentpunkte in den vergangenen fünf Jahren. Desweiteren bekräftigten 32 Prozent selbst in Blogs zu publizieren, fünf Jahre zuvor lag dieser Wert bei 4 Prozent (Brumfiel, 2009, S. 276).

[72] Ebenso bewerten rund 64 Prozent der Wissenschaftskommunikatoren außeruniversitärer Forschungseinrichtungen die Medienzusammenarbeit positiv (Höhn, 2011, S. 221).

> auch tradierte Strategien wissenschaftlicher ‚Presse- und Öffentlichkeitsarbeit'." (Gerber & Linke, 2013, S. 28)

Das heißt, beide Systeme müssen ihre Kommunikationsformen anpassen. Empfehlungen im Social Web sowie Online-Bewertungen genießen den Vertrauensbonus. In der Interaktion im Social Web entstehen eigene Informationsräume und Nachrichtenströme, wodurch online nicht verfügbare Informationen immer mehr immer weniger wahrgenommen werden (Leßmöllmann, 2012, S. 253). Aus Sicht eines Wissenschaftsjournalisten beschreibt Christoph Drösser (2012) die Situation. Selbst für ihn sind die vormals vorhandenen Alleinstellungsmerkmale, das Gatekeeping und der Informationsvorsprung, welche die Presse vor der Netzdurchdringung der Haushalte hatte, Geschichte. Der Journalismus wird angreifbarer durch die direkte Bezugsgruppenkommunikation im vormedialen Raum. Einst exklusiver Informationslieferant bieten sich den Lesern nun zahlreiche Quellen (Drösser, 2012, S. 217ff.). Eine davon, die Wissenschafts-PR selbst mit journalistisch aufbereiteten PR-Angeboten wie Pressemitteilungen, Videos und Podcasts, die auf den Institutswebseiten jederzeit verfügbar sind (Aretin von, 2012, S. 234; Lederbogen, 2004, S. 253f.). Der Journalismus ist „nur noch eine Stimme unter vielen" (Drösser, 2012, S. 219), der jedoch Funktionen der Orientierung und Einordnung der in Fülle vorhandenen Wissenschaftsinformationen erfüllt (Drösser, 2012, S. 219; Leßmöllmann, 2009, S. 138). Die Breaking News werden zwar von Bloggern und den PR-Abteilungen publiziert, mit Hintergrundberichten, Analysen, investigativer Recherche und Bewahrung der kritischen Haltung kann der Journalismus aber punkten (Niesbet & Scheufele, 2012, ¶5; Leßmöllmann, 2009, S. 143).

Ferner senkt die Fülle an täglichen Pressemitteilungen die Chance auf Sichtbarkeit der einzelnen Einrichtung. Durch Selbstpublikation im Netz, die Nutzung von Hypertextualität oder Formen der Informationsanreicherung kann Wissenschafts-PR den Verlust an Öffentlichkeit über Pressepublikationen mildern. Sie kann interessierte Nischengruppen präziser mit mehr Informationsqualität bedienen (Kallfass, 2009, S. 123). Und dennoch „(…) erfreuen sich redaktionelle Erzeugnisse [zu Wissenschaftsthemen nach wie vor] einer gewissen Beliebtheit" (Moosmüller, 2012, S. 174).

5.2.2 Wissenschafts-PR und Wirtschaftskunden: Online erreichbar?

Eine der wichtigsten Zielgruppen in der angewandten Forschung war und ist die Privatwirtschaft. Ihre Aufträge sichern neben staatlicher Finanzierung und anderer Förderung den Erhalt wissenschaftlicher Institutionen. Aber auch in der Grundlagenforschung darf der Wert von Auftragsforschung nicht unterschätzt werden. Denn der Erwerb finanzieller Mittel aus der Privatwirtschaft wird bei zunehmender Konkurrenz und sinkender staatlicher Förderung pro

Einzelinstitut zum relevanzbestimmenden Faktor (Herrmann-Giovanelli, 2013, S. 13)[73]. In Deutschland sind Wirtschaft und Wissenschaft aufeinander angewiesen. Das Ausmaß an Know-how-Transfer bedingt den internationalen wirtschaftlichen Erfolg und das Ansehen des Landes, seiner Unternehmen und der Wissenschaft in der Welt (Kohring, 2004, S. 164). Um den Austausch zwischen Wissenschaft und Wirtschaft zu organisieren, bedarf es auch der Kommunikation auf verschiedenen Ebenen. Lange Zeit und noch immer gelten die überregionalen Qualitätszeitungen als wichtiges Informationsmedium unter den Entscheidern. Wissenschafts-PR tat gut daran, diese Medien in ihrer Arbeit hoch zu gewichten. Die kommunikativen sowie medialen Veränderungen erfordern perspektivisch jedoch eine Anpassung in der Kommunikation mit dieser Zielgruppe. 99,5 Prozent der Entscheider aus Wirtschaft und Verwaltung nutzen nach der aktuellen Leseranalyse Entscheidungsträger 2013 (LEA) das Internet, davon 80,2 Prozent mindestens einmal täglich (vgl. PZ-Online, 2013). Laut der ARD/ZDF-Online-Studie 2013 sind in privaten sozialen Netzwerken wie Facebook 36,3 Prozent der über 30-Jährigen deutschsprachigen Bevölkerung aktiv (Busemann, 2013, S. 392) – eine Gruppe, in der sich auch Entscheider befinden. Beruflich (beispielsweise Xing, LinkedIn) nutzen durchschnittlich zehn Prozent soziale Netzwerke, unter den 30- bis 49-Jährigen sind es 16 Prozent (ebd., S. 397). Mitarbeiter als Multiplikatoren oder Fanpages als Kontaktplattform könnten perspektivisch interessante Informations- und Dialogmöglichkeiten bieten. Die private Twitternutzung steigt überdies kontinuierlich (ebd., S. 398), selbst wenn der Mikrobloggingdienst in Deutschland im internationalen Vergleich die Menschen verhalten anzieht (vgl. Semiocast, 2012). Auch Unternehmen entdecken nach einer Studie von Rybalko und Seltzer (2011, S. 340)[74] zunehmend Twitter im Dialog mit ihren Stakeholdern. Laut des European Communication Monitor 2013[75] haben europaweit 41,5 Prozent der befragten Unternehmen Twitter in ihre Unternehmenskommunikation implementiert. 54,5 Prozent bewerten den Dienst als wichtiges Instrument im Kommunikationsmix (Zerfaß et al., 2013, S. 33). In Deutschland betreiben BITKOM (2012, S. 8)[76] zufolge 25 Prozent der Social Media aktiven

[73] Herrmann-Giovanelli bezieht ihre Anmerkungen zwar auf die Situation von Universitäten, jedoch gelten ihre Ausführungen in gleicher Weise für außeruniversitäre Forschungseinrichtungen, da auch sie von der zunehmenden (finanziellen) Wettbewerbssituation betroffen sind.

[74] Die Studie untersucht mittels Inhaltsanalyse die Dialogstruktur von Twitterprofilen und Posts von Fortune-500-Unternehmen. Per systematischer Zufallsauswahl wurden 93 aktive Profile und pro Profil 10 Posts (insgesamt 930) ausgewählt und codiert.

[75] In der Studie wurden die Kommunikationsverantwortlichen (n = 2710) der Unternehmen befragt (Zerfaß et al., 2013, S. 11).

[76] Die Grundgesamtheit bezieht sich auf Unternehmen in Deutschland. Die Stichprobengröße wird mit 723 Unternehmen angegeben, die per geschichteter Zufallsauswahl ausgewählt wurden (Bitkom, 2012, S. 24).

Unternehmen einen Twitter-Account. Im Social Media-Trendmonitor 2013 von news aktuell und Faktenkontor geben 41 Prozent der befragten Unternehmenskommunikatoren (n = 711) an, dass Twitter im vergangenen Jahr an Bedeutung gewann (news aktuell & Faktenkontor, 2013, S. 37). Für die Wissenschaftskommunikation analysierte Mac Scheloske die Twitternutzung von Hochschulen, Forschungseinrichtungen, Wissenschaftlern und Wissenschaftsjournalisten. Vorläufige Ergebnisse zeigen, dass alle Dachorganisationen der außeruniversitären Forschungseinrichtungen twittern. Ebenso betreuen viele ihrer Institute ein eigenes Profil (vgl. Scheloske, 2012b). Erste Auswertungen für Universitäten und Hochschulen ergaben: Zirka 200 in Deutschland twittern, wenngleich derzeit noch wenig dialogorientiert, sondern überwiegend um Informationen zu streuen (Stifterverband für die Deutsche Wissenschaft, 2012, S. 3f.). Studien aus den USA bekräftigen diese Ergebnisse. So zeigte eine Inhaltsanalyse der Forscher Linvill et al. (2012, S. 637), die 1130 Tweets von 113 randomisiert ausgewählten Universitäten und Colleges analysierten, dass per Twitter überwiegend Informationen einseitig distribuiert wurden. Das indiziert zugleich: „(...) that universities are not sucessfully using this tool in the way it is promoted“ (ebd.). Möglicherweise braucht es noch Zeit bis sich die kommunikativen Transformationen in der Wissenschaftskommunikation stärker bemerkbar machen. Inwieweit solche Ergebnisse mit jenen von außeruniversitären Forschungseinrichtungen übereinstimmen, oder ob unter ihnen diskursive Strukturen mehr verbreitet sind, müssen weitere Untersuchungen klären. Ebenso inwieweit soziale Medien die Dialogkommunikation in Forschungseinrichtungen generell unterstützen können. Die referierten Ergebnisse – Diskrepanzen zwischen Bedeutungszuschreibung und Integration im Kommunikationsmix, Nutzungszuwächse, ungenutzte Potenziale als Dialogmedium auf Unternehmens- und Wissenschaftsseite – gelten jedoch nicht nur für Twitter, sondern treffen in ähnlicher Weise auf Social Media-Anwendungen allgemein zu (vgl. news aktuell & Faktenkontor, 2013; Zerfaß et al., 2013; Bitkom, 2012; Die Firma, 2013; Stifterverband für die Deutsche Wissenschaft, 2012).

Welche Schlüsse lassen sich nun daraus für die Kommunikation der Forschungseinrichtungen mit ihren Wirtschaftskunden aus Sicht der Public Relations ziehen? Zum einen spielen für Sichtbarkeit wie Bekanntheit die Qualitätszeitungen und einschlägige Fachpresse als Publikationsmedium immer noch eine wichtige Rolle, wenngleich mit der Ausbreitung von Tablets und Smartphones langfristig das Trägermedium wechseln dürfte. Zum anderen leistet die Onlinekommunikation über die Homepage und den E-Mail-Kontakt einen wesentlichen Beitrag zur Informationsdistribution und zeitversetzter, schneller, unbürokratischer Kommunikation. Drittens zeigen die Relevanzbewertung und Beteiligungen der Entscheider und Unternehmen im Social Web, dass ein Austausch über jene Medien geschehen kann. Wissenschafts-PR kann in ihrer Vermittlerrolle den Austausch moderieren. Sie kann per Social Media Monitoring die aufkommenden Themen beobachten und in die Organisation hineintragen. Die Angliederung der PR an die Leitungsebene beschleunigt dabei Reaktionen[77]. Als Repräsentant der Institution vertreten die professionellen Kommunikatoren zudem die Einrichtung nach außen, geben Auskunft zu deren Zielen, Forschungsprojekten, Produkten sowie Dienstleistungen und bieten der Zielgruppe den Diskurs an. Mit dem Rückhalt der Leitungsebene kann Onlinekommunikation und speziell die Kommunikation im Social Web einen messbaren Beitrag zur organisationalen Sichtbarkeit und zum Organisationswert liefern. Denn auch in der Business-to-Business-Kommunikation, um welche es letztlich geht, sind Social Media en vogue (index, 2011, S. 11). Gleichwohl sicherlich weitere grundlegende Forschung nötig ist, um den Wert von Wissenschaftskommunikation mittels Online-Medien in dieser Zielgruppe genauer zu evaluieren.

5.2.3 Wissenschafts-PR und Politik: Legitimation fordern und fördern

Forschung völlig frei von politischen Interessen ist illusorisch (Niesbet & Scheufele, 2012, ¶10). Forschung und Politik sind im Wissensaustausch, in der institutionellen Förderung, aber auch in der Stärke des Landes in der Welt aufeinander angewiesen. Als Wissensnation, in der Wissen respektive Wissenschaft und Forschung als geldwerter Rohstoff gilt, bedeutet die zielgruppenspezifische Kommunikation über genau jenes Wissen viel. Der teils rasante Forschungsfortschritt sowie der Zuwachs an Forschungsinstituten stresst und beflügelt zugleich den Wettbewerb um vorhandene Ressourcen. An den zentralen Politplätzen der Welt präsent zu sein, ins Gespräch zu kommen und es zu bleiben, entwickeln sich zu zentralen Aufgaben der Wissenschaftskommunikation, zu deren Erfüllung neben den Wissenschaftlern mit Anträgen und Publikationen, die Public Relations substanziell beitragen.

Fehlerhafte Entscheidungen haben in Politik wie Wissenschaft zunehmend weitreichende Konsequenzen, welche nicht zuletzt aus der Zunahme medialer Präsenz rühren. Politik braucht daher in Zeiten komplexer Entscheidungen aufgrund interdisziplinärer, grenzüberschreitender Problemfelder fundierte Entscheidungsgrundlagen, die sich auf verständliche Informationen stützen. Public Relations können zur Vermittlung dieser Informationen beitragen, zudem neue Formen der Politikberatung moderieren. Die Leibniz-Gemeinschaft beispielsweise initiiert seit 2008 nach australischem Vorbild das Format „Science meets Par-

[77] In der quantitativen Befragung der Wissenschaftskommunikatoren außeruniversitärer Forschungseinrichtungen gaben 90 Prozent der Teilnehmer an, als Stabstelle respektive Referat direkt der Institutsleitung unterstellt zu sein (Höhn, 2011, S. 199f.).

liament“. Die Veranstaltung bietet Politikern die Möglichkeit, in einem geschützten Umfeld Wissenschaftlern Fachfragen zu stellen. Wissenschaftler vermitteln auf diese Weise zielgruppenspezifisch Kerninformationen für die politische Entscheidungsfindung. Zudem erhöhen solche Veranstaltungen die Sichtbarkeit der Forschungsorganisation im politischen Umfeld. Sie präsentieren durch das Themenangebot der Politik die Vielfalt ihrer Forschungsleistung (vgl. Zens, 2012). Aber nicht nur solche direkten Initiativen, sondern auch über Online-Medien gesteuerte Formen der Politikberatung könnten perspektivisch relevant werden, wenngleich dies sicherlich mit Fragen der Informationssicherheit und des Generationswechsels interagiert.

Die Medien, allen voran die Traditionsmedien, sind für die Politik von Wert, da viele Themen und Streitpunkte über die medialen Bande gespielt werden und so das politische Bild in der Öffentlichkeit prägen. Beobachtung der Berichterstattung ebenso Themensetzung gehören zum Tagesgeschäft politischer Entscheider (Peters et al., 2009, S. 36). Will Wissenschaft und Forschung Aufmerksamkeit generieren, so kann sie neben der direkten Präsenz in Gremien, die zur Beteiligung an wissenschaftspolitischen Entscheidungen befähigt, der aber nur wenige zuteilwerden, mediale Plattformen als Informationsträger nutzen. Wissenschaftsthemen über die traditionellen Medien oder Online-Kanäle transportiert können über Agenda-Setting-Effekte politisches Handeln auslösen – wenngleich nicht immer nur jenes von der Wissenschaft beabsichtigte. Mediale Erwähnungen der Organisationen setzten „Primes“, fokussieren Aufmerksamkeit und vermögen relevante Auswahlkriterien zu erzeugen. Politiker greifen medial präsentierte wissenschaftliche Expertise in der eigenen Argumentation auf, beispielsweise Ergebnisse sozialwissenschaftlicher Forschung, welche die gesellschaftliche Lebenswelt zeichnen. Solche Darstellungen formen zugleich das Gesellschaftsbild bei den politischen Entscheidern. Publizierte Wissenschaftsthemen regen darüber hinaus Meinungsbildungs- und Entscheidungsprozesse der Entscheider an. Mediale Präsenz führt folglich zur indirekten Einflussnahme auf die Gestaltung politischer Prozesse (ebd., S. 38ff.). Denn „[d]a die Politik medialisiert ist, hat die Medienpräsenz der Wissenschaft, die durch ihre eigene Medialisierung verstärkt wird, politische Effekte.“ (ebd., S. 39). Zu diesen Effekten zählen die Korrelation zwischen Medienpräsenz und Organisationsrelevanz, politische Anschlusskommunikation an wissenschaftliche Inhalte und die Zugänglichkeit zu Informationen für politische Argumentation und Meinungsbildung.

Diese Meinungsbildungsprozesse werden „bunter“ und komplexer, da sie in naher Zukunft zwar primär von den klassischen Medien – trägermediumunabhängig – angetrieben werden, der vormediale Raum aber in diese Prozesse eingreift, welches Medienmacht reduziert. Nicht Substitution, sondern Komplementarität bestimmen so den Vertrauens- und Meinungsbildungsprozess in allen gesellschaftlichen Systemen. Facettenreichere Meinungsbilder kristallisieren sich heraus. Nicht nur die vermeintliche Mehrheitsmeinung tritt zu Tage, sondern auch leise Stimmen verschaffen sich Gehör mit Auswirkung auf kommunikative Prozesse, die interdependent das politische, gesellschaftliche, Medien- und Wissenschaftssystem tangieren. Wissenschaftseinrichtungen können möglicherweise künftig einfacher denn je als Primärquelle zu politischen Entscheidungsprozessen beitragen. Zumindest aber ihre Bekanntheit und Sichtbarkeit steigern, welches auf Förderprogramme ausstrahlt. Eine zunehmend professionalisierte und auf die Onlinekommunikation erweiterte Wissenschafts-PR unterstützt – im neutralen Sinn – Medialisierungsprozesse, indem sie die Interessen der Organisation nach außen vertritt und ihr Portfolio nüchtern, neutral, sachgerecht und wahrheitsgetreu darstellt (Peters et al., 2009, S. 39f.; Trescher, 2010, S. 27ff.). Wissenschaft genießt hohes Ansehen in der gesellschaftpolitischen Öffentlichkeit. Legitimität der Wissenschaft liegt daher nicht in der Vertrauenszuschreibung, denn vielmehr in ihrer gesellschaftspolitischen Relevanz. Das bedeutet zugleich, dass „[d]ie Medialisierung der Wissenschaft (…) zu ihrer gesellschaftlichen Legitimierung bei[trägt]“ (Peters et al., 2009, S. 40).

5.2.4 Wissenschafts-PR und Gesellschaft: Mono- oder Dialog?

> „Communicating outside the scientific community is a process whose ultimate purpose is not so much educating the public (…), but maintaining a positive attitude of society towards science and the field of research in general. Thus defined, PUS becomes a PR process, and the matrix it is built on is Popular Culture.“ (Sava, 2011, S. 8)

Ein Ziel externer Wissenschaftskommunikation ist, die gesellschaftspolitische Öffentlichkeit basierend auf präzisen, ausgewogenen Informationen und unter ihrer Mitgestaltung zu rationalen Entscheidungsfindungsprozessen zu befähigen (Sava, 2011, S. 10; Lederbogen, 2004, S. 133). 1985 wurde in Großbritannien dazu die Initiative *Public Understandig of Science (PUS)* von der *Royal Society* initiiert, welche die Notwendigkeit zur öffentlichen Wissenschaftskommunikation allgemein und als Aufgabe der Wissenschaftler selbst betonte. PUS förderte PR-Maßnahmen und die Relevanz von Public Relations in den Wissenschaftseinrichtungen. Das Bewusstsein für integrierte Wissenschaftskommunikation stieg, auch ausgelöst durch Nachwuchsmangel oder PISA. Die PUS-Bewegung setzte vielfach einen PR-Prozess in Gang, der sich am symmetrischen Kommunikationsmodell von Grunig und Hunt orientierte. Dabei nutzte und nutzt sie die Instrumente der klassischen Public Relations, um Wissenschaft in der Öffentlichkeit publik zu machen (Sava, 2011, S. 5ff.; Robertson-von Trotha, 2012, S. 19).
1987 initiierte die *American Association for the Advancement of Science (AAAS)* den *Award for Public Understanding of Science & Technology*. Verspätet, 1999, folgten dann auch in

Deutschland nach angelsächsischem Vorbild Maßnahmen, die Wissenschaft, Wissenschaftler und gesellschaftspolitische Öffentlichkeit näher zusammenführten und in der Initiative *Public Understanding of Science und Humanities (PUSH)*[78] mündeten (Mayer, 2012, S. 22; Sonnabend, 2009, S. 46; Robertson-von Trotha, 2012, S. 20; Lederbogen, 2004, S. 128). Daraus resultierten unter anderem die Langen Nächte der Wissenschaften, die Wissenschaftssommer, die MS-Wissenschaft, Science-Slams, Wissenschaftstheater, Universitätsangebote für Kinder und Senioren (Sonnabend, 2009, S. 46) oder der Fraunhofer-Truck, der durch Deutschland tourt und Forschung anschaulich sowie greifbar macht. Aber auch digitale Formate wie Webseiten der Forschungseinrichtungen, die Kindern auf interaktive Weise wissenschaftliche Themen erklären[79], werden gelaunched. Allgemein nimmt die Onlinekommunikation eine wesentliche Stellung ein, beispielsweise in Form von Zusatzangeboten zu Dialogveranstaltungen (Lederbogen, 2004, S. 129). Twitternachrichten aus Fachkonferenzen (Leßmöllmann, 2012, S. 251) oder öffentlichen Wissenschaftsveranstaltungen, Apps zu den Langen Nächten der Wissenschaften, Websites und Facebookseiten, die über Veranstaltungen informieren und Informationen für Bürger, Presse, Sponsoren bereitstellen oder Video- und Podcasts sind nur wenige Beispiele dafür.

PUSH wurde jedoch durchaus auch differenziert, um nicht zu sagen kritisch hinterfragt. Nicht der Vorstoß zum Dialog mit der Gesellschaft selbst, sondern der Glaube an einen ergebnisoffen geführten Dialog mit gleicher Akzeptanz für ablehnende Haltungen der Öffentlichkeit hinsichtlich Forschungsthemen. Vielen ginge es nur um eine „Imagepolitur", so die Kritik (Lederbogen, 2004, S. 129) „Nicht nur die Öffentlichkeit für die Wissenschaft zu sensibilisieren, sondern viel stärker die Wissenschaft für die Öffentlichkeit (ebd.)", lautete daher eine Forderung. Wissenschafts-PR trägt zur Erfüllung dieser Aufgaben bei. Aus einer Art Vogelperspektive sondiert sie die relevanten Themen in einer Organisation und bereitet sie auf. Ebenso tragen aber die PR-Praktiker die Themen mit Organisationsbezug, die die Öffentlichkeiten bewegen, in die Organisation hinein und initiieren (im günstigsten Fall) Veränderungsprozesse. Sie bringen somit Experten mit Nichtexperten zusammen und kreieren das Bild der Institution (ebd., S. 130ff.). Allerdings lassen sich eine positive Einstellung gegenüber Wissenschaft und Forschung beziehungsweise wissenschaftlichen Themen nicht einzig durch eine verbesserte Scientific Literacy erreichen. Studien in den USA zeigen, dass die wissenschaft-

[78] Alle großen Forschungsorganisationen bekannten sich zu einer Verbesserung der Kommunikation über wissenschaftliche Inhalte (Sonnabend, 2009, S. 46; Lederbogen, 2004, S. 128).

[79] Ein Beispiel ist die Kinderseite der Fraunhofer-Gesellschaft „Der Entdeckercampus" (http://entdeckercampus.fraunhofer.de/_html/index.html).

liche Grundbildung nur geringe Effekte auf eine Einstellungsänderung hat. Wichtiger sind vielmehr vertrauensbildende Prozesse, emotionaler Bezug oder das Framing von Information (Niesbet & Scheufele, 2012, ¶8). Auch in Deutschland weiß man seit den 1990er Jahren, dass Aufklärung alleine kritische Haltungen, wie zu Energiefragen, und Ängste der Bevölkerung nicht lösen, sondern ein ernsthafter Diskurs geführt werden muss (Gerber, 2011, S. 9; Robertson-von Trotha, 2012, S. 25). Es bedarf des Dialogs, des Zuhörens, des gegenseitigen respektvollen Wahr- und Ernstnehmens. Der Übergang vom Zwei-Weg asymmetrischen Kommunikationsmodell nach Grunig und Hunt hin zum Zwei-Weg symmetrischen, zum respektvollen Dialog, muss sich vollziehen (Sava, 2011, S. 10). „In such a light, science communication becomes an authentic process of public relations in a democratic public sphere" (ebd.).
Die fortschreitenden medientechnischen und medial-gesellschaftlichen Entwicklungen können diesen Prozess entscheidend steuern. Gerber (2011, S. 5ff.) spricht von der Post-PUSH-Ära, da die PUSH-Initiative den Dialog in vielen Fällen, trotz der Ausweitung und Professionalisierung von Public Relations in Forschungseinrichtungen und Universitäten, nur einseitig abbildete (vgl. zur kritischen Bewertung der Einwegkommunikation auch Sonnabend, 2009). Die Veränderungen im Medienkonsum, in den Beteiligungsmöglichkeiten, der Kommunikationskontrolle seitens der PR, die Algorithmen der Suchmaschinengiganten, bloggende, twitternde Wissenschaftler sowie die Online- und Social Media-Angebote der Forschungsorganisationen selbst leiten einen in der Wissenschaftskommunikation nachhaltigen Paradigmenwechsel ein (Gerber, 2011, S. 10), der die Public Relations dauerhaft nachhaltig revolutioniert (Rümmele, 2012, S. 158).

Die empirische Forschung kommt bislang überwiegend zu dem Ergebnis, dass Onlinekommunikation und soziale Medien als Dialoginstrumente von Wissenschaftlern, Hochschulen und Forschungsorganisationen noch verhalten eingesetzt werden (vgl. u.a. Allgaier, Brossard, Dunwoody, Lo & Peters, 2012; Gerber & Neuhaus, 2013; Dernbach & Schreiber, 2012, S. 369ff.; Fischer, 2012, S. 259f.; Lederbogen & Trebbe, 2003, S. 350; Gordon & Berhow, 2009, S. 151; Linvil et al., 2012, S. 637; Trench, 2008, S. 191f.). Die Nachfragerseite rezipiert jedoch wissenschaftliche Themen im Netz. Neben steigenden Blog-Leserzahlen (van Eimeren & Frees, 2013, S. 362ff.; Fischer, 2012; Gerber, 2011, S. 13; Brumfiel, 2009) bekräftigen dieses das Teilen von Leseempfehlungen in den Mikroblogs oder den sozialen Netzen. Brossard und Scheufele (2013, S. 41) meinen: „Online environments are providing audiences with great opportunities to connect with science (…)." Ergebnisse aus den USA belegen, dass bereits heute schon 60 Prozent nach Wissenschaftsthemen als Primärquelle im Netz suchen. Das Web vermag dabei durch die intensivere Auseinandersetzung mit den Inhalten zu einer positiveren Einstellung gegenüber der Wissenschaft führen. Wissensklüfte können mittels Onlinekommunikation reduziert werden (ebd., S. 40). Das Vertrauen in wissenschaftliche Informationen aus dem Netz steigt. Bei Studenten ist das Internet häufig die erste und meist einzige Informationsquelle, um Wissenschaftsthemen zu beziehen (Trench, 2008, S. 193). Das zunehmende Vertrauen in das Publizierte liegt vermutlich nicht zuletzt an den direkt von den Primärquellen abrufbaren Informationen, beispielsweise per Newsletter (Păcurar, 2012, S. 5), öffentlich zugänglichen Pressemitteilungen, Videos, Podcasts und Informationen über soziale Kanäle. Inwieweit darüber Interaktionen ausgelöst und Wissen zur Meinungsbildung transferiert werden, müssen weitere Studien zeigen.

5.2.5 Wissenschafts-PR und Wissenschaftler: Der Weg zur Akzeptanz

> „Wissenschaft und PR hatten eine schwierige Beziehung. Wissenschaftler publizieren selbst in eigenen Medien, aber auch direkt in den Publikationsmedien. Darum glaubten sie lange Zeit, Vermittler nicht zu brauchen. Inzwischen fühlen sie sich zur PR gezwungen, was ihre Einstellung zur PR aber nicht unbedingt verbessert hat.“ (Franz Miller, Leiter der Public Relations der Fraunhofer-Gesellschaft, zit. in Raupp, 2010, S. 380).

Auch nach Jahren der Entscheidung der Forschungseinrichtungen zur Zentralisierung[80] der Kommunikation ist das Ansehen der Public Relations unter Wissenschaftlern ambivalent. Das Verhältnisintervall reicht von Ablehnung bis breite Zustimmung und Einsicht in deren Notwendigkeit, wenngleich sich die Intervallmitte in jüngster Zeit deutlich mehr zum positiven Pool verschiebt. So beschreiben die Public-Relations-Praktiker aus Wissenschaft und Forschung in einer in Großbritannien, Frankreich und Deutschland durchgeführten qualitativen Studie das Verhältnis zu den Wissenschaftlern als weitgehend „normal“ (Kallfass, 2009, S. 154f.). Quantitativ gemessen, schätzten Praktiker der Wissenschafts-PR außeruniversitärer Forschungseinrichtungen in Deutschland die Akzeptanz der Mitarbeiter für die PR-Arbeit auf 52 Prozent (Höhn, 2011, S. 221f.). Auch Forscher bewerten die Zusammenarbeit einer Schweizer Studie zufolge als positiv (Herrmann-Giovanelli, 2013, S. 199). Die befragten Pressestellenleiter der europäischen Drei-Länder-Studie gaben zudem an, dass die Bereitschaft zur Kooperation der Wissenschaftler in den vergangenen Jahren deutlich gewachsen sei. Eine große Gruppe von Wissenschaftlern sucht zunehmend die Unterstützung der PR, zum Beispiel im Umgang mit den Medien. Insbesondere jüngere Wissenschaftler zeigen sich offen und unvoreingenommen gegenüber den Public Relations. Zurückgeführt werden diese

[80] In der Befragung der Wissenschafts-PR außeruniversitärer Forschungseinrichtungen von Höhn (2011, S. 195ff.) geben 78,8 Prozent an, eine eigene Public-Relations-Abteilung zu haben, wovon mehr als zwei Drittel der Abteilungen nach 1990 gegründet wurden.

Entwicklungen auf einen Bewusstseinswandel, organisationsinternen Professionalisierungsgrad, Erwartungen an eine Wissenschaftsorganisation sowie den Generationswechsel (Kallfass, 2009, S. 154f.; Peters et al., 2009, S. 22).

Dennoch: Die Public-Relations-Praktiker müssen sich Akzeptanz und Zustimmung oft in einem langen Prozess erwerben, ebenso wie ihre Glaubwürdigkeit und Vertrauen. Ein Gespräch auf Augenhöhe ist schon aufgrund des komplexen Kommunikationsgegenstandes meist erst nach längerem zu erreichen. Die Schieflage aus Fachsprache, die Perspektiv- und Bewertungsunterschiede der Forschungsinhalte im Hinblick auf ihren öffentlichen Wirkungsgrad, erleichtern nicht gerade die Zusammenarbeit. Außerdem muss die bidirektionale Vermittlerrolle zwischen Organisationsleitung und Mitarbeitern deutlich werden, um nicht ausschließlich als verlängerter Arm der Leitungsebene zu gelten. – Wenn man so will, kämpfen die Public Relations intern mit ähnlichen Aufgaben wie in der externen Kommunikation. Professionell, transparent, kompetent, sach- und dialogorientiert sind daher Eigenschaften, die expressiv gelebt werden wollen.

Wissenschaftskommunikatoren bewerten den Informationsfluss zwischen Wissenschaftler und der eigenen Abteilung in der erwähnten Drei-Länder-Studie teils als erschwert und stockend, teils als Überangebot (Kallfass, 2009, S. 159). In der Befragung von PR-Praktikern außeruniversitärer Forschungseinrichtungen von Höhn (2011, S. 221) äußern 60 Prozent ihre Unzufriedenheit mit der internen Kommunikation. Damit wird die Abhängigkeitsstruktur zwischen Public Relations und den Wissenschaftlern als Inputlieferanten deutlich. Die Sichtweise, Akzeptanz und das Vertrauen der Forscher in die Kompetenz und Repräsentationsfähigkeit der PR bestimmen maßgeblich den Kommunikationsfluss (Herrmann-Giovanelli, 2013, S. 13). Dass dieser aber auch funktioniert, zeigen internationale Befragungen von Wissenschaftlern. Die Mehrheit (69 Prozent) gibt an, in den vergangenen drei Jahren der PR Informationen angeboten zu haben (Peters et al., 2009, S. 22). Die Kommunikatoren wählen aus den offerierten Inhalten nach medialen, öffentlichkeitsrelevanten und politischen Gesichtspunkten aus. Außerdem nach solchen, die das Organisations-Image am besten transportieren und zum Reputationsaufbau beitragen. Dieses birgt zugleich Konfliktpotenzial, denn nicht jeder Wissenschaftler ist bereit, die medialen Logiken und die Ablehnung respektive Perspektivwahl seiner Forschung zu akzeptieren (Peters et al., 2009, S. 24, 29f.; Kallfass, 2009, S. 154f.). Ein Gefühl des kommunikativ eigeschränkten Handelns mag bei manchen Forschern aufkommen (Herrmann-Giovanelli, 2013, S. 53). Andererseits gibt es Stimmen, die sich von der PR eine engere Zusammenarbeit und mehr Unterstützung in der Kommunikation mit der gesellschaftspolitischen Öffentlichkeit und im Medienkontakt wünschen (ebd., S. 227f.). In Großbritannien und den USA ist diese Form der PR-Professionalisierung schon weiter fortgeschritten. Medienkontakte und populärwissenschaftliche Publikationen bedürfen viel häufiger der Genehmigung durch professionelle Kommunikatoren, zudem sind sie um ein Vielfaches mehr in die Vorbereitung des Outputs involviert (Peters et al., 2009, S. 27). Der fortschreitende Ausbau der Kommunikationsabteilungen wird zwangsläufig auch die Abstimmungsprozesse in Deutschland verändern, welches in einer Zunahme an strategischer Kommunikation – wiederum eine Annäherung an die Unternehmens-PR – mündet. Vor allem in außeruniversitären Einrichtungen wird der einzelne Wissenschaftler mehr als Repräsentant der Institution denn in seiner Selbstdarstellung als Wissenschaftler auftreten. Selbst- und Organisationsreputation werten sich jedoch gegenseitig auf (Peters, 2012, S. 333, 337). Heute bereits geschieht die Aufbereitung wissenschaftlicher Inhalte seitens der professionellen Kommunikatoren im iterativen Prozess mit den Wissenschaftlern (Kallfass, 2009, S. 160). In der engen Abstimmung schaffen PR-Praktiker und Wissenschaftler Entscheidungsgrundlagen für Politik und Öffentlichkeit (Mayer, 2012, S. 24). Ähnlich dem interdependenten Verhältnis zwischen Public Relations und Medien, zeigt sich somit ein solches auch in der wechselseitigen Abhängigkeit von Wissenschaft und Wissenschafts-PR. Ganz ähnliche Muster müssen die Public Relations demnach einmal nach innen, zum anderen nach außen bedienen.

Unterstützen können PR gemeinsam mit der Institutsleitung[81], die für die Schaffung der Rahmenbedingungen verantwortlich zeichnet, die Wissenschaftler im direkten Dialog mit den verschiedenen Anspruchsgruppen, beispielsweise in der Initiierung von Corporate Blogs wie das duale Fraunhofer-Forschungsblog (Moosmüller, 2012, S. 175; Gerber, 2011, S. 13). Dafür müssen sich die Institute jedoch von der unidirektionalen Kommunikation lösen und hierarchische Machtstrukturen verändern, welches auch erkannt und woran gearbeitet wird (Moosmüller, 2012, S. 175).

Zugleich zeigen Studien jedoch auch, dass es die Public Relations bisweilen schwer hat, Wissenschaftler von einer Beteiligung im Social Web zu Institutszwecken zu überzeugen und für den öffentlichen Kommunikationsprozess in einer solchen Form zu motivieren (Moosmüller, 2012, S. 175). Eine Befragung von Neurowissenschaftlern in Deutschland und den USA zur eigenen Mediennutzung und ihrer Einschätzung, welchen Einfluss verschiedene Medien auf die öffentliche Meinungsbildung und politische Entscheider haben, ergab, dass den klassischen Medien sowohl in der persönlichen Nutzung als auch in Entscheidungsfindungs- und Meinungsbildungsprozessen derzeit noch ein höheres Potenzial zugesprochen wird (vgl. Allgaier et al., 2012). Detaillierter bedeutet das: Neurowissenschaftler informieren sich selbst

[81] 72,8 Prozent der Kommunikatoren außeruniversitärer Forschungseinrichtungen sind laut der quantitativen Studie von Höhn (2011, S. 221) mit dem Verhältnis zu ihren Vorgesetzten zufrieden.

überwiegend in den Offline-Medien. Im Ländervergleich nutzen die USA die Online-Ableger der Traditionsmedien häufiger, ebenso wie Blogs und soziale Netzwerke, wenn auch im Rahmen der Selbstinformation auf geringem Niveau (ebd., S. 208f.). „(…) die Beteiligung an interaktiver Webkommunikation (Blogs und Soziale Netzwerke) scheint bei deutschen Wissenschaftlern quantitativ gesehen noch unbedeutend[er] zu sein“ (Peters, 2012, S. 334). Die Ergebnisse zur medialen Wirkung auf die Meinungsbildung fallen ähnlich aus. Allen abgefragten Medien wird allerdings ein stärkerer Einfluss zugesprochen. Die Forschenden sehen in den sozialen Medien durchaus Relevanz für Prozesse der öffentlichen Meinungsbildung (Allgaier et al., 2012, S. 209ff.). Die Einschätzungen zum Einfluss medialer Quellen auf politische Entscheider folgen ebenso diesen Ergebnissen. Den klassischen Medien wird der größte Effekt zugeschrieben. Im Ländervergleich liegen die USA hinsichtlich der Wirkungszuschreibung von Online-Quellen und Social Media-Kanälen wieder vor Deutschland. Die amerikanischen Wissenschaftler rechnen beispielsweise in den sozialen Netzwerken mit einem nahezu doppelt so starken Effekt (USA: 41 Prozent; Deutschland: 22 Prozent) (ebd., S. 211ff.). Auch eine Studie von Research Information Network (vgl. Research Information Network, 2010) in Großbritannien zeigt, dass Social Media unter Wissenschaftlern noch verhältnismäßig selten eingesetzt wird, aber Potenzial birgt. Public Relations könnten daher ihre Motivationsstrategien intensivieren, sofern der Mehrwert für die Interessen der Einrichtung belegt ist. Die Skepsis der Wissenschaftler gegenüber neueren Kommunikationsmedien (Nentwich, 2011, S. 40) ließe sich eventuell reduzieren.

Jegliche Bemühungen der professionellen Kommunikatoren nützen jedoch wenig, wenn Wissenschaftler die Kommunikation mit der Öffentlichkeit im Social Web als unwissenschaftlich erachten (Nentwich, 2011, S. 40) oder sie weitestgehend ablehnen. So geschehen in einer deutschlandweiten Online-Befragung unter 540 Universitätswissenschaftlern. Die Teilnehmer kannten zwar Twitter, Facebook und Google+, lehnten die Kommunikation darüber jedoch mehrheitlich ab (Twitter zu 81 Prozent, Facebook zu 58 Prozent, Google+ zu 51 Prozent), wenngleich 27 Prozent Facebook nutzen (Gerber & Neuhaus, 2013, S. 19). Die Kriterien für eine solche Haltung äußern sich überwiegend in der Sorge um Datenmissbrauch, in der Zuschreibung einer geringen Seriosität und Gemeinnützigkeit, der fehlenden Zeit oder dem geringen Ansehen in der Scientific Community (ebd., S. 19f.). Für eine PR-Abteilung bleibt solch eine Haltung nicht folgenlos. Denn ohne Commitment und Inhalte lassen sich die Social Media-Kanäle einer Institution kaum bedienen. Wenn die Mehrheit der Wissenschaftsseite nicht hinter solchen Kommunikationsformen steht, können auch keine Strategien aufgebaut und in die Governancestrukturen der Organisation integriert werden, die für das Gelingen der Kommunikation im Social Web essentiell sind. Bleibt zu hoffen, dass die Forscher in außeruniversitären Forschungseinrichtungen aufgrund der stärkeren Institutionalisierung, des größeren Wettbewerbsdrucks und Nähe zur Unternehmensführung dieser Art der öffentlichen Kommunikation aufgeschlossener gegenüberstehen. Da Ergebnisse bislang fehlen, besteht hierin als weiteres Feld der Wissenschaftskommunikation noch Forschungsbedarf.

Wenn auch etliche Ablehnung unter den Wissenschaftlern herrscht, so gibt es einige, die den sozialen Medien positiv gegenüberstehen und in ihre Alltagskommunikation integrieren. Wissenschaftler twittern zum gezielten Informationsaustausch, zur Beziehungspflege und zur Meinungsäußerung (Nentwich, 2011, S. 45f.). Marc Scheloske (2012c) ermittelte – ohne dabei auf Vollständigkeit zu plädieren – neben den zitierten Ergebnissen zu den Organisationen 273 deutsche Wissenschaftler, die Twitter nutzen. Für die Wissenschafts-PR scheint dieses eine gute Perspektive auf der Suche nach Multiplikatoren, die ihre Inhalte in die breite Öffentlichkeit tragen. Ferner formt sich um Wissenschaftsblogs ein Kulturraum von interessierten Lesern und Kommentatoren, die wissenschaftliche Ideen beziehungsweise Themen weitertragen bis in die Politik und Wirtschaft hinein (Fischer, 2012, S. 264f.). Die Wissenschafts-PR kann gemeinsam mit Wissenschaftlern[82] diesen neuen Kulturraum entdecken und eventuell zur Steigerung ihrer Online-Reputation für sich gewinnen. Alles in allem bergen die Online- respektive sozialen Medien, für die Wissenschafts-PR Potenzial, den Dialog im Sinne Grunig und Hunts symmetrisch mit den Anspruchsgruppen im vormedialen Raum zu führen.

5.3 Hypothesen

Aus dem Forschungsziel, die Bedeutung der Social Media-Kommunikation für die Wissenschafts-PR außeruniversitärer Forschungseinrichtungen zu evaluieren, der Themenrelevanz sowie der theoretischen Fundierung resultieren die nachstehend abgeleiteten Hypothesen. Sie gliedern sich in drei Komplexe: *Strategie (1), Anspruchsgruppen (2)* und *Potenziale (3)*. Die Strategie wird zusätzlich in die Unterkategorien *Deskription* (1.1), *Governance, Guidelines, Monitoring* (1.2) sowie *Kommunikationsmodelle* (1.3) unterteilt.

Komplex *Strategie* (1), Unterkategorie *Deskription* (1.1)

Nutzen außeruniversitäre Forschungseinrichtungen soziale Medien in ihrem Kommunikationsalltag? Gesetzt den Fall sie nutzen sie, welche Kanäle werden in welchem Umfang bedient? Vermutet wird: Die Mehrheit der außeruniversitären Forschungseinrichtungen bezieht die sozialen Medien in die Organisationskommunikation ein [H1.1a]. Davon auszugehen ist

[82] Nachwuchswissenschaftler beteiligen sich häufiger an Blogs. Ein Generationswechsel erhöht ihre Nutzungswahrscheinlichkeit entsprechend (Fischer, 2012, S. 264).

weiterhin, dass die Mehrheit der außeruniversitären Einrichtungen ein Facebook- sowie ein Mikrobloggingprofil[83] unterhält [H1.1b]. Google+, Blogs, Xing, LinkedIn und andere Kanäle sowie auf Social Media basierende Anwendungen werden nur von einer Minderheit bedient [H1.1c]. Angenommen wird zudem, dass der Umfang der Social Media-Aufwendung einer Einrichtung an der gesamten Onlinekommunikation im Durchschnitt weniger als 50 Prozent beträgt [H1.1d]. Die durchschnittliche Anzahl der bespielten Kanäle und genutzten Anwendungen wird auf vier geschätzt [H1.1e].

Wie lassen sich diese Hypothesen begründen? Höhn (2011, S. 275) nennt als ein Ergebnis seiner Delphi-Studie die zurückhaltende Integration der sozialen Medien in den Kommunikationsmix außeruniversitärer Forschungseinrichtungen. Er vermutet, dass dies, im Vergleich zu Hochschulen, auf die verschiedenen primären Anspruchsgruppen und deren Informationsverhalten zurückzuführen sei. Anhaltendes Wachstum in der Social Media-Kommunikation führt jedoch zu deutlich messbaren Änderungen in kürzester Zeit, wie die Social Media-Studien im Unternehmensbereich zeigen (vgl. u. a. news aktuell & Faktenkontor, 2013; Zerfaß et al., 2013; Zerfaß et al., 2012; Bitkom, 2012; Die Firma, 2013; index, 2011). Auch die Business-to-Business-Kommunikation entdeckt die sozialen Medien für sich (vgl. index, 2011). Zudem sind Entscheider aus Wirtschaft und Politik auf jenen Plattformen präsent (Bruttel, 2012, S. 5). Die relevanten Anspruchsgruppen agieren somit vermehrt beruflich und privat im „vormedialen Raum" (Pleil, 2012, S. 20), mit dem Ziel der Information, Bewertung und des Meinungsaustauschs. Fachgespräche werden ebenso online geführt und anspruchsvolle Themen diskutiert wie Privates (ebd., S. 21). Außerdem twittern alle großen Forschungseinrichtungen (Leßmöllmann, 2012, S. 252). Mit diesem Rückhalt ist die Wahrscheinlichkeit, dass die einzelnen Institute ein eigenes Profil betreuen, hoch. Die qualitativen Ergebnisdaten der zurückhaltenden Integration sozialer Medien in den Kommunikationsmix der Public-Relations-Abteilungen sollen daher quantitativ und in der zeitlichen Perspektive überprüft werden. Desweiteren weisen Studien Facebook als Netzwerk mit den meisten Nutzerzahlen und Fanpages aus (vgl. statista, 2013b). Zudem benennen sie Twitter als den bekanntesten Mikrobloggingdienst mit steigenden Nutzerzahlen in Deutschland (vgl. van Eimeren & Frees, 2013). In Unternehmensbefragungen werden Facebook und Twitter als beliebteste Anwendungen benannt (Zerfaß & Fink, 2010, S. 6). Engagieren sich außeruniversitäre Forschungseinrichtungen in den sozialen Medien, so wahrscheinlich auf diesen Plattformen. Damit si-

[83] Davon auszugehen ist, dass aufgrund der Nutzerzahlen Twitter als Mikrobloggingdienst bedient wird. Jedoch wurde Twitter nur als Beispiel in der Befragung abgefragt, weshalb Mikroblog als begriffliche Zuordnung in der Hypothese verwendet werden muss.

chern sie sich eine gewisse Aufmerksamkeit und Effizienz in der Informationsdistribution. Internationalen Studien zufolge setzen Unternehmen und (Non-Profit-)Organisationen fünf bis sechs Social Media-Tools beziehungsweise Anwendungen ein (Eyrich et al., 2008, S. 413; Curtis et al., 2010, S. 91). Die Nutzung von Tools und Anwendungen in Forschungseinrichtungen wird auf vier geschätzt, da die finanziellen und personellen[84] Ressourcen für Kommunikation knapper bemessen sind als in Unternehmen, Social Media jedoch diese Ressourcen bindet. In welchem Umfang Social Media betrieben wird, kann daher gleichfalls mit den verfügbaren Ressourcen korrelieren.

Komplex *Strategie* (1), Unterkategorie *Governance, Guidelines, Monitoring* (1.2)

Die zweite Unterkategorie *Governance, Guidelines, Monitoring* frägt nach den Rahmenbedingungen, der Social Media-Governance und den Evaluierungsformen der Social Media-Kommunikation. Vermutet wird, dass die Anzahl der bespielten Social Media-Kanäle sowie darauf basierende Anwendungen mit den Governancestrukturen korrelieren [H1.2a] und die Mehrheit der Einrichtungen zur Sicherung des Kommunikationserfolgs auf Social Media Guidelines setzt [H1.2b]. Experten halten die Integration der Social Media-Aktivitäten in den übergeordneten Ordnungsrahmen der Organisationskommunikation bei einer effizienten, erfolgreichen PR für essentiell (Zerfaß et al., 2012, S. 16, 29). Ein Vorgehen nach definierten Rahmenbedingungen zeugt von Professionalität und schützt sowohl die Organisation als auch deren Mitarbeiter. Themen- und Image-Monitoring helfen präventiv sowie reaktiv Krisen und Trends zu erkennen, welches kontrollierteren Reaktionen dient (Schindler & Liller, 2012, S. 356f.; Fink et al., 2012, S. 104ff.; Zerfaß et al., 2007, S. 17ff.; Zerfaß et al., 2007, S. 71; Rümmele, 2012, S. 161f.).

Komplex *Strategie* (1), Unterkategorie *Kommunikationsmodell* (1.3)

In der dritten Unterkategorie *Kommunikationsmodell* des Strategiekomplexes muss gefragt werden, welcher Onlinekommunikationstyp am häufigsten verfolgt wird. Transferieren die Kommunikatoren die Strategien aus den Traditionsmedien in die Online-Welt oder bedienen sie sich deren Charakteristika? Vermutet wird, dass derzeit das Modell der digitalisierten PR (Modell 1 nach Pleil, 2007) der Online-Public-Relations in außeruniversitären Forschungseinrichtungen am nächsten kommt [H1.3]. Studien belegen die überwiegende Nutzung der Online-Kanäle als weitere Methode der Informationsverbreitung (vgl. u.a. Allgaier et al., 2012;

[84] Laut Höhn (2011, S. 221f.) beklagten 70 Prozent zu wenig Personal. Häufig bestand die PR-Abteilung aus einer Person (ebd., S. 229). Lederbogen (2004, S. 176) maß durchschnittlich 1,9 Stellen pro Abteilung.

Dernbach & Schreiber, 2012, S. 369ff.; Fischer, 2012, S. 259f.; Gerber, 2011; Gerber & Neuhaus, 2013; Gordon & Berhow, 2009, S. 151; Lederbogen & Trebbe, 2003, S. 350; Linvil et al., 2012, S. 637; Neuberger & Pleil, 2006, S. 10; Pleil & Zerfaß, 2007, S. 516f.; Stifterverband für die Deutsche Wissenschaft, 2012, S. 3f.; Trench, 2008, S. 191f.). Außerdem sprechen die verfügbaren Ressourcen für die Annahme, da die digitalisierte PR im Vergleich zu den anderen Kommunikationstypen am wenigsten Ressourcen bindet (Pleil, 2007, S. 16ff.). Die Modellwahl ist auch eine Frage der Organisationskultur, PR-Schemata und Aufgeschlossenheit des Managements, zudem der Aufgeschlossenheit der PR gegenüber den vorhandenen Möglichkeiten (Grunig & Grunig, 1992, S. 297ff.).

Komplex *Anspruchsgruppen* (2)

Der zweite Komplex schaut nach den *Anspruchsgruppen* der PR in außeruniversitären Forschungseinrichtungen. Neben der Medienöffentlichkeit entwickeln sich verschiedene „netzwerkartige Mikroöffentlichkeiten" (Pleil, 2012, S. 20). Neue Gatekeeper (ebd., S. 20f.), Veränderungen im Umgang mit den Anspruchsgruppen, eine einfachere, direktere Ansprache sowie das Erschließen neuer Bezugsgruppen resultieren daraus. Die Studie von Höhn (2011, S. 250f.) prognostizierte eine Verschiebung in der Relevanz der Anspruchsgruppen insofern, dass der traditionelle Wissenschaftsjournalismus seine Rolle als erster Ansprechpartner und Gatekeeper verliert. Auch die eigenen Erfahrungen von Drösser (2012) scheinen dieses zu bekräftigen. Davon abgeleitet wird angenommen, dass schwache Anzeichen für einen Verlust der journalistischen Gatekeeperfunktion existieren [H2a], diese Zielgruppe in naher Zukunft jedoch weiterhin eine der wichtigsten bleibt [H2b]. Gründe für diese Annahmen liegen in der Bedeutung der politischen und wirtschaftlichen Entscheider als Zielgruppen des Wissenschaftssystems, die sich in der Qualitätspresse informieren. Bekanntheit und Aufmerksamkeit wird somit über die Traditionsmedien gewährt, wenngleich diese Bezugsgruppen zunehmend an der Social Media-Kommunikation partizipieren (Bruttel, 2012, S. 5). Überdies entfalten auch die neuen Öffentlichkeiten im Netz enormes Potenzial, welches die öffentliche, politische und Medienagenda beeinflusst (Brossard & Scheufele, 2013, S. 41; Gerber & Neuhaus, 2013, S. 18).

Es wird zudem vermutet, dass eine Relevanzverschiebung zugunsten der Onlinekommunikationsinstrumente, hauptsächlich der Social Media-Plattformen, auf Kosten der traditionellen Kanäle begonnen hat [H2c]. Nach Expertenmeinungen wird sich Wissenschaftskommunikation zunehmend ins Internet verlagern (Gerber, 2011, S. 12f.). Indem der Lebensalltag der Menschen mediatisiert wird, sich mobile Kommunikation ausbreitet (vgl. Sombre de, 2013; Köcher, 2013) und von nur offline verfügbaren Informationen weniger Notiz genommen wird

(Leßmöllmann, 2012, S. 253), scheint die schleichende Fokussierung auf die Onlinekommunikation wahrscheinlich. Denn es bedeutet langfristig die Optimierung der Kommunikation und den nachhaltigen Umgang mit verfügbaren Ressourcen.

Komplex *Potenziale* (3)

Die dritte Kategorie *Potenziale* frägt nach den Stärken und Schwächen der sozialen Medien zum Erreichen der Kommunikationsziele. Wahrscheinlich ist, dass die Resonanz in den sozialen Medien im Bereich der Wissenschaftskommunikation noch überwiegend gering ist, daher noch weitgehend Unzufriedenheit mit den Interaktionen herrscht, den sozialen Medien perspektivisch jedoch Potenzial für die PR-Kommunikation eingeräumt wird [H3a]. Statements, Studien, Berichte zeigen beide Seiten auf. Einerseits stagnierende Nutzerzahlen und stockende Interaktion, andererseits erfolgreiche Blogs, hohe Nutzerzahlen und intensive Dialoge (vgl. u.a. Stifterverband für die Deutsche Wissenschaft, 2012; Gerber, 2011, S. 13; Brumfiel, 2009). Daher ist für die Bewertung von Social Media mit aktueller Ambivalenz und perspektivischer Zuversichtlichkeit zu rechnen.

Abschließend interessiert, wie die Kommunikatoren die (künftige) Bedeutung von Wissenschafts-PR, aber auch von Wissenschaftsmarketing und interner Kommunikation in ihrer Einrichtung einschätzen. Denn damit wird sowohl die fortschreitende Institutionalisierung, Zentralisierung und Professionalisierung der Kommunikation, als auch Marktoptionen tangiert. Höhn (2011, S. 267ff.) ermittelt in seiner qualitativen Delphi-Studie vor allem für das Wissenschaftsmarketing einen Bedeutungszuwachs[85], der aus dem Ungleichgewicht der Anzahl wissenschaftlicher Einrichtungen und verfügbarer Finanzmittel resultieren könnte. Künftig wird es verstärkt darum gehen, mittels PR und Marketing neue Finanzierungsquellen, Kunden, Partner, Sponsoren, zu erschließen. Es müssen Synergien und Unterschiede von PR und Marketing als gleichberechtigte Partner in einer Gesamtkommunikationsstrategie nach innen und außen definiert werden (vgl. Zerfaß, 2010), um so Verwirrung, auch beim Management was PR im Kern ist, zu beseitigen (Grunig & Grunig, 1992, S. 301; Kohring et al., 2013) und die einzelnen Bereiche in ihren Aufgaben sowie die Einrichtung insgesamt zu stärken. Gerade für den Erfolg im Social Web scheint dies bedeutend. Vermutet wird, dass aus den genannten Gründen die Mehrheit der Kommunikatoren sowohl der Wissenschafts-PR als auch dem Wissenschafts-Marketing und der internen Wissenschaftskommunikation künftig mehr Bedeutung zuspricht [H3b].

[85] Der qualitativ ermittelte Wert bedarf aufgrund geringer Fallzahlen der quantitativen Evaluation.

Zusammenfassend ist davon auszugehen, dass Kommunikation über die neueren Online-Kanäle zur Anpassung an die veränderten gesellschaftspolitischen, wirtschaftlichen und medialen Begebenheiten in der Wissenschafts-PR an Bedeutung gewinnen wird. Ob sodann die Realität dieser Hypothese folgt, muss die Datenanalyse zeigen.

6 Methodisches Design

Die vorliegende Studie befragte die leitenden PR-Verantwortlichen der Institute der vier großen außeruniversitären Forschungseinrichtungen in Deutschland zur Bedeutung von Social Media für die Public Relations ihrer Einrichtung. Die Befragung wurde, wie bereits diejenigen von Lederbogen (2004) und Höhn (2011)[86], als Vollerhebung auf Institutsebene konzipiert. Insgesamt umfasste die Grundgesamtheit 268 Einrichtungen[87]. Von diesen 268 zählten 85 zur Fraunhofer-Gesellschaft, 77 zur Max-Planck-Gesellschaft und 88 Institute zur Leibniz-Gemeinschaft. Die Helmholtz-Gemeinschaft war mit 18 Forschungszentren in der Grundgesamtheit vertreten.

In Anlehnung an Höhn (2011) wurde für die Befragung der Wissenschaftskommunikatoren die webbasierte Online-Befragung gewählt. „In den letzten Jahren hat sich (…) die Online-Befragung als Alternative zu den bisherigen Befragungs-Modi etabliert. Dies ist zum einen auf die gestiegene Zahl der Internetnutzer zurückzuführen“ (Brosius, Haas & Koschel, 2012, S. 106f.). Die Forschungseinrichtungen nutzen alle das Internet. Außerdem geht es in der Befragung um Onlinekommunikation, womit die Online-Befragung Methode erster Wahl war. Zum anderen aber bietet dieser Modus für abgrenzbare Grundgesamtheiten wie der vorliegenden merkliche Vorteile gegenüber anderen Verfahren. Zu diesen zählen beispielsweise die kostengünstige, schnelle Datenerhebung in großen Stückzahlen, sodass eben auch Vollerhebungen möglich sind (Traugott, 2008, S. 4909; Brosius et al., 2012, S. 112f.). Interviewfehler und Fehler bei der Dateneingabe bleiben aus. Daten von vorzeitig abgebrochenen Interviews gehen nicht verloren und können bei der Analyse berücksichtigt werden. Die automatische Itemrotation, die auch in der vorliegenden Studie für Itembatterien verwendet wurde, schließt Primacy-/Recency-Effekte aus. Filtermöglichkeiten bieten überdies eine Optimierung der

[86] Beide befragten neben den außeruniversitären auch die PR-Verantwortlichen universitärer Einrichtungen. Lederbogen (2004, S. 200) verzeichnete für die außeruniversitären Forschungseinrichtungen einen Rücklauf von 73 Prozent, Höhn (2011, S. 185) konnte 56 Prozent erzielen.

[87] Die abweichende Anzahl der befragten von den real existierenden Einrichtungen rührt von der Bereinigung dieser her. Einrichtungen mit Sitz außerhalb Deutschlands sowie verschiedene Institute mit gemeinsamer PR-Abteilung, wurden nicht beziehungsweise nur einmal berücksichtigt.

Befragungssituation. Der Befragte sieht nur die für ihn relevanten Fragen, womit Zeit eingespart und Filterführungsfehler ausgeschlossen werden (Brosius et al., 2012, S. 112f.). Charakteristisch für Online-Befragungen sind ebenso wie bei anderen schriftlichen die fehlende Reaktivität sowie die Minimierung sozialer Erwünschtheit (Schnell, Hill & Esser, 2005, S. 359; Brosius et al., 2012, S. 115). Die Methode eignet sich für schwer erreichbare, vielbeschäftigte Zielgruppen, die aufgrund der Zeit- und Ortsunabhängigkeit von Online-Erhebungen die Befragungsteilnahme freier wählen können (Brosius, Haas & Koschel, 2009, S. 136). Schließlich liefert die Online-Befragung bei räumlich verstreuten Grundgesamtheiten, beispielsweise solchen über das gesamte Bundesgebiet, forschungsökonomische Vorteile (Brosius et al., 2012, S. 115). Da die Grundgesamtheit bekannt und erfassbar war, konnten oft benannte Nachteile wie fehlende Güte und geringerer Rücklauf im Vergleich zu anderen Modi ausgeschlossen werden. Im Gegenteil, man kann eher mit einer höheren Ausschöpfung im Hinblick auf die Affinität der Zielgruppe zu Online-Medien und die Minimierung von Hürden wie das Zurücksenden des Fragebogens, Terminkoordination bei Telefonbefragungen etc. rechnen. Aufgrund der überwiegenden Vorteile fiel die Wahl auf die webbasierte Online-Befragung.

6.1 Fragebogenkonzeption

Abbildung 1 zeigt die Umsetzung des Forschungsziels im Fragebogen anhand der Komplexe *Strategie, Anspruchsgruppen* und *Potenziale* inklusive deren Unterkategorien. Sie wird nachfolgend expliziert. Vorab jedoch einige allgemeine Anmerkungen: Aussagen, Meinungen, „Fakten" wurden häufig in Itembatterien abgefragt. Die zuweilen aufkommende Monotonie wiegt die Effizienz von Multiitem-Fragen zur Generierung der Informationsmengen auf. Zur Beantwortung der Multiitem-Fragen stand überwiegend eine fünfstufige Skala mit der negativsten Ausprägung links und dem positivsten Pol rechts zur Verfügung. Die Skala wurde bewusst mit neutraler Mittelkategorie gewählt. Weiterhin rotierten die Items bei den meisten Fragen, ebenso wie bei Fragen mit Mehrfachauswahl, um Primacy- und Recency-Effekte auszuschließen. Von der Rotation ausgenommen waren die offenen Antwortkategorien, die immer am Ende angezeigt wurden. Die Fragen und Antworten werden nachfolgend verkürzt, inhaltlich fokussiert wiedergegeben. Den genauen Wortlaut, wie auch die Filterführung und Itemrotation, legt der Fragebogen im Anhang offen.

Komplex *Strategie* – Unterkategorie *Deskription*

Die Hypothese zur Nutzung von Social Media in der PR außeruniversitärer Forschungseinrichtungen kann mit der Antwortkategorie „wir nutzen keine sozialen Medien" (Frage (F) 5) gemessen werden. Diese Antwort dient zugleich der Filterung aller Fragen und Items, die sich auf die direkte, institutionelle Nutzung von Social Media beziehen. Die prozentualen Angaben der Anteile, die Online-PR an der täglichen Kommunikationsarbeit und Social Media-PR an der Onlinekommunikation einnehmen (F4 und F5), bestimmen die Intensität, mit der die PR-Abteilungen der Forschungseinrichtungen im Social Web agieren. Die durchschnittliche Anzahl der bespielten Kanäle sowie die Häufigkeit der verwendeten Instrumente können mit den Fragen acht und neun, welche die genutzten Plattformen und Social Media-Anwendungen im Einzelnen abfragen, erfasst werden.

Abbildung 1: Umsetzung des Forschungsinteresses im Fragebogen

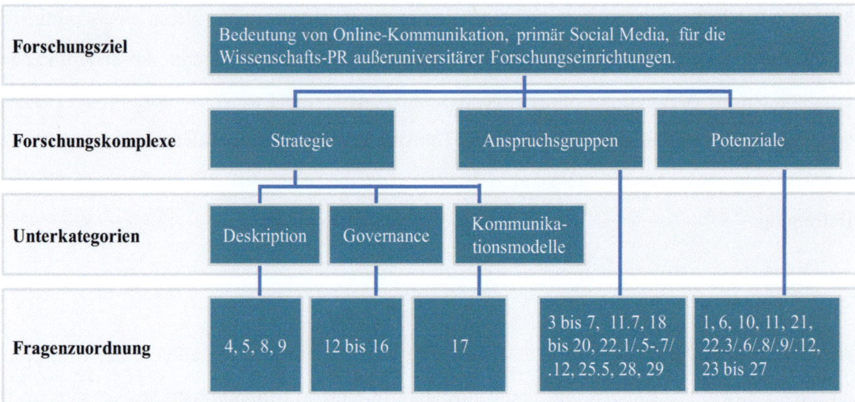

eigene Darstellung

Komplex *Strategie* – Unterkategorie *Governance, Guidelines, Monitoring*

Items der Frage zwölf, beispielsweise „wir haben eine ganzheitliche und langfristige Strategie für Onlinekommunikation", „Social Media und dialogorientierte Kommunikation sind integrale Bestandteile der Strategie", „unsere Mitarbeiter werden für das Social Web kommunikativ geschult und in die Social Media-Kommunikation integriert" oder „die Leitungsebene unserer Einrichtung befürwortet die Kommunikationsmaßnahmen im Social Web" ermitteln, inwieweit Governancestrukturen in der Einrichtung vorhanden sind. Die Ausrichtung der Kommunikation nach Guidelines wird zusätzlich mit dem Item „Social Media Guidelines sichern uns den Kommunikationserfolg im Web" (I12.5) erfasst. Diejenigen, die angaben, in ihrem Institut keine sozialen Medien einzusetzen, sahen nur jene Items, die nicht auf diese Kanäle rekurrierten (I12.1/.3/.4/.7), neben den bereits genannten zur Strategie für Onlinekommunikation, Items zur crossmedialen Vernetzung von Kommunikationsmaßnahmen oder zu Verweisen der Kommunikationsmaßnahmen auf weiterführende Informationen im Internet. Diese Multiitem-Frage wurde außer der Regel dreistufig in den Kategorien „trifft zu", „trifft in Ansätzen zu", „trifft nicht zu", abgefragt.

Inwieweit die PR-Abteilungen relevante Themen und das Instituts-Image im Web beobachten, auswerten und davon Maßnahmen für die Verbesserung ihrer Produkte, Dienstleistungen oder ihrer Kommunikation ableiten, geben die Fragen 13 bis 15 wider. Dabei sind 13 und 14 Filterfragen für die jeweils folgende, falls institutsrelevante Themen und das Image im Social Web nicht beobachtet respektive das Monitoring nicht ausgewertet werden.

Die einzelnen Maßnahmen zur Kontrolle von Onlinekommunikation, darunter Seitenaufrufe, Verlinkungen, Abonnentenzahlen für Newsletter, Fans, Likes, Follower, Retweets oder das Dialogengagement, wurden in einer Mehrfachauswahl erfasst (F16). Eine offene Kategorie ermöglichte die Eingabe von weiteren Kontrollmaßnahmen. Die vorgegebenen Items rotierten bis auf die freie Eingabe automatisch.

Komplex *Strategie* – Unterkategorie *Kommunikationsmodelle*

Zur Abfrage, welcher Online-PR-Kommunikationstyp – digitalisierte, Internet-, Cluetrain-PR – in den Forschungseinrichtungen vorherrscht, wurde für jeden Typ ein Modellszenario entworfen (F17). Die Teilnehmer sollten dasjenige, das ihrer Online-PR-Arbeit am nächsten kommt, markieren. Auf diese Weise konnte der in den Einrichtungen vorherrschende Modelltyp evaluiert werden.

Komplex *Anspruchsgruppen*

Die Bedeutung der unterschiedlichen Zielgruppen, darunter politische und wirtschaftliche Entscheider, interessierte Bürger, Medien, Online-Meinungsführer, Blogger, aber auch (potenzielle) Mitarbeiter und die wissenschaftliche Fachöffentlichkeit sollten die Teilnehmer auf einer fünfstufigen Skala von „überhaupt nicht wichtig" bis „sehr wichtig" bewerten (F18). Damit lassen sich die Zielgruppen in ihrer Relevanz für die Online-PR beurteilen. Weitere, nicht aufgeführte Zielgruppen, die für ihre Online-PR bedeutsam sind, konnten die Teilnehmer in einer offenen Abfrage nennen (F19). Über welche Kanäle nach den bisherigen Erfahrungen der Befragten die verschiedenen Zielgruppen am besten erreichbar sind, erfasste Frage 20. Zur Auswahl standen die sechs nominalen Kategorien „soziale Netzwerke", „Mikrobloggingdienste", „eigene oder Beteiligung an Blogs", „Einrichtungswebsite", „klassische Medien", „keiner dieser Kanäle".

Das Meinungsbild zur führenden Gatekeeperfunktion der traditionellen Medien, primär des Journalismus, konnte mit den Items „die klassischen Medien werden in den nächsten zwei Jahren für die PR weiterhin die wichtigste Bezugsgruppe bleiben, um wissenschaftliche

Themen in die Öffentlichkeit zu transportieren“ (I22.1), „die direkte Kommunikation mit der Öffentlichkeit, ohne Umwege über den Journalismus, wird zunehmen“ (I22.5), „soziale Medien sind wie geschaffen für die direkte Wissenschaftskommunikation“ (I22.6), „der Journalismus verliert im Social Web seine führende Funktion, wissenschaftliche Themen für die Öffentlichkeit zu selektieren“ (I22.7) und „ein Ziel der Social Media-Kommunikation ist mehr Unabhängigkeit von medialen Multiplikatoren“ (I25.5) analysiert werden.
Zur Beantwortung, inwieweit sich Wissenschaftskommunikation und Wissenschafts-PR aus den traditionellen in die Online-Medien verlagern, dienten die Angaben zu den Anteilen, die Online- und Social Media-PR an der Kommunikationsarbeit einnehmen (F4, F5); zudem die Einschätzungen, wie sich diese Anteile künftig entwickeln – werden sie steigen, gleich bleiben oder sinken (F6). Gleichfalls trägt neben eventuellen Veränderungen in den Kommunikationsgrundsätzen zwischen On- und Offline-PR (F3) die generelle Relevanzbewertung von Onlinekommunikation und Social Media (F7; I22.12) zur Beantwortung der kommunikativen Veränderungen bei. Die Erfahrungen zur Kanalwahl, um mit Zielgruppen effizient zu kommunizieren (F20), können ebenso auf medialen Wandel hindeuten wie die für Social Media-Kommunikation neu geschaffenen Personalstellen (F28, F29).

Komplex *Potenziale*

Die Potenziale, die Social Media-Kommunikation eröffnet, konnten zum einen über die Items zu deren Bedeutung für die Wissenschafts-PR der Einrichtungen gemessen werden (F11), zum anderen in der allgemeinen Zufriedenheit der Kommunikatoren mit den Interaktions- und Dialogaktivitäten zwischen ihnen und den Zielgruppen (F21). Die Einschätzungen zu Chancen und Hindernissen (F23, F24), welche die Kommunikation per Social Web birgt, geben Aufschluss über das Potenzial, das die PR-Praktiker in diesen neueren Kommunikationswegen sehen. Die Frage nach bereits per Social Web geworbenen Projekten oder Personal (F27) ist ebenfalls als Kriterium für Potenzial der Kommunikationsformen zu werten wie die Bewertung von Beziehungsaufbau, echtem Dialog, Kosten-Nutzen-Effizienz oder Zeitmanagement (I22.2/.3/.6/8./9.). Welche Ziele – Reputationsgewinn, mediale Unabhängigkeit, Dialog, kommunikative Transparenz etc. – die Befragten schließlich mit der PR im Social Web verfolgten, gaben sie in den Fragen 25 und 26 wieder; die Themen, welche sie bevorzugt offerieren in Frage 10. Daneben kennzeichnen Fragen zur personellen Ausstattung (F28, F29) den Stellenwert der sozialen Medien in den Einrichtungen.
Ihre Meinungen über die künftige Bedeutung von Public Relations, Marketing und interner Kommunikation konnten die Teilnehmer zu Beginn der Befragung äußern. Eine Frage, welche zugleich als Eisbrecherfrage konzipiert war. Desweitern ermittelte der Zustimmungsgrad

zu den Statements „soziale Medien sind wichtig für die zukünftige Gestaltung von PR/Kommunikationsmaßnahmen einer Einrichtung“ (I11.8) und „Wissenschaft und Wissenschaftskommunikation werden sich immer stärker online ausbreiten“ (I22.12) die künftige Relevanz von Wissenschafts-PR aus Sicht der Verantwortlichen. Auch die Bewertung, ob der Anteil an Online- und Social Media-PR steigen, gleich bleiben oder sinken werden (F6), gibt Aufschluss über das Potenzial, das Wissenschafts-PR zugesprochen wird.

Allgemeine Variablen

Als allgemeine Angaben wurden die Zugehörigkeit zur Organisation erhoben sowie die Größe der Einrichtung über die Anzahl der Mitarbeiter abgefragt, welches in den einzelnen Komplexen die Prüfung von Unterschieden zwischen den Einrichtungen der Forschungsorganisationen erlaubt. Denn die Vermutung, je angewandter die Forschung, desto wichtiger, aber auch thematisch einfacher der Dialog mit den Zielgruppen im Social Web, liegt nahe.

6.2 Durchführung der Befragung

Zur Durchführung der webbasierten Online-Befragung[88] bedurfte es einer Liste der Kontaktdaten der zu befragenden Grundgesamtheit, um die Zielgruppe per E-Mail zur Teilnahme aufzufordern. Eine solche Liste existierte bis dahin nicht. Per Web-Recherche wurden in einem ersten Schritt die einzelnen Institute und Zentren von Fraunhofer, Helmholtz, Max-Planck und Leibniz ermittelt, im zweiten Schritt die vollständigen Kontaktdaten der Kommunikatoren recherchiert. Auf dieser Adressatenliste fußt die Vollerhebung. Das Instrument selbst basiert zum einen auf Fragen der Studien von Lederbogen (2004) und Höhn (2011), die man dem Forschungsziel entsprechend modifizierte. Zum anderen wurden aufgrund der fehlenden Vorstudien zum Thema soziale Medien in außeruniversitären Forschungseinrichtungen Erhebungen aus der Social Media-Forschung von Unternehmen herangezogen, so die Governance-Studien von Zerfaß & Fink (2010), Zerfaß et al. (2011, 2012), die Experten-Befragungen von index (2009, 2011) oder der B2B Online-Monitor (vgl. Die Firma, 2010, 2011, 2012, 2013)[89]. All diese Studien dienten zwar als Grundlage für Fragen und Items, mussten aber meist deutlich auf das Forschungsinteresse angepasst werden. Dabei wurden auch neue Fragen entwickelt.

---

88 Der Fragebogen wurde auf SoSci Survey: ofb – der onlineFragebogen programmiert, einer stabilen Plattform zur professionellen Durchführung wissenschaftlicher Befragungen (vgl. www.soscisurvey.de/index.php?page =home).

89 Die Quellen, auf welche sich die Fragen und Items stützen, stehen jeweils hinter den Fragen im Fragebogen im Anhang. Neu entwickelte Fragen sind mit „eigene Überlegung“ gekennzeichnet.

Die Validität und Reliabilität des Instruments wurde in einem Pretest geprüft. Zwölf Personen aus den Bereichen Public Relations, Marketing, Wissenschaftskommunikation, Wissenschafts-PR kommentierten und kontrollierten den Fragebogen eingängig im Online-Pretest-Modus hinsichtlich dessen Länge, Verständlichkeit, Handhabbarkeit und Skalenplausibilität. Mehrere Funktionstests vorab schlossen außerdem Fehler in der Filterführung aus. Die Anmerkungen aus dem Pretest sahen nur kleine Veränderungen vor, sodass sich die Feldphase anschloss.

In der Zeit vom 16. September bis 16. Oktober 2013 konnten 226 Klicks auf den Online-Fragebogen generiert werden. Insgesamt nahmen 168 PR-Kommunikatoren der außeruniversitären Forschungseinrichtungen an der Befragung teil. 137 von ihnen füllten den Fragebogen vollständig aus. 31 brachen die Befragung an unterschiedlichen Stellen vorzeitig ab. Diese Daten werden jedoch, wo sinnvoll, in der Analyse mit berücksichtigt, sodass die Teilnehmerzahl in den Ergebnissen variieren kann – zusätzlich auch aufgrund der Filterführung. Die Ausschöpfung entspricht für alle Teilnehmenden einer Quote von 62,6 Prozent, der Rücklauf für die vollständig ausgefüllten Fragebögen beträgt 51,1 Prozent. Zur Erhöhung des Rücklaufs wurde den Kommunikatoren eine Ergebniszusammenfassung im Sinne eines Incentive angeboten, mit der sie ihre bisherigen Kommunikationsmaßnahmen vergleichen, prüfen und gegebenenfalls Veränderungen ableiten könnten. 102 Teilnehmer machten davon für ihre Einrichtung Gebrauch.

Die ersten E-Mails zur Befragung erhielten die Kommunikatoren am 16. September 2013. Zwei Erinnerungs-Mails erreichten diejenigen, die jeweils noch nicht teilgenommen hatten, am 25. September (1. Erinnerung) sowie am 7. Oktober 2013 (2. Erinnerung). Jeder der Kommunikatoren wurde persönlich namentlich angeschrieben. Jede E-Mail enthielt eine institutsbezogene Identifikationsnummer (ID), deren Eingabe zu Beginn der Befragung eine nochmalige Kontaktierung bei den Erinnerungsschreiben verhindern sollte. Die Eingabe der ID war fakultativ, nichtsdestotrotz wurde auf die Anonymität und Nicht-Zusammenführbarkeit von ID und Daten hingewiesen. In nahezu allen Fällen gaben die Teilnehmenden die ID ein.

Überraschend und aufschlussreich waren die persönlichen, wohlwollenden E-Mail-Rückmeldungen der Kommunikatoren zur Befragung. Sie signalisierten zusätzlich die Relevanz und das Interesse am Thema. Eines, mit dem sich die Wissenschafts-PR künftig noch intensiver auseinandersetzen muss. Den Status Quo sollen nun die Ergebnisse aufzeigen.

7 Empirische Ergebnisse

Die Datenanalyse erfolgte mit dem Statistikprogramm SPSS. Alle aufgeführten Teststatistiken basieren auf einem Signifikanzniveau von $\alpha \leq ,05$ (5 Prozent-Niveau). Die Auswertung verläuft entlang der drei Hauptkomplexe *Strategie, Anspruchsgruppen* und *Potenziale* inklusive der entsprechenden Unterkategorien. Aufgrund fehlender Vorstudien zu Social Media in der Wissenschafts-PR außeruniversitärer Forschungseinrichtungen werden vielmals die Daten den Hypothesen folgend deskriptiv, univariat analysiert. Auf multivariate Verfahren wird zurückgegriffen, sofern die Daten den Voraussetzungen genügen und der Beantwortung der Hypothesen dienen.

Von den 168 teilnehmenden Einrichtungen, auf die sich die Analyse bezieht, gehören 55 (32,7 Prozent) der Leibniz-Gemeinschaft (WGL), 51 (30,4 Prozent) der Fraunhofer-Gesellschaft (FhG), 47 (28 Prozent) der Max-Planck-Gesellschaft (MPG) und 10 (6 Prozent) der Helmholtz-Gemeinschaft (HGF) an. Fünf Teilnehmer (3 Prozent) gaben keine Identifikationsnummer ein. Gewichtet auf die Anzahl der Institute pro Organisation ergibt sich für die WGL eine Beteiligungsquote von 62,5, für die MPG eine von 61 und für die FhG eine von 60 Prozent. Die Helmholtz-Zentren beteiligten sich zu 55,6 Prozent an der Studie[90] (vgl. Tabelle 2).

Tabelle 2: Verteilung der teilnehmenden Einrichtungen auf Organisationsebene

Einrichtung	n	%-Häufigkeit	n_{Basis}
Fraunhofer-Gesellschaft	51	60,0	85
Helmholtz-Gemeinschaft Deutscher Forschungszentren	10	55,6	18
Max-Planck-Gesellschaft	47	61,0	77
Wissenschaftsgemeinschaft Gottfried Wilhelm Leibniz	55	62,5	88
Gesamt	*163		268

**Anmerkung*. Die genannte Zahl von 168 teilnehmenden Einrichtungen kommt durch zusätzlich 5 Einrichtungen ohne Zugehörigkeitsangaben zustande.

Somit liegt eine annähernde Gleichverteilung der teilnehmenden Einrichtungen auf Organisationseben mit leichter Unterrepräsentation der Helmholtz-Zentren vor. Dadurch besteht die Möglichkeit, Unterschiede zwischen den außeruniversitären Forschungseinrichtungen zu messen, welches jedoch nicht zum primären Ziel der Studie zählt. Vorrangig soll vielmehr die

[90] Basen der prozentualen Berechnung sind für die WGL 88, für die FhG 85 und für die MPG 77 Einrichtungen. Die HGF ist mit 18 Zentren in der Grundgesamtheit vertreten.

Bedeutung der neueren, partizipativen Medien für die PR außeruniversitärer Forschungseinrichtungen insgesamt betrachtet werden.

7.1 Komplex *Strategie*

Der Komplex *Strategie* unterteilt sich folgend in die Unterkategorien *Deskription, Governance, Guidelines, Monitoring* und *Kommunikationsmodelle.*

7.1.1 Deskription – Nutzung, Umfang und Tools

Die Mehrheit, 63,1 Prozent (106)[91], der teilnehmenden außeruniversitären Forschungseinrichtungen nutzt Social Media in ihrer Wissenschafts-PR, 28,6 Prozent (48 Einrichtungen) verzichten derzeit noch auf die Kommunikation per Social Web. 14 Teilnehmer (8,3 Prozent) gaben auf die Frage keine explizite Antwort (n_{ges} = 168). Hypothese H1.1a „*die Mehrheit der außeruniversitären Forschungseinrichtungen bezieht die sozialen Medien in die Organisationskommunikation ein*" gilt somit als bekräftigt. Wenn es sicherlich auch gute Gründe gibt, die gegen die Integration der sozialen Medien in den Kommunikationsmix sprechen – in E-Mail-Antworten nannten Teilnehmer beispielsweise den zeitlichen und personellen Aufwand – so reagieren doch viele auf die medial-gesellschaftlichen Veränderungen und folgen dem Wandel nach mehr Partizipationskultur. Die Beteiligung der Einrichtungen deutet insgesamt kaum auf eine zurückhaltende Integration der sozialen Medien (Höhn, 2011, S. 275) in ihren Kommunikationsalltag hin, gerade dann, wenn man, wie noch darzulegen sein wird, die Anzahl der bedienten Kanäle und Anwendungen berücksichtigt. Weiterhin zeugen auch die Verknüpfungen auf den Organisationswebseiten oder das Bekenntnis der Fraunhofer-Gesellschaft zu den sozialen Medien (Fraunhofer-Gesellschaft, o. A., Unterseite: Social Media – Warum wir Social Media nutzen) sowie der Social Media Newsroom der Helmholtz-Zentren (vgl. Helmholtz-Gemeinschaft, 2013b) von der Aufgeschlossenheit der außeruniversitären Forschungseinrichtungen gegenüber Social Media.

Auf organisationaler Ebene ergeben sich signifikante Unterschiede hinsichtlich der Partizipation in den sozialen Medien ($p = ,01$; $\chi^2 = 11,66$; Cramers-V = ,28; $n_{ges} = 151$)[92]. Fraunhofer und Helmholtz beteiligen sich zu 84 respektive 90 Prozent (42 beziehungsweise 9 Einrich-

[91] Die Angaben in den Klammern weisen, sofern nicht anders angegeben, die absolute Häufigkeit der Kategorie aus.

[92] Die Signifikanz wurde mit dem nichtparametrischen χ^2-Unterschiedstest sowie mit Cramers-V für bivariate, kategoriale Daten geprüft, die den Zusammenhang zwischen zwei Variablen respektive den Unterschied zwischen den Kategorien ermitteln (Brosius, 2011, S. 432ff.).

tungen) im Social Web, Max-Planck zu 56,4 Prozent (22) und Leibniz zu 61,5 Prozent (32 Institute). Die grundlagenforschungsorientierten Einrichtungen und solche mit diversifizierter Organisationsstruktur resultierend aus ihrer Geschichte, sind etwas weniger, aber mehrheitlich, im Social Web vertreten.

Die Analyse zu den verwendeten Social Media-Instrumenten und den darauf basierenden Anwendungen ergab: Die Mehrheit (64,8 Prozent (68), n = 105) der Institute verwaltet eine Facebook-Seite. Über Mikroblogs[93] kommunizieren die Hälfte der teilnehmenden und in Social Media aktiven Einrichtungen (50,5 Prozent (53), n = 105). Aber auch Video Sharing (53,3 Prozent (56); n = 105), beispielsweise YouTube, und QR-Codes (Quick Response Codes) (56,2 Prozent (59); n = 105) werden von mehr denn weniger in der Kommunikation mit den verschiedenen Zielgruppen verwendet. Hypothese H1.1b „*die Mehrheit der PR-Abteilungen der außeruniversitären Einrichtungen unterhält ein Facebook- sowie ein Mikrobloggingprofil*“ kann nur als bedingt bekräftigt gelten, da sich Nutzung und Nichtnutzung von Mikroblogs ungefähr die Waage halten. In gleicher Weise gilt H1.1c „*Google+, Blogs, Xing, LinkedIn und andere Kanäle sowie auf Social Media basierende Anwendungen werden nur von einer Minderheit bedient*“ nur als bedingt bekräftigt. Bis auf Video Sharing und QR-Codes liegen die abgefragten Instrumente und Anwendungen unter 50 Prozent. Auf Google+ beispielsweise sind 16,2 Prozent (17) der Einrichtungen aktiv, Corporate Blogs bedienen 12,4 Prozent (13). LinkedIn verwenden 19,0 (20) und Xing 33,3 Prozent (35). 37,1 Prozent (39) haben zudem Social Media-Elemente, wie den Twitternachrichtenstrom, auf ihren Institutswebseiten integriert (n = 105 bei allen der aufgeführten Werte; vgl. Abbildung 2)[94]. Unter den abgefragten sozialen Netzwerken Facebook, Google+, Xing, LinkedIn, eigene Community im Intra- oder Extranet wird Facebook als einziges mehrheitlich in die PR-Kommunikation einbezogen. Zudem ist Facebook unter den Einrichtungen das präferierte soziale Netzwerk. Darin unterschieden sich die außeruniversitären Forschungseinrichtungen nicht.

Organisationsunterschiede ergeben sich jedoch in der Betreuung von Xing- sowie LinkedIn-Profilen. Ersteres wird von etwas mehr als der Hälfte der Fraunhofer-Institute und in zwei Drittel der Fälle von Helmholtz-Zentren unterhalten. Die Max-Planck- und Leibniz-Einrichtungen, die sich in den sozialen Medien und an der Befragung beteiligten, wählten

[93] Davon auszugehen ist, dass Twitter als Mikroblog, aufgrund seiner Reichweite unter diesen Angeboten, genutzt wird.

[94] Die Ergebnisse für die weiteren abgefragten Anwendungen und Instrumente ergeben bei gültigen Fällen von n = 105 pro Itemvariable für Wikis 39 Prozent (41), eigene Community im Intranet 28,6 Prozent (30), Community im Extranet 10,5 Prozent (11), Apps 19 Prozent (20), Photo Sharing 5,7 Prozent (6), Podcast/Videocast 29,5 Prozent (31), Präsentationen 17,1 Prozent (18), Social Bookmarks 4,8 Prozent (5) und Social Media Newsroom 4,8 Prozent (5).

Xing zu weniger als 16 Prozent aus ($n_{ges.}$ = 105; p < ,00; χ^2 = 21,69; Cramers-V = ,46). LinkedIn verwenden 42,9 Prozent (18) der partizipierenden Fraunhofer-Einrichtungen mit Social Media-Aktivitäten. Profile in diesem Netzwerk pflegen die anderen Organisationen zu unter 5 Prozent ($n_{ges.}$ = 105; p < ,00; χ^2 = 25,82; Cramers-V = ,50). Bei den eigenen Communities im Intranet sind hingegen die Institute der Max-Planck-Gesellschaft am stärksten vertreten. Etwas mehr als die Hälfte (54,5 Prozent, 12 Einrichtungen) der Institute mit sozialer Medienanbindung nutzt diese Form des internen Kommunikationsaustauschs. Auch vier von neun Zentren der Helmholtz-Gemeinschaft bedienen sich dieses Weges, interne Informationen zu teilen. Fraunhofer und Leibniz setzen derzeit dagegen noch in geringerem Umfang auf soziale Netzwerke in der internen Organisationskommunikation ($n_{ges.}$ = 105; p = ,01; χ^2 = 12,00; Cramers-V = ,34). Pod- und Videocast werden ausschließlich mehrheitlich (5) von den Helmholtz-Zentren genutzt ($n_{ges.}$ = 105; p = ,03; χ^2 = 8,98; Cramers-V = ,29). Die Korrelation zwischen Medium und Einrichtungen ist aber nur schwach ausgeprägt, ebenso wie zwischen Mikrobloggingdiensten und den Einrichtungen. Diese Kategorie wurde nur von sieben Max-Planck-Einrichtungen ausgewählt. Bei den anderen Organisationen lag der Anteil, bezogen auf ihre jeweils in Social Media aktiven und partizipierenden Einrichtungen, über 50 Prozent ($n_{ges.}$ = 105; p = ,04; χ^2 = 8,47; Cramers-V = ,28).

Abbildung 2: Nutzung sozialer Medien und darauf basierende Anwendungen

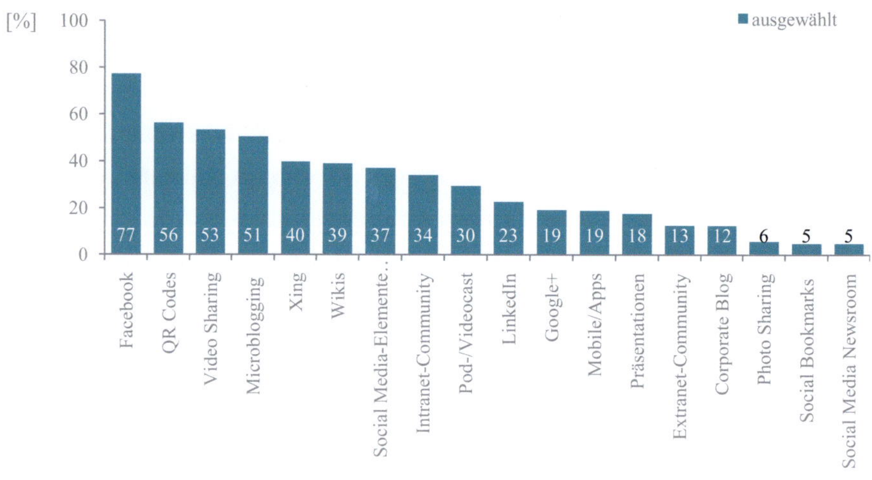

Anmerkung: Frage (8): Wenn Sie jetzt bitte an die von Ihnen eingesetzten sozialen Medien denken: Welche der folgenden Medien und darauf basierende Anwendungen nutzt Ihre Einrichtung aktuell? (Mehrfachnennungen möglich); Frage (9): In welchen sozialen Netzwerken ist Ihre Einrichtung mit einer eigenen Präsenz oder gezielten Maßnahmen aktiv? (Mehrfachnennungen möglich).

Der Anteil an Online-PR an der täglichen Kommunikationsarbeit beträgt durchschnittlich 46,5 Prozent (SD = 23,66; n = 141). Die einfaktorielle Varianzanalyse[95] zur Prüfung etwaiger Unterschiede zwischen den Organisationen deutete einen geringen Effekt an (F = 2,83; p = ,04; n = 139; MW_{MPG} = 55,18 (SD = 23,23); MW_{HGF} = 48,89 (SD = 18,33); MW_{FhG} = 43,72 (SD = 23,88); MW_{WGL} = 41,96 (SD = 23,54)). Der daraufhin durchgeführte Post Hoc-Test nach Scheffé, eine konservative Schätzung, wies jedoch keine eindeutig signifikanten Gruppenunterschiede aus[96].

Der Anteil an Social Media-PR an der Online-Public-Relations wird mit durchschnittlich 14,6 Prozent angegeben (SD = 16,67; n = 98). Damit kann die Hypothese *„der Umfang der Social Media-Aufwendung einer Einrichtung an der gesamten Onlinekommunikation beträgt im Durchschnitt weniger als 50 Prozent"* (H1.1d) als bekräftigt gelten. Auch weisen die Organisationen in diesem Bereich keine signifikanten Unterschiede auf.

Durchschnittlich nutzen die Einrichtungen 1,7 verschiedene soziale Netzwerke (SD = 1,26; n = 105), inklusive Mikroblogging-Dienste sind es 2,2 (SD = 1,49; n = 105). Bezogen auf alle abgefragten Social Media-Kanäle (inklusive soziale Netzwerke) und den darauf basierenden Anwendungen arbeiten die Institute durchschnittlich mit fünf Tools (SD = 3,12; n = 105)[97]. Die Hypothese, nach der *„die durchschnittliche Anzahl der bespielten Kanäle und genutzten Anwendungen auf vier geschätzt wird"* (H1.1e), muss abgelehnt werden. Trotz personell und finanziell knapper Ressourcen (Höhn, 2011, S. 221f., 229; Lederbogen, 2004, S. 176) stehen, entgegen der Vermutung, die außeruniversitären Forschungseinrichtungen mengenmäßig in den verwendeten Social Media-Tools den Unternehmen und Non-Profit-Organisationen in nichts nach. Die Studien von Curtis et al. (2010, S. 91) und Eyrich et al. (2008, S. 413) wiesen für diese verschiedenen Organisationsfelder ebenso durchschnittlich fünf beziehungsweise sechs Instrumente und Anwendungen aus. Inwieweit diese Zahlen für Unternehmen und Non-

[95] Der Kolmogorov-Smirnov-Test auf Normalverteilung war für die Anteils-Variable zwar signifikant, welches auf keine Normalverteilung der Variablen hinweist. Die Varianzanalyse ist jedoch bei ausreichend großer Fallzahl (n > 30) relativ robust gegenüber dieser Voraussetzungsverletzung. Der Levene-Test auf Homogenität der Varianzen, als weitere Voraussetzung der Varianzanalyse, wies keine Signifikanz auf, welches die Gleichheit der Varianzen bekräftigt. Somit wurde die Varianzanalyse zur Prüfung der Unterschiede zwischen den Organisationen (kategoriale unabhängige Variable) hinsichtlich des Anteils an Online-PR an der täglichen Kommunikationsarbeit (metrische abhängige Variable) mit dem Post Hoc-Test nach Scheffé gewählt.

[96] Der zusätzlich durchgeführte, weniger konservative Post Hoc-Test LSD nach Fisher zeigte signifikante Gruppenunterschiede zwischen der MPG und der WGL sowie zwischen der MPG und der FhG. Alles in allem kann hier jedoch nicht von wesentlichen Unterschieden hinsichtlich des Anteils an Online-PR im Kommunikationsalltag zwischen den Einrichtungen ausgegangen werden.

[97] Die Analyse erfolgte anhand berechneter Summenindizes basierend auf den Angaben zu den genutzten Social Media-Instrumenten (Fragen 8 und 9 im Fragebogen).

Profit-Organisationen noch Gültigkeit besitzen oder ob die Einrichtungen ihre Social Media-Kompetenzen erweiterten, lässt sich an dieser Stelle nicht konkret bemessen.

7.1.2 Governance, Guidelines, Monitoring

Die Ausrichtung der Online- und Social Media-Kommunikation an den allgemeinen kommunikativen Rahmenstrukturen einer Organisation sowie das Beobachten, Evaluieren und Kontrollieren der Kommunikationsmaßnahmen gelten in der Unternehmenskommunikation als zentrale Größen für Kommunikationserfolg (vgl. Zerfaß et al., 2012; Schindler & Liller, 2012; Fink et al., 2012). Die Analyse zu vorhandenen Rahmenbedingungen in außeruniversitären Forschungseinrichtungen zeigt, dass solche Strukturen, die den Onlinekommunikationsraum abstecken und dadurch strukturiertes, kommunikatives Handeln ermöglichen, überwiegend in Ansätzen vorhanden sind (Modus der Governance-Variablen: „trifft in Ansätzen zu")[98]. Über eine ganzheitliche und langfristige Strategie für Onlinekommunikation verfügen 22 der teilnehmenden Einrichtungen (15,9 Prozent). Bei 85 (61,6 Prozent) ist eine Onlinekommunikationsstrategie in Ansätzen vorhanden ($n_{ges.}$ = 138). 21 Institute (21,4 Prozent) haben ihre Social Media-Kommunikation in diese Strategie integriert, weitere 50 (51 Prozent) in Ansätzen ($n_{ges.}$ = 98). Bei 54 Einrichtungen (38,8 Prozent) ist die Onlinekommunikation in die Gesamtkommunikationsstrategie eingebettet, 62 weitere (44,6 Prozent) bejahen dieses teilweise ($n_{ges.}$ = 139). Unternehmen verfügen in 55,5 Prozent mindestens über mittlere Social Media-Governancestrukturen (Fink & Fuchs 2012, S. 2; Zerfaß et al., 2012, S. 14f.). Somit sind die Ergebnisse durchaus mit jenen von Unternehmen vergleichbar. Strategische Kommunikation, der sprichwörtliche rote Faden, scheint nicht nur für die Privatwirtschaft bedeutsam.

Die Leitungsebene steht in 41,7 Prozent (40) der Fälle voll, in weiteren 42,7 Prozent (41) zumindest anteilig hinter den Kommunikationsmaßnahmen der Public Relations im Social Web ($n_{ges.}$ = 96). Werte, die in ihrer vollen Zustimmung noch nicht an jene der Unternehmen heranreichen, in ihren Ansätzen diese jedoch übertreffen. Denn laut der Social Media Governance-Studie 2012 stimmen 69 Prozent der Unternehmen der Unterstützung durch das Topmanagement zu – ein Zuwachs um 21 Prozentpunkte im Vergleich zum Vorjahr (Zerfaß et al., 2012, S. 14f.). So kann vermutet werden, dass bei einem anhaltenden Wandel der Kommu-

[98] Ausgenommen dem Statement zur kommunikativen Schulung der Mitarbeiter im Social Web. Dieses wies den Modalwert „trifft nicht zu" auf. Der Median lag bei 2,5, für die anderen Statements bei zwei, der medialen Kategorie (entspricht dem Modalwert „trifft in Ansätzen zu").

Die Variablen zur Governance wurden ordinal, dreistufig mit „trifft zu", „trifft in Ansätzen zu", „trifft nicht zu" erfasst. Auf einer kleinteiligeren Skalierung auf quasi metrischem Datenniveau wären die Aussagen nicht sinnhaft zu beantworten gewesen, welches der Pretest bekräftigte.

nikationskultur in der Gesellschaft, aber auch in den Forschungseinrichtungen selbst sowie der weiteren Etablierung der Social Media-Kommunikation in diesen, das Commitment der Leitung zu dieser Kommunikationsform weiter steigt, sofern sich ihr Erfolg belegen lässt.
Crossmedial vernetzen ihre Kommunikationsmaßnahmen 104 Institute (75,9 Prozent) mindestens ansatzweise, für 40 (29,2 Prozent) davon trifft dieses voll zu ($n_{ges.} = 137$). Auch geben 56 (40,3 Prozent) an, in ihrer Kommunikation auf weiterführende Informationen im Internet zu verweisen, 64 (46 Prozent) weitere in Ansätzen ($n_{ges.} = 135$). Dazu eigenen sich beispielsweise QR-Codes auf gedrucktem Material, Social Media-Icons in der E-Mail-Signatur oder in Pressemitteilungen. Einzig die Aussage zur Schulung und Integration der Wissenschaftler in den/die Kommunikationsmaßnahmen im Social Web und damit ihre Gewinnung als potenzielle Multiplikatoren erhält derzeit mehrheitlich keine Zustimmung (49 (50 Prozent); $n_{ges.} = 98$)[99]. Im Vergleich zu früheren Studien zur strategischen PR-Kommunikation (Lederbogen, 2004, S. 164f.; Höhn, 2011, S. 208f.) zeigen sich insgesamt, wie bei den unternehmensbezogenen Governance-Studien (vgl. Zerfaß et al., 2011; Zerfaß et al., 2012), Entwicklungstendenzen zum kommunikativen Handeln nach festgelegten Strukturen und der Integration dieser Strukturen in den übergeordneten Kommunikationsrahmen der Einrichtungen. Dieses lässt die Annahme zu, dass konzeptuelle, strategische Kommunikation auch in außeruniversitären Forschungseinrichtungen zum Zweck der Kommunikationsziele sowie zum Schutz der Organisation und ihrer Mitarbeiter als relevant erachtet wird. In dieser Einschätzung scheinen sich Forschungseinrichtungen und Unternehmen anzunähern. Möglicherweise ein weiteres Signal dafür, dass sich Kommunikationsmaßnahmen zunehmend mehr aufgrund gesellschaftspolitischer Veränderungen an denjenigen der Unternehmens-PR orientieren.
Um die Interdependenz zwischen dem Grad vorhandener Governancestrukturen und der Social Media-Aktivität der Einrichtungen zu messen, wurden nicht-parametrische Korrelationen nach Spearman gerechnet[100]. Im Ergebnis zeigten sich signifikante, moderat-positive Zusammenhänge zwischen der Anzahl verwendeter Social Media-Instrumente und der strategischen Onlinekommunikation, der strategischen Social Media-Kommunikation, der Befürwortung

[99] Bei 13 trifft die Aussage „unsere Mitarbeiter werden für das Social Web kommunikativ geschult und in die Social Media-Kommunikation integriert“ zu, bei 36 zumindest in Ansätzen.

[100] Auf eine Regression als dependentes Verfahren zur Bestimmung der Variablenzusammenhänge wurde aufgrund der Annahme einer wechselseitigen Beeinflussung verzichtet. Anzunehmen ist, dass sowohl vorhandene respektive nicht vorhandene Kommunikationsstrategien die Anzahl der verwendeten Instrumente beeinflussen als auch die Anzahl der Kanäle auf das Dafürhalten von Governancestrukturen wirken. Ferner waren die Voraussetzungen zur Regressionsanalyse nicht gegeben. Auch die mindestens fünfstufige Abfrage der Governance-Statements wurde aufgrund der Bewertungslogik und nur unter dem Aspekt einer Regression nicht als sinnvoll erachtet.

der Kommunikation durch die Leitungsebene sowie der Mitarbeiterintegration in Social Media-Aktivitäten (vgl. Tabelle 3).

Tabelle 3: Korrelation nach Spearman zwischen der Anzahl bedienter Social Media-Kanäle und den vorhandenen kommunikativen Rahmenstrukturen

Korrelation zwischen Anzahl an Social Media-Instrumenten und:	R	p-Wert
Wir haben eine ganzheitliche und langfristige Strategie für Onlinekommunikation.	,282	,005
Social Media und dialogorientierte Kommunikation sind integrale Bestandteile der Strategie.	,441	≤ ,000
Die Strategie zur Onlinekommunikation ist eingebettet in die Gesamtkommunikationsstrategie unserer Einrichtung.	,324	,001
Die Leitungsebene unserer Einrichtung befürwortet die Kommunikationsmaßnahmen im Social Web.[1]	,528	≤ ,000
Unsere Mitarbeiter werden für das Social Web kommunikativ geschult und in die Social Media-Kommunikation integriert.	,246	,014

Anmerkung. [1]n = 96; für alle weiteren Aussagen n = 98.

Diese Ergebnisse stützen die Annahme, dass „*die Anzahl der bespielten Social Media-Kanäle und auf Social Media basierenden Anwendungen mit den Governancestrukturen korrelieren*" (H1.2a). Je ausgedehnter die Social Media-Aktivitäten einer Einrichtung ausfallen, desto wichtiger deren Verankerung in den Kriterien eines Ordnungsrahmens, um zielgruppengerecht, widerspruchsfrei, trotz mehrerer Stimmen, die es zum Bedienen der Kanäle braucht, die Organisation zu repräsentieren und ihre Ziele zu vertreten. In gleicher Weise zeigen die moderaten Korrelationskoeffizienten, dass die Ausrichtung der Kommunikation an Rahmenstrukturen den Freiraum und die Sicherheit bietet, sich auf verschiedenen Kanälen zu bewegen.

Guidelines werden in der Unternehmenskommunikation zur Sicherung des Kommunikationserfolgs respektive zum Schutz von Unternehmen und deren Mitarbeiter als wichtig erachtet (Schindler & Liller, 2012, S. 356f.; Fink et al., 2012, S. 104ff.; Zerfaß & Pleil, 2012, S. 71). Auch Fraunhofer und Helmholtz setzen auf Guidelines (Fraunhofer-Gesellschaft, o. A., Unterseite: Social Media – Warum wir Social Media nutzen[101]; Rümmele, 2012, S. 161f.). Sie ebnen neben anderen Maßnahmen die Pfade für den Dialog im Social Web. Die befragten Forschungseinrichtungen halten die Aussage „Social Media Guidelines sichern uns den Kommunikationserfolg im Web" in 60,8 Prozent (59) der Fälle für mindestens in Ansätzen

[101] Social Media – Warum wir Social Media nutzen: www.fraunhofer.de/de/ueber-fraunhofer/mission-leitbild/social-media.html

zutreffend. Auf 27 (27,8 Prozent) von ihnen trifft die Aussage voll zu. Allerdings verneinen auch 38 Teilnehmende (39,2 Prozent) dieses Statement (n = 97), sodass die Hypothese „*die Mehrheit der Einrichtungen setzt zur Sicherung des Kommunikationserfolgs auf Social Media Guidelines*" (H1.2b) nur bedingt bekräftigt werden kann. Unternehmen haben zu 39 Prozent Social Media-Guidelines integriert. Kommunikationsexperten gehen von einer weiteren Zunahme aus. Zeitreihenvergleiche unterstützen plausibel diese Annahmen. Von 2011 zu 2012 zeigte sich ein Anstieg um acht Prozentpunkte (Zerfaß et al., 2012, S. 28ff.). Plausibel ist die weitere Etablierung von Guidelines auch in Forschungseinrichtungen. Ferner korreliert die Aussage moderat mit der Anzahl verwendeter Social Media-Tools ($R = ,342$; $p = ,001$; $n = 97$), welches wiederum belegt, dass die Intensität der Social Media-Interaktion und die kommunikativen Rahmenbedingungen sich interdependent beeinflussen.

Die Analyse auf Organisationsebene[102] wies nur grenzwertig signifikante Unterschiede aus ($p = ,049$; Mittlere Ränge (MR): $MR_{FhG} = 52,71$; $MR_{HGF} = 67,00$; $MR_{MPG} = 42,93$; $MR_{WGL} = 42,22$)[103]. Dieses Ergebnis ist keineswegs statistisch sicher und kann nur als Tendenz in der Gesamtheit der Ergebnisse sinnhaft interpretiert werden. Signifikante Unterschiede in der Bewertung von Social Media Guidelines wiesen die Mann-Whitney-U-Tests[104] zwischen Helmholtz und Max-Planck (Mann-Whitney-U = 52,5; $p = ,041$; $MR_{HGF} = 20,17$; $MR_{MPG} = 13,50$) sowie zwischen Helmholtz und Leibniz (Mann-Whitney-U = 55,5; $p = ,010$; $MR_{HGF} = 25,83$; $MR_{WGL} = 16,06$) aus. Die anderen Gruppenvergleiche ergaben keine nennenswerten Unterschiede. Aus den zuvor zitierten Ergebnissen ging hervor, dass die Helmholtz-Zentren umfänglich Social Media in ihren Kommunikationsalltag integrieren, während soziale Medien in Max-Planck- und Leibniz-Einrichtungen in geringerem Maße eingesetzt werden – möglicherweise durch die stärkere Orientierung an Grundlagenforschung oder die diversifiziertere Organisationsstruktur, wie sie bei der WGL vorkommt. So folgen die Einschätzungen zur Sicherung des Kommunikationserfolgs durch Guidelines diesem Bild.

In der Beobachtung und Auswertung von Statements zu ihren Produkten, Dienstleistungen sowie der Einrichtung selbst unterscheiden sich die Organisationen nicht wesentlich. 42,3 Prozent (41) der teilnehmenden Institute beobachten die Äußerungen in den sozialen Medien regelmäßig. Weitere 32 Prozent (31) bei Bedarf, ein Viertel (25,8 Prozent (25)) verzichtet

---

[102] Auf Gruppenunterschiede geprüft wurde mittels nichtparametrischem Kruskal-Wallis-H-Test, der Unterschiede ab zwei Gruppen für ordinal abhängige Variablen ermittelt (Brosius, 2011, S.880ff.).

[103] Die Variable wurde recodiert. Höhere Ränge signalisieren mehr Zustimmung zur Aussage.

[104] Zur Analyse, welche Forschungsorganisationen sich im Detail unterscheiden, wurde der ebenfalls auf Rangvergleich basierende Mann-Whitney-U-Test für zwei unabhängige Gruppen verwendet (Brosius, 2011, S. 875f.).

darauf ($n_{ges.}$ = 97). Für die Auswertung von Statements zeigte sich: Die Mehrheit (68,6 Prozent (48)) unter denen, die das Social Web zumindest gelegentlich beobachten, wertet die gesammelten Aussagen bei Bedarf aus. Ein Fünftel der Einrichtungen verzichtet auf die Analyse, ungefähr jede zehnte evaluiert regelmäßig ($n_{ges.}$ = 70)[105]. Laut Governance-Studie evaluieren Unternehmen nur zu 20 Prozent, davon viele unregelmäßig (40 Prozent) oder nach subjektiven Eindrücken (29 Prozent) (Zerfaß et al., 2012, S. 34f.). Forschungseinrichtungen beobachten vergleichsweise häufiger die Aussagen zu ihrer Einrichtung. In der Auswertung sind die Ergebnisse mit denen von Unternehmen vergleichbar. Bei den meisten Forschungsinstituten, die die Statements im Social Web auswerten, fließen die Ergebnisse in die Verbesserung ihrer Kommunikationsmaßnahmen mit ein (37 Nennungen, 59,7 Prozent; n = 62 (Mehrfachantworten)). 21 Instituten dienen die Ergebnisse zur Optimierung ihrer Kundenbeziehungen. Dass die Auswertung der Social Web-Inhalte zu Weiterentwicklungen im Produkt- und Dienstleistungsbereich verwendet wird, bejahen hingegen nur sechs der teilnehmenden Einrichtungen.

Mit welchen Methoden evaluieren die Institute ihre Onlinekommunikation? 51,9 Prozent (55) derer, die soziale Medien nutzen, messen die Popularität und Reichweite in Form von Fans, Likes, Followern, Retweets etc. (n = 106). Dies ist durchaus mit den Ergebnissen von Unternehmensbefragungen vergleichbar (Governance-Studie: 53 Prozent, Zerfaß et al., 2012, S. 42) beziehungsweise liegt deutlich höher (B2B-Monitor: 24 Prozent, Die Firma, 2011, S. 40). Das Engagement – Dialoge, Kommentare – der Nutzer des eigenen Online-Angebots allgemein erheben 36,6 Prozent (52 Einrichtungen, n = 142). Etwas höher liegt der Wert in Unternehmen (41 Prozent, Zerfaß et al., 2012, S. 42). Am häufigsten wird der Traffic wie Seitenaufrufe, Besucherzahlen, Verweildauer des eigenen Web-Angebots analysiert (75,4 Prozent (107), n = 142). Unternehmensbefragungen erzielen hierin eine große Spannweite, die von 57 (Zerfaß et al., 2012, S. 42) bis 85 Prozent (Die Firma, 2011, S. 40) reicht, sodass Forschungseinrichtungen in dieser Kategorie gut aufgestellt sind. Elektronisches Presseclipping und Berichterstattungsanteile im Social Web (43 Prozent (61), n = 142) oder die Abonnentenzahlen von Newslettern etc. (37,3 Prozent (53), n = 142) spielen in der Evaluation ebenso, wenngleich nicht mehrheitlich, eine Rolle (vgl. Abbildung 3). Lederbogen (2004, S. 176) maß für das Sammeln von Presseclippings eine Häufigkeit von 39 Prozent, sodass sich in dieser Kategorie eine Entwicklung abzeichnet. Im Vergleich zur Wirtschaft liegen die Werte zu Presseclipping und Berichterstattung höher (35 Prozent). Das Erheben der Abonnentenzahlen entspricht ungefähr jenem in der Unternehmens-PR (36 Prozent, (Die Firma, 2011, S. 40)).

[105] Die reduzierten Teilnehmerzahlen kommen durch mehrmaliges filtern zustande.

Abbildung 3: Evaluationsarten normiert nach ausgewählten Antworten

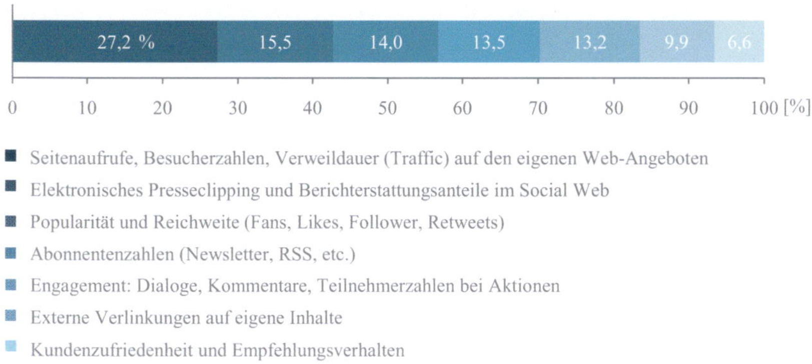

Anmerkung. Anzahl gegebener Antworten für alle Kategorien: $n_A = 393$; Frage (16): Mit welchen Maßnahmen kontrollieren Sie Ihre Onlinekommunikation? (Mehrfachnennungen möglich)

Derzeit noch eher gering beachtet werden Kundenzufriedenheit und Empfehlungsverhalten (18,3 Prozent (26), n = 142). Hierin liegen die Forschungseinrichtungen nahezu auf dem Niveau der Privatwirtschaft (22 Prozent, (Zerfaß et al., 2012, S. 42) respektive 21 und 19 Prozent, (Die Firma, 2011, S. 40)). Diese Ergebnisse scheinen durchaus mit den Expertenmeinungen, dass Dialog, Engagement, Empfehlungen und Vernetzung in der Onlinekommunikation, besonders im Social Web, momentan noch schwer zu evaluieren sind (Zerfaß et al., 2012, S 35ff.; Fink & Fuchs, 2012, S. 3f.), zu korrelieren. Zusammenfassend deuten die Ergebnisse darauf hin, dass Forschungseinrichtungen die Möglichkeiten zur Evaluation und Kontrolle der Kommunikation in ähnlicher Weise wie Unternehmen nutzen, welches den eingeschlagenen Weg zur Professionalisierung und Institutionalisierung der Kommunikation aufzeigt.

7.1.3 Kommunikationsmodelle

In der Erhebung wurden die teilnehmenden Einrichtungen zur Art und Weise, wie sie online kommunizieren, befragt. Dabei wurde das Drei-Typen-Modell – *digitalisierte, Internet- und Cluetrain-PR* – nach Pleil (Pleil, 2007, S. 16ff.) zugrunde gelegt und angenommen, dass das Modell der digitalisierten PR (Typ eins) in den Public-Relations-Abteilungen der außeruniversitären Forschungseinrichtungen aufgrund des Informationsverbreitungs- sowie Legitimierungsgedankens am häufigsten praktiziert wird (H1.3). Die Datenanalyse bekräftigt diese Vermutung. 69,4 Prozent (93) der Einrichtungen benennen den Typus *digitalisierte PR* als Modell, das ihrer momentanen Kommunikationsstrategie am nächsten kommt. 24,6 Prozent (33) ordnen sich der *Internet-PR* (Typ zwei) zu. 8 Einrichtungen, 6 Prozent, schätzen ihre

Kommunikationshandlungen als „echt" dialogorientiert ein und sehen sich der *Cluetrain-PR* (Typ drei) zugehörig ($n_{ges.}$ = 134; vgl. Abbildung 4).

Abbildung 4: Verteilung praktizierter Kommunikationstypen in außeruniversitären Forschungseinrichtungen.

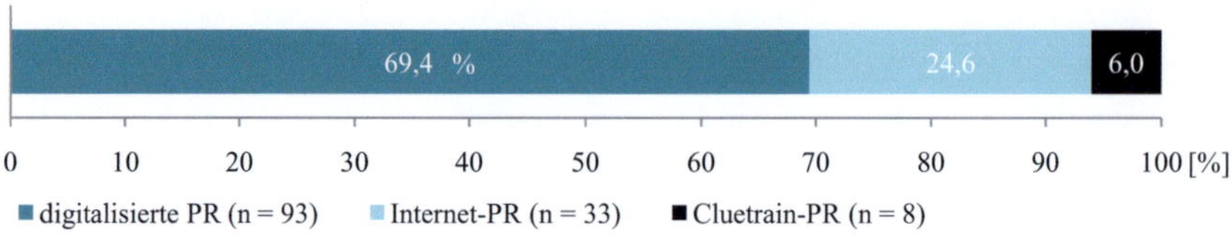

Anmerkung. n_{ges} = 134; Frage (17): Im Folgenden lesen Sie drei unterschiedliche Modelle zur Online-PR. Welches davon, würden Sie sagen, kommt der Online-PR-Arbeit in Ihrer Einrichtung am nächsten?

Das derzeitige Vorherrschen der digitalisierten Public Relations gefolgt von der Internet- und schließlich Cluetrain-PR ist unabhängig von der Social Media-Nutzung respektive Nichtnutzung der Institute. Auch diejenigen, die in den sozialen Medien aktiv sind, ordnen sich zu 60,2 Prozent (56) dem Typ digitalisierte PR zu. 31,2 Prozent (29) verfolgen in ihrer Einrichtung eine Kommunikationsstrategie, die der Internet-Public-Relations nahe kommt. Acht Institute mit Social Media-Aktivitäten sehen sich der Cluetrain-PR zugehörig (n_{Nutzer} = 93). Diese Ergebnisse folgen sowohl internationalen als auch deutschen Studien, die für die Online- und Social Media-Kommunikation in Wissenschaft und Forschung – generell oder häufig bezogen auf universitätsnahe Einrichtungen respektive Wissenschaftler – die Informationsdistribution als vorrangiges Kommunikationskonzept identifizierten (u.a. Allgaier et al., 2012; Dernbach & Schreiber, 2012, S. 369ff.; Fischer, 2012, S. 259f.; Gerber, 2011; Gerber & Neuhaus, 2013; Gordon & Berhow, 2009, S. 151; Lederbogen & Trebbe, 2003, S. 350; Linvil et al., 2012, S. 637; Neuberger & Pleil, 2006, S. 10; Pleil & Zerfaß, 2007, S. 516f.; Stifterverband für die Deutsche Wissenschaft, 2012, S. 3f.; Trench, 2008, S. 191f.).

Dass sich Einrichtungen, die soziale Medien in ihren Kommunikationsmix einbeziehen von jenen, die dies (noch) nicht tun, signifikant unterscheiden und somit ein Zusammenhang zwischen der (Nicht-)Beteiligung im Social Web und der Kommunikationsweise besteht (χ^2 = 12,53; Cramer-V = ,306; p = ,002; n = 134), überrascht hingegen nicht. Diejenigen, die auf die Kommunikation im Social Web verzichten, ordnen sich zu 90,2 Prozent (37) der digitalisierten PR, weitere vier Institute der Internet-PR zu. Bei den mit Social Media arbeitenden Einrichtungen liegt das Verhältnis von digitalisierter, Internet- und Cluetrain-PR bei nahezu 6:3:1 (vgl. Abbildung 5).

Abbildung 5: Vergleich von Social Media aktiven und nichtaktiven Einrichtungen hinsichtlich ihres gelebten Kommunikationstyps

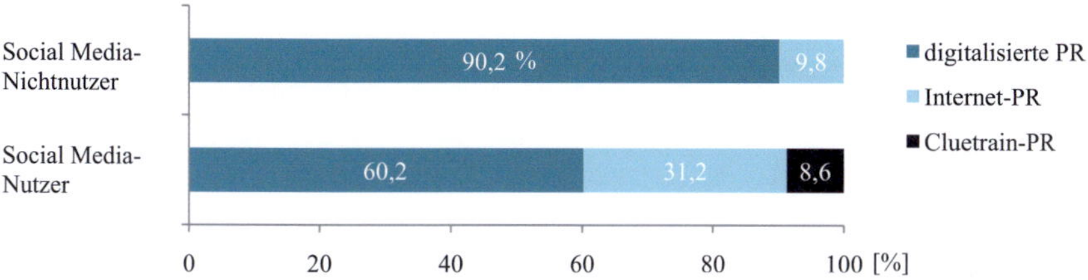

Anmerkung. n_{ges} = 134; Social Media-Nichtnutzer: $n_{digitalisierte\ PR}$ = 37, $n_{Internet\text{-}PR}$ = 4; Social Media-Nutzer: $n_{digitalisierte\ PR}$ = 56, $n_{Internet\text{-}PR}$ = 29, $n_{Cluetrain\text{-}PR}$ = 8.

Auf organisationaler Ebene unterscheiden sich die Helmholtz-Zentren von den Instituten der drei anderen Organisationen (vgl. Abbildung 6). In den Zentren ist das Modell der Internet-PR am häufigsten vertreten. Fünf Einrichtungen ordnen sich diesem zweiten Typ, je zwei weitere der Cluetrain- respektive der digitalisierten PR zu[106]. Fraunhofer-, Max-Planck- und Leibniz-Einrichtungen präferieren Typ eins, gefolgt vom zweiten Modelltyp. Diese Unterschiede respektive Gemeinsamkeiten sind nach dem χ^2-Homogeniäts-/Unterschiedstest und Cramers-V signifikant (χ^2 = 20,34; Cramer-V = ,275; p = ,002; n = 134), wenngleich mit schwachem korrelativem Effekt.

Abbildung 6: Vergleich der Einrichtungen hinsichtlich ihres gelebten Kommunikationstyps

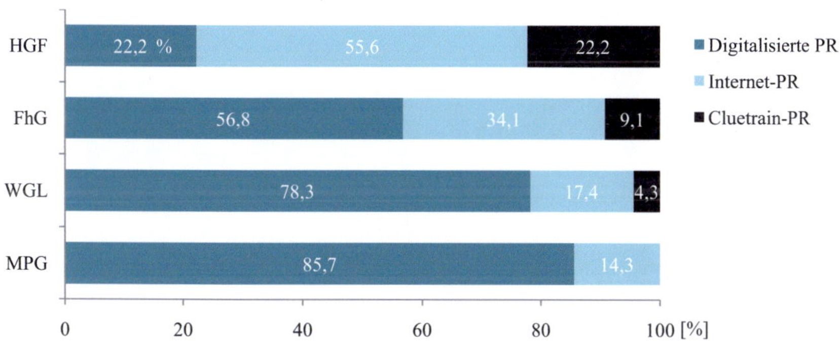

Anmerkung. n_{ges} = 134; HGF (n = 9): $n_{digitalisierte\ PR}$ = 2, $n_{Internet\text{-}PR}$ = 5, $n_{Cluetrain\text{-}PR}$ = 2; FhG (n = 44): $n_{digitalisierte\ PR}$ = 25, $n_{Internet\text{-}PR}$ = 15, $n_{Cluetrain\text{-}PR}$ = 4; WGL (n = 46): $n_{digitalisierte\ PR}$ = 36, $n_{Internet\text{-}PR}$ = 8, $n_{Cluetrain\text{-}PR}$ = 2; MPG (n = 35): $n_{digitalisierte\ PR}$ = 30, $n_{Internet\text{-}PR}$ = 5.

[106] Neun Zentren entsprechen einer Ausschöpfung von 50 Prozent bezogen auf die 18, welche die Möglichkeit zur Teilnahme hatten. Dieses sei bei der Interpretation beachtet.

Weitere Fragen und Items, deren Ergebnisse in den folgenden Kapiteln dargelegt werden, ebenso die bisher zitierten zur Auswertung von Kommunikationsmaßnahmen oder der generellen Teilnahme im Social Web, dienten zudem der Überprüfung und Bekräftigung der Variable zum Kommunikationstyp. Zusammenfassend wird darauf am Ende der Analyse noch einmal zurückzukommen sein.

7.2 Komplex *Anspruchsgruppen*

Die außeruniversitären Forschungseinrichtungen wurden auch zur Relevanz verschiedener Anspruchsgruppen im Rahmen der Online-PR befragt. Die wichtigsten Zielgruppen der Online-PR sind laut eines Mittelwertvergleichs Studierende und Hochschulabsolventen (MW = 4,40; SD = ,80; n = 139) sowie (Wissenschafts-)journalisten/Medien (MW = 4,32; SD = ,89; n = 139). Sie werden auf einer fünfstufigen Skala als wichtig bis sehr wichtig beurteilt. Ihnen folgen die Fachmedien, die wissenschaftliche Fachöffentlichkeit sowie potenzielle Mitarbeiter. Am unwichtigsten für die Onlinekommunikation, wenngleich noch immer als teilweise wichtig bewertet, gelten im intergruppieren Vergleich die Mitglieder von Online-Communities (MW = 2,93; SD = 1,20; n = 136) (vgl. Abbildung 7).

Abbildung 7: Relevanz von Zielgruppen in der Online-Wissenschafts-PR

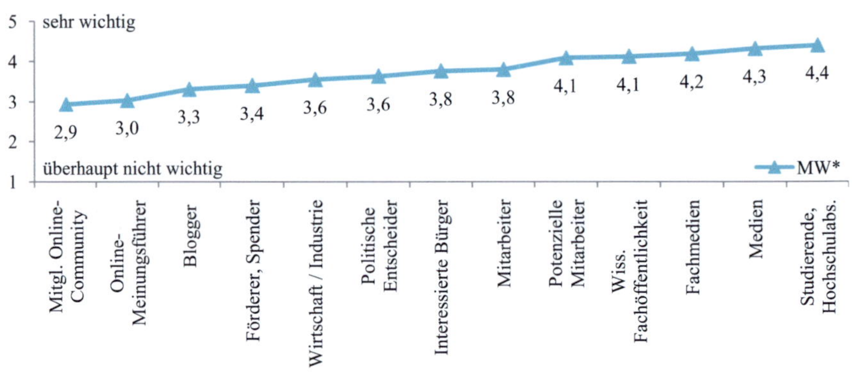

Anmerkung: *Die Relevanz der Zielgruppe in der Online-PR wurde auf einer fünfstufigen, quasimetrischen Skala von 1 ‚überhaupt nicht wichtig' bis 5 ‚sehr wichtig' abgefragt.

Frage (18): Wenn Sie bitte einmal an Zielgruppen denken, die Sie mit der Online-PR Ihrer Forschungseinrichtung erreichen wollen: Wie wichtig sind dann die folgenden Zielgruppen für die Online-PR Ihrer Einrichtung? Bitte nehmen Sie Ihre Bewertung wieder auf einer Skala von 1 ‚überhaupt nicht wichtig' bis 5 ‚sehr wichtig' vor.

Die weitere Analyse der Mittelwerte von (Wissenschafts-)journalisten/Medien einerseits und Mitgliedern von Online-Communities, Bloggern, Online-Meinungsführern und den interessierten Bürgern andererseits ergab zudem: Die Traditionsmedien werden jeweils signifikant wichtiger bewertet (vgl. Tabelle 4). So bleiben die klassischen Medien als Mittler und Multiplikationsquelle von Information zur Erreichung von Reichweite respektive der anderen Anspruchsgruppen eine wichtige Säule – auch in der (direkten, dialogorientierten) Onlinekommunikation. Diese Ergebnisse folgen somit früheren Studien, die die Traditionsmedien als eine der wichtigsten Quellen für Wissenschaftskommunikation und Wissenschafts-PR ermittelten (u.a. Lederbogen, 2004, S. 166f.; Höhn, 2011, S. 210f.; Gerber, 2011, S. 41ff.; Peters, 2012, S. 335; Allgaier et al., 2012; Duke, 2002, S. 313f.).

Tabelle 4: Relevanz von Zielgruppen für die Online-Wissenschafts-PR – Mittelwertvergleich

Zielgruppe	n	MW[1]	SD	T[2]	p
Politische Entscheidungsträger	137	3,63	1,21	-6,72	≤ ,000
Wirtschaft/Industrie	135	3,55	1,31	-6,82	≤ ,000
Förderer, Stifter, Spender	137	3,40	1,27	-8,47	≤ ,000
Interessierte Bürger	140	3,76	1,08	-6,17	≤ ,000
Mitglieder von Online-Communities	136	2,93	1,20	-13,58	≤ ,000
Fachmedien	138	4,19	,97	-1,59	.114
(Wissenschafts-)journalisten/Medien	139	4,32	,89	–	–
Blogger (z. B. zu Wissenschaftsthemen)	134	3,31	1,29	-9,12	≤ ,000
Online-Meinungsführer	133	3,03	1,23	-12,09	≤ ,000
Wissenschaftliche Fachöffentlichkeit	139	4,12	1,10	-2,20	,029
Studierende, Hochschulabsolventen	139	4,40	,80	1,23	,222
Potenzielle Mitarbeiter	138	4,09	,94	-2,81	,006
Mitarbeiter	138	3,80	1,10	-5,61	≤ ,000

Anmerkung: [1]Die Relevanz der Zielgruppe in der Online-PR wurde auf einer fünfstufigen, quasimetrischen Skala von 1 ‚überhaupt nicht wichtig' bis 5 ‚sehr wichtig' abgefragt. [2]Beruht auf dem T-Test für eine Stichprobe[107] mit dem Mittelwert 4,32 der Gruppe (Wissenschafts-)journalisten/ Medien als Testwert.

In der Frage, inwieweit die Bewertungen der Blogger, Online-Meinungsführer und Mitglieder von Online-Communities negativ mit derjenigen der (Wissenschafts-) journalisten/Medien korrelieren, um den Bedeutungsgewinn der einen gegenüber dem Bedeutungsverlust der anderen Gruppe zu testen, deuten sich widersprüchliche Ergebnisse an. Während die Relevanzbewertung der Online-Community-Mitglieder mit derjenigen von Journalisten/Medien nicht

[107] Der T-Test für eine Stichprobe analysiert die Abweichung der Mittelwerte von einem vorgegebenen Testwert (Erwartungswert). Die Normalverteilung der Variablen, eine Testvoraussetzung, wurde im Vorfeld per Sicht geprüft (Bortz & Schuster, 2010, S. 119f.).

signifikant korreliert, weisen Blogger und Journalisten/Medien respektive Online-Meinungsführer und Journalisten/Medien jeweils signifikante, schwach-positive anstelle negativer Zusammenhänge auf (Blogger – Medien: $r_{Pearson} = ,383$; $p \leq ,000$; $n = 133$; Online-Meinungsführer – Medien: $r_{Pearson} = ,342$; $p \leq ,000$; $n = 132$)[108]. Somit kann von einem Bedeutungsverlust der traditionellen medialen Zielgruppe bei gleichzeitigem Bedeutungsgewinn der neu aufkommenden Meinungsführer in der Onlinewelt für den Bereich der Wissenschafts-PR derzeit nicht ausgegangen werden. Eher deuten diese Ergebnisse Komplementarität denn Substitution oder Verdrängung an. Die Informationsbereitstellung und Beziehungspflege zur einen Gruppe schließt jene zur anderen nicht aus, sondern scheint sie zu verstärken respektive zu ergänzen. Diese Ergebnisse werden auch anhand der Bewertung weiterer Statements bekräftigt. So haben die Aussagen „soziale Medien sind wie geschaffen für die direkte Wissenschaftskommunikation", „der Journalismus verliert im Social Web seine führende Funktion, wissenschaftliche Themen für die Öffentlichkeit zu selektieren" und das Ziel größerer Unabhängigkeit von medialen Multiplikatoren keinen nennenswerten korrelativen Effekt auf die Bewertung der Zielgruppe Journalisten/Medien.

Gegen Substitutionseffekte und den Verlust einer führenden Gatekeeperfunktion der Traditionsmedien, im Besonderen des Wissenschaftsjournalismus, sprechen auch die deskriptive Betrachtung der genannten Ziele und Statements zur Wissenschaftskommunikation. So wird das Ziel „per Social Media mehr Unabhängigkeit von medialen Multiplikatoren zu erreichen" nur von einem Fünftel der Teilnehmenden ((20), n = 97) ausgewählt. Desweiteren weisen die Mittelwerte zu „soziale Medien sind wie geschaffen für die direkte Wissenschaftskommunikation" und „der Journalismus verliert im Social Web seine führende Funktion, wissenschaftliche Themen für die Öffentlichkeit zu selektieren" eher in die Richtung einer neutral-ablehnenden Tendenz (vgl. Tabelle 5). Der erstgenannten Aussage stimmen 26,3 Prozent (35; $n_{ges} = 133$) der teilnehmenden Einrichtungen zu, der zweiten 29,1 Prozent (39; $n_{ges} = 134$).

Das Item „die klassischen Medien werden in den nächsten zwei Jahren für die PR weiterhin die wichtigste Bezugsgruppe bleiben, um wissenschaftliche Themen in die Öffentlichkeit zu transportieren" erfährt hingegen Zustimmung. 89 Befragte (67 Prozent; $n_{ges} = 133$) sind dieser

[108] Die Normalverteilung wurde vor der Durchführung der Produkt-Moment-Korrelation nach Pearson mit P-P-Plots per Sicht und dem Komogorov-Smirnov-Test (KS-Test), der auf perfekte Normalverteilung testet, geprüft (Brosius, 2011, S. 403ff.). Dabei zeigten sich annähernd Normalverteilungen per Sicht, wenngleich die KS-Tests auf keine perfekten Normalverteilungen hinwiesen. Da der Korrelation nach Pearson eine annähernde Normalverteilung genügt, werden trotz des negativen KS-Tests die Ergebnisse zitiert. Eine Gegenprüfung mit der nichtparametrischen Korrelation nach Spearman kam indessen tendenziell zu den gleichen Ergebnissen. Die Durchführung einer Regression ergab in diesem Zusammenhang keine verwertbaren Ergebnisse. Daher fiel die Entscheidung für die Betrachtung der Einzelkorrelationen.

Meinung. Andererseits neigt die Mehrheit ebenfalls dazu das Statement „die direkte Kommunikation mit der Öffentlichkeit, ohne Umwege über den Journalismus, wird zunehmen“ zu bejahen (60,9 Prozent (81); $n_{ges} = 133$). Zustimmung sowohl zur direkten als auch indirekten Wissenschaftskommunikation fand ebenso Peters (2012, S. 337f.) in einer seiner Studien. Eine Korrelation der beiden letztgenannten Items weist auf einen signifikanten schwach-negativen Zusammenhang ($r_{Pearson}$ = -,207; p = ,017; n = 132) zwischen den zwei in die Zukunft gerichteten Statements hin. Dieses Ergebnis bereits als definitiven Trend zu mehr direkter Dialogkommunikation und Reduzierung des medialen Einflusses zu werten, wäre aufgrund der anderen Ergebnisse zu stark gewichtet und vermessen. Jedoch mag es ein Parameter sein, welchen es künftig zu beobachten gilt.

Tabelle 5: Mittelwertvergleich verschiedener Aussagen zur Rolle der Medien in der Wissenschaftskommunikation

	MW*	SD	n
Die klassischen Medien werden in den nächsten 2 Jahren für die PR weiterhin die wichtigste Bezugsgruppe bleiben, um wissenschaftliche Themen in die Öffentlichkeit zu transportieren.	3,80	,89	133
Die direkte Kommunikation mit der Öffentlichkeit, ohne Umwege über den Journalismus, wird zunehmen.	3,67	,96	133
Soziale Medien sind wie geschaffen für die direkte Wissenschaftskommunikation.	2,80	1,10	133
Der Journalismus verliert im Social Web seine führende Funktion, wissenschaftliche Themen für die Öffentlichkeit zu selektieren.	2,85	1,17	134

**Anmerkung:* Die Items wurden auf einer fünfstufigen Skala von 1 ‚stimme überhaupt nicht zu‘ bis 5 ‚stimme voll und ganz zu‘ abgefragt.

Frage (22): Folgend lesen Sie einige Aussagen zur Wissenschaftskommunikation: Inwieweit stimmen Sie diesen Aussagen zu? Bitte bewerten Sie diese wieder anhand der Skala von 1 ‚stimme überhaupt nicht zu‘ bis 5 ‚stimme voll und ganz zu‘.

Insgesamt muss somit die Hypothese *„es existieren schwache Anzeichen für einen Verlust der journalistischen Gatekeeperfunktion“* (H2a) derzeit zurückgewiesen werden. Die Annahme *„die Zielgruppe (Wissenschafts-)journalisten/Medien bleibt in naher Zukunft weiterhin eine der wichtigsten“* (H2b) gilt hingegen als bekräftigt. Zu beobachten bleibt, wie sich die Gewichtsverteilung von traditionellen Medien und direkter Dialogkommunikation in der Wissenschafts-PR entwickelt. Verstärken sich Komplementäreffekte oder werden sich eher Tendenzen zur Substitution zeigen? Entscheidend dabei wird sicherlich auch sein, wie die Zielgruppen der politischen und wirtschaftlichen Entscheider künftig erreichbar sind. Vollziehen sich in diesen Anspruchsgruppen stärkere Veränderungen in den primären Informationskanälen, derzeit überwiegend die überregionale Qualitätspresse, werden sicher auch die Kommunikatoren in der Wissenschaft darauf reagieren. Aktuell – so ein sinngemäßes Zitat eines Teilnehmers – seien die wichtigsten Zielgruppen, wie industrielle Entscheider, noch nicht (in signifikantem Maße) im Social Web aktiv. Bezogen auf politische Entscheider folgen dieser Meinung nach einer Studie von Allgaier et al. (2012) auch Wissenschaftler, die den größten Effekt auf Politiker den Traditionsmedien zuschreiben. Die Erfahrungen der Partizipierenden der vorliegenden Studie zur Erreichbarkeit der unterschiedlichen Zielgruppen bekräftigen diese Sichtweise. So erreichen die Befragten politische (69,4 Prozent (93); n = 134) und wirtschaftliche/industrielle Entscheider (45,8 Prozent (60); n = 131) am besten über die traditionellen Medienkanäle. Zudem halten sie die Homepage für ein Kerninstrument, um mit der Wirtschaft zu kommunizieren (Platz 2: 38,9 Prozent (51)). Die Einrichtungswebseiten sind darüber hinaus nach Meinung der Kommunikatoren am besten zur Information interessierter Bürger (54,1 Prozent (72); n = 133), der wissenschaftlichen Fachöffentlichkeit (44,3 Prozent (58); n = 131), von Studierenden und Hochschulabsolventen (55,2 Prozent (74); n = 134), potenziellen Mitarbeitern (68,7 Prozent (92); n = 134) sowie der (Wissenschafts-)journalisten/Medien (42,4 Prozent (56); n = 132) geeignet[109]. Eigene oder die Beteiligung an Blogs, Mikrobloggingdienste oder soziale Netzwerke werden aus der Erfahrung heraus als noch nicht durchschlagend in der Erreichbarkeit der Zielgruppen bewertet. Gerade für die Kommunikation mit der Wirtschaft und Politik, den Kernzielgruppen zur Finanzierung außeruniversitärer Forschungseinrichtungen, spielen soziale Medien augenblicklich keine Rolle[110]. Einzig bei den Studierenden (36,6 Prozent (49); n = 134) und potenziellen Mitarbeitern (14,2 Prozent (19); n = 134) rangieren soziale Netzwerke als Kommunikationsmedium der Wahl nach den Meinungen der PR-Verantwortlichen an zweiter und zur Kontaktaufnahme mit Online-Meinungsführern an erster Position (38,4 Prozent (48); n = 125). Allein für diese Zielgruppe werden auch die anderen abgefragten Social Media-Kanäle wie Mikroblogs und eigene Blogs stärker bewertet (beide je 12,8 Prozent (16)). Dennoch sehen die Teilnehmer auch in der Erreichbarkeit der Online-Meinungsführer die eigene Homepage noch vor diesen beiden Kanälen (20,8 Prozent (26)). Als minder zielführend, mit Online-Meinungsführern zu kommunizieren, werden – wenig überraschend – die traditionellen Medienkanäle bewertet (nur 3 Nennungen) (vgl. Abbildung 8).

[109] Auch 78 Prozent der Journalisten nennen im Social Media Trendmonitor die Homepage einer Organisation als erste Anlaufstelle zur Recherche (news aktuell & Faktenkontor, 2013, S. 53).

[110] Keine Stimmen vergaben die Befragten für beide Zielgruppen in der Kategorie „soziale Netzwerke“ und nur eine für Mikroblogs bei politischen Entscheidern und eine für Blogs bei Wirtschaft.

Abbildung 8: Erfahrungen in der Erreichbarkeit von Zielgruppen nach Kommunikationskanal

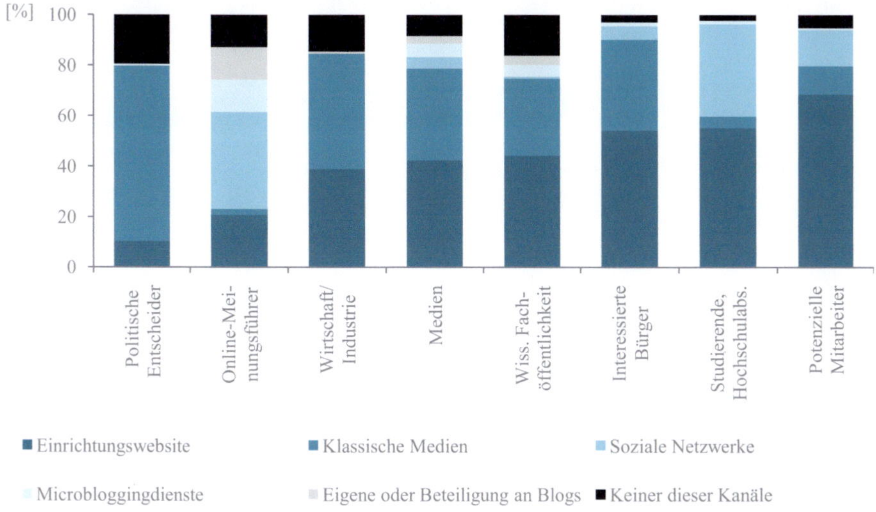

Anmerkung. Pro Kategorie: n ≤ 134; Frage (20): Aus Ihren bisherigen Erfahrungen: Über welche Medienkanäle können Sie die folgenden Zielgruppen am besten erreichen? Bitte geben Sie pro Zielgruppe den nach Ihrer Meinung besten Kanal an.

Inwieweit sind insgesamt Relevanzverschiebungen der Wissenschafts-PR von off- nach online erkennbar? Die bisher referierten Ergebnisse, darunter die Anteilswerte von Online- und Social Media-PR, belegen noch keine eindeutige Abwanderung der Wissenschafts-PR ins Netz. Die Traditionsmedien stellen zur Information vieler Zielgruppen eine wesentliche Brücke dar, selbst wenn bei mehr Anspruchsgruppen die Homepage als primäres Medium zu deren Information benannt wird. Auch im On-/Offline-Vergleich verschiedener Kommunikationsgrundsätze wie Transparenz, Glaubwürdigkeit, Personalisierung, Meinungsbildung oder Information, die eine Einrichtung als Maßstab an ihre Kommunikation anlegt, gewinnen in der Onlinekommunikation nur die Dialog- und Zielgruppenorientierung deutlicher an Bedeutung. Alle anderen sammeln sich um die neutrale Kategorie mit leichter Tendenz zum positiven Pol, meint den Bedeutungszuwachs. Anders ausgedrückt heißt das: Die Anforderungen an eine transparente, informative, personalisierte, sachorientierte, strategische, glaubwürdige, vertrauens- und meinungsbildende Kommunikation sind off- wie online tendenziell gleich. Einzig die einwegorientierte Kommunikation verliert in der Onlinekommunikation leicht an Bedeutung (vgl. Abbildung 9).

Abbildung 9: Kommunikationsgrundsätze im On-/Offline-Vergleich

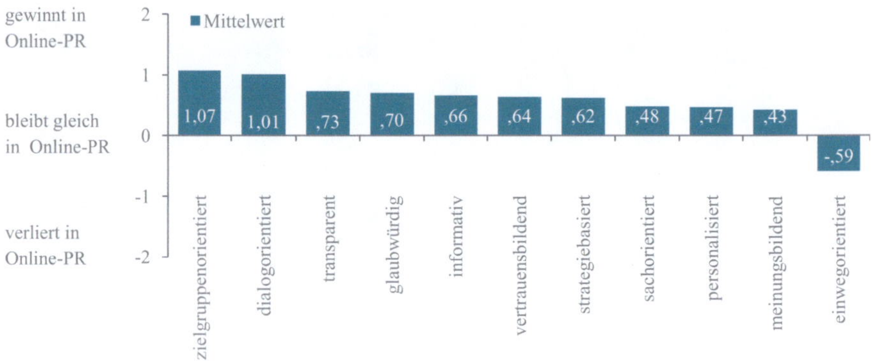

Anmerkung: Einzelne Kategorie: n ≤ 142; Frage (3): Wenn Sie jetzt einmal Ihre Online-PR mit Ihrer Offline-PR vergleichen und die Kommunikationsgrundsätze bewerten: Welche davon, würden Sie sagen, gewinnen und welche verlieren in der Online-PR an Bedeutung? Sie können Ihre Antworten zwischen -2 ‚Eigenschaft verliert in der Online-PR deutlich an Bedeutung' und +2 ‚Eigenschaft gewinnt in der Online-PR deutlich an Bedeutung' abstufen.

Eine wesentliche Verschiebung der Offline- und digitalisierten-PR speziell in Richtung Social Media-PR muss zum jetzigen Zeitpunkt nach den bisherigen Ergebnissen eher abgelehnt werden. Diese Sichtweise unterstützt unter anderem die überwiegend ablehnende Haltung gegenüber der Aussage „soziale Medien haben bei uns andere Aufgaben ersetzt" (80,4 Prozent (111) stimmen dem nicht beziehungsweise überhaupt nicht zu; n = 138). Ebenso deutet die Tatsache, dass nur elf Einrichtungen extra Personal für ihre Social Media-Auftritte beschäftigen, auf die These hin. In nahezu acht von zehn Fällen werden die neueren Medienkanäle von PR-Mitarbeitern nebenbei mitbetreut (77,5 Prozent (69); n = 89). Die Verbreitung im Wissenschaftsbereich ist noch zu gering, die Resonanz und Interaktion noch zu wenig, so eine sinngemäße Aussage eines Teilnehmers. Nicht die Cluetrain-, sondern die digitalisierte und Internet-PR bestimmen augenblicklich das primäre Kommunikationskonzept der Public Relations außeruniversitärer Forschungseinrichtungen.

Zukunftsgewandt gehen jedoch 73 Prozent ((73); n = 100) der Befragten davon aus, dass Social Media-PR in den nächsten zwei Jahren in ihrer täglichen Kommunikationsarbeit steigen wird. Nur einer vermutet einen Rückgang, 26 Kommunikatoren halten ein gleichbleibendes Niveau für wahrscheinlich. Die Meinung vom Zuwachs an Social Media-Kommunikation vertraten auch die in der qualitativen Studie von Bräutigam und Ettl-Huber (2013, S. 157f.) befragten Wissenschaftskommunikatoren. Die vorliegenden, quantitativ gemessenen Ergebnisse bekräftigen dahingehend, mit der Einschränkung auf außeruniversitäre Forschungseinrichtungen, die qualitativen.

Für die Online-Public-Relations allgemein prognostizieren 73,1 Prozent ((106); n = 145) einen weiteren Zuwachs im Kommunikationsalltag ihrer Einrichtung. 38 (26,2 Prozent) meinen, der Anteil an Online-PR wird so bleiben, wie er ist. Unabhängig vom Anteil im Kommunikationsmix halten 89,5 Prozent ((128); n = 143) Onlinekommunikation für wichtig bis sehr wichtig für ihre Institution. Elf Einrichtungen (7,7 Prozent) werten Onlinekommunikation als bedingt relevant, für weitere vier ist sie (überhaupt) nicht bedeutend. Im Vergleich der Ergebnisse mit jenen von Lederbogen (2004, S. 205), der den Stellenwert des Internets insgesamt für PR-Maßnahmen außeruniversitärer Forschungseinrichtungen erhob, zeigt sich für die Relevanz von Onlinekommunikation eine Steigerung von 27,5 Prozentpunkten[111].
Die Kommunikation mittels sozialer Medien empfinden 29,8 Prozent ((43); n = 144) der Kommunikatoren als (sehr) wichtig für ihr Institut. Nahezu die Hälfte (65; 45,1 Prozent) sieht die Bedeutung von Social Media ambivalent und ein Viertel (36 Einrichtungen) hält es gar für irrelevant für die eigene Einrichtung, auf diese Art zu kommunizieren. Dass Wissenschaft und Wissenschaftskommunikation sich künftig aber stärker online ausbreiten werden, dem stimmen mehr als vier Fünftel (83,3 Prozent (110); n = 132) der PR-Verantwortlichen zu, ein nochmals um zehn Prozentpunkte höherer Zustimmungswert als in der Delphi-Studie von Gerber (2011, S. 42).
Daraus lassen sich Tendenzen erkennen und vorsichtig Trends ableiten. Onlinekommunikation, besonders die Homepage, ist für die Wissenschafts-PR eine der primären Informations- und Kommunikationsinstrumente im (direkten) Kontakt mit den Anspruchsgruppen. Dennoch kann auf die Traditionsmedien, allen voran auf den Wissenschaftsjournalismus, für PR-Zwecke nicht verzichtet werden. Dazu reicht die Reichweite und Interaktionskraft der Online-, im Wesentlichen der Social Media-Kanäle, noch nicht aus. Eine überdurchschnittliche Gewichtsverlagerung von Offline- zu Online-PR scheint daher derzeit noch nicht gegeben. Anzeichen sind jedoch vorhanden, die eine solche künftig wahrscheinlich werden lassen. Darin werden soziale Medien ihren Platz finden. In welchem Umfang jedoch, über- oder unterdurchschnittlich, und ob die Institutswebseiten interaktiver werden, muss die Zeit zeigen. Die Hypothese, nach der *„eine Relevanzverschiebung zugunsten der Onlinekommunikationsinstrumente, hauptsächlich der Social Media-Plattformen, auf Kosten der traditionellen Kanäle begonnen habe"* [H2c], kann letztlich nicht bekräftigt werden.

---

[111] Ermittelte Werte von Lederbogen (2004, S. 205): Stellenwert des Internets in der PR: wichtig/sehr wichtig = 62 Prozent, mittel = 27 Prozent, eher unwichtig/unwichtig = 7 Prozent, n = 145.

7.3 Komplex *Potenziale*

Wie genannt, gehen mehr als 70 Prozent der PR-Praktiker von einem Anstieg der Social Media-Aktivitäten in ihrem Arbeitsalltag aus. In dieser Hinsicht unterscheiden sich die Organisationen nicht signifikant[112]. Derzeit allerdings sind viele Kommunikatoren mit der Interaktion in den dialogorientierten Kanälen noch (überhaupt) nicht (40,9 Prozent (36); n = 88) oder nur teilweise zufrieden (44,3 Prozent (39)). Nahezu die Hälfte (48,1 Prozent (63)) der PR-Verantwortlichen stimmen der Aussage „die Erwartungen an Beziehungsaufbau und Dialogkommunikation in den sozialen Medien werden überschätzt" zu, weitere 37,4 Prozent (49) zum Teil (n = 131). 40,2 Prozent ((39); n = 97) der Teilnehmer nennen explizit das zu geringe Interesse der Zielgruppen an der Interkation als Problem in der Nutzung und dem Potenzial sozialer Medien. Lediglich 14,7 Prozent ((13); n = 88) blicken mit Zufriedenheit auf ihre geführten Dialoge im Social Web. In der Bewertung der Interaktion mit den Zielgruppen unterscheiden sich die vier außeruniversitären Forschungseinrichtungen ebenfalls nicht[113]. Die Ergebnisse zur Zufriedenheit mit der Interaktion in sozialen Medien sind mit jenen aus der Unternehmens-PR vergleichbar. Auch die Erwartungen der Unternehmenskommunikatoren wurden überwiegend nur zum Teil erfüllt (Die Firma, 2010, S. 21; news aktuell & Faktenkontor, 2013, S. 23, 27).

Als ebenfalls hinderlich für die Dialogkommunikation benennen die Teilnehmenden vor allem den finanziellen und personellen Aufwand (56,7 Prozent (55); n = 97). Bei den häufig gegebenen personellen Engpässen (Höhn, 2011, S. 203ff.; Lederbogen, 2004, S. 311; Stifterverband für die Deutsche Wissenschaft, 2012, S. 3; Kohring, 2013, S. 172) in den PR-Abteilungen der wissenschaftlichen Einrichtungen scheint eine intensive partizipative Kommunikationskultur kaum möglich. Diese Sicht stützt auch die Tatsache, dass – unabhängig von der Einrichtungsgröße[114] – die Kommunikationskanäle in nahezu acht von zehn Fällen nebenher mitbetreut werden (77,5 Prozent; n = 89). Nur elf Einrichtungen beschäftigen extra Personal im Sinne eines Social Media Managers. In acht dieser elf Institute betreut ein Mitarbeiter die Profile und Aktivitäten im Social Web. Lediglich in einer Einrichtung kümmern

[112] Die Einschätzung zum künftigen Anteil an Social Media-Aktivität wurde ordinal – Anteil wird sinken, gleich bleiben, steigen – abgefragt. Der daraufhin durchgeführte Kruskal-Wallis-H-Test zum Messen der Unterschiede zwischen den Einrichtungen lieferte kein signifikantes Ergebnis.

[113] Die Zufriedenheit mit der Interaktion im Social Web wurde fünfstufig erhoben, mögliche Unterschiede mittels einfaktorieller Varianzanalyse geprüft.

[114] Geprüft mit dem Korrelationsmaß ETA für nonimalskalierte unabhängige und intervallskalierte abhängige Variablen sowie Eta², das den erklärten Varianzanteil der abhängigen Variablen ausgibt (Brosius, 2011, S. 439, 474).

sich fünf Personen um die Social Media-Aktivitäten[115]. Jeweils eine weitere Einrichtung haben zwei respektive drei Personalstellen geschaffen.

Ebenso wie in der Unternehmenskommunikation (Zerfaß & Pleil, 2012, S. 72; Zerfaß et al., 2012) sieht auch nahezu jeder zweite Verantwortliche der Wissenschafts-PR die schwierige Erfolgsmessung und das Fehlen valider Evaluationskonzepte als Manko für die intensivere Nutzung der Dialoginstrumente (47,4 Prozent (46); n = 97). Sobald sich jedoch neue Tools zur Erfolgsmessung etabliert haben, wird in der Social Media-Kommunikation noch mehr Potenzial stecken, Informationen zielgruppenspezifisch zu kanalisieren, welches dann eventuell auch die Zustimmung zur Chance, durch Social Media die öffentliche Meinung einfacher zu beobachten, erhöhen wird. Aktuell sehen diesen Vorteil 38,1 Prozent ((37); n = 97) gegeben.

Die neuere gesellschaftliche Kommunikationskultur macht Organisationen, nicht nur wenn sie selbst partizipieren, angreifbarer. Gerade in der aktuellen Debatte um die National Security Agency (NSA), das Abgreifen von Daten, Big Data und Algorithmenabhängigkeit dürfen Sorgen um Kontroll- und Informationsverlust oder Vertraulichkeitsverletzungen nicht außer Acht gelassen werden. Allerdings sehen beispielsweise in der Verletzung der Vertraulichkeit durch Mitarbeiter nur 22,7 Prozent (22); n = 97) der Befragten ein Risiko in der Nutzung sozialer Medien. Auch der Kontrollverlust über die Selbstdarstellung der Organisation oder die schlechtere Steuerung des Kommunikationsverlaufs wird nur von 25,8 (25) respektive 29,9 Prozent (29) der Teilnehmenden als hinderlich bei der Partizipation im Social Web bewertet (je: n = 97). Ebenso stellt die Notwendigkeit, schnell zu reagieren, nur für 37,1 Prozent ((36); n = 97) der PR-Verantwortlichen der Forschungseinrichtungen eine Hürde, sich frei in den Dialogmedien zu bewegen, dar (vgl. Abbildung 10). Gleichfalls fühlen sich lediglich 21,8 Prozent ((29); n = 133) der Einrichtungen gezwungen, „always on" zu sein. 36,1 Prozent (48) stimmen dem teilweise zu. Für die meisten (42,1 Prozent (56)) ist ein Gefühl zeitlicher Abhängigkeit offenkundig nicht gegeben.

Eher werden Chancen in der räumlichen und zeitlichen Unabhängigkeit der bidirektionalen Kommunikation gesehen. Den direkten, dialogischen Kontakt zu den verschiedenen Zielgruppen empfinden 63,9 Prozent ((62); n = 97) als Vorteil, weiterhin wird die Auffindbarkeit durch Suchmaschinen als positiver Aspekt der sozialen Medien benannt (54,6 Prozent (53); n = 97). Die partizipativen Kommunikationsmedien eröffnen für 30 Teilnehmer (30,9 Prozent; n = 97) die Chance, die interne Zusammenarbeit und das Wissensmanagement in der Ein-

[115] Schätzungsweise betreuen die fünf Mitarbeiter nicht nur Social Media, sondern die gesamte Onlinekommunikation. Dieses lässt sich aus den empirischen Daten aber nicht definitiv bestätigen.

richtung zu verbessern (vgl. Abbildung 11). Ein Teilnehmer nennt beispielsweise in der offenen Abfrage der Kommunikationsziele im Social Web die Gewinnung der Mitarbeiter als Multiplikatoren für die externe Kommunikation des Instituts. Für einen weiteren offeriert Social Media die Förderung und Unterstützung des internen Zusammenhalts der Einrichtung.

Abbildung 10: Hürden der Social Media-Kommunikation

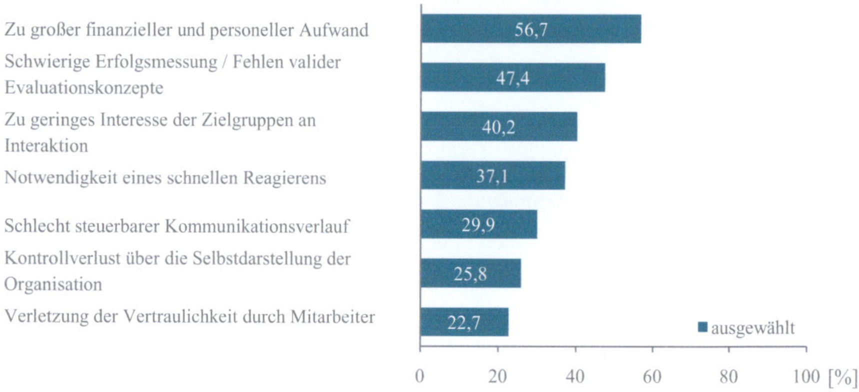

Anmerkung: Frage (24): Worin sehen Sie für Ihre Einrichtung die größten Hindernisse bei der Nutzung von Social Media? (Mehrfachantworten möglich); je Kategorie: n = 97.

Abbildung 11: Chancen der Social Media-Kommunikation

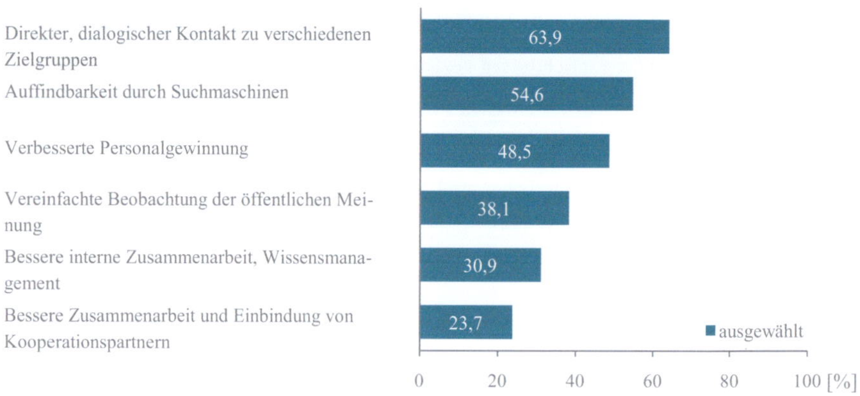

Anmerkung: Frage (23): Wenn Sie nun einmal an die Chancen und Hindernisse des Social Webs denken: Worin liegen für Ihre Einrichtung die größten Chancen in der Nutzung von Social Media? (Mehrfachantworten möglich); je Kategorie: n = 97.

Zusätzlich birgt für nahezu jedes zweite Institut (47 (48,5 Prozent); n = 97) die dialogorientierte Kommunikation Potenzial in Personalfragen. Jedoch fanden bis jetzt nur etwas mehr als ein Viertel (27,8 Prozent (27); n = 97) der Einrichtungen neue Mitarbeiter über ihre Aktivitäten im Social Web. Auch das Generieren von Projekten auf Initiativen der interaktiven Kommunikation wird nur von 13 Teilnehmenden bestätigt. Eine Mehrheit von 53,6 Prozent ((52); n = 97) konnte bisweilen weder Projekte noch Personal über das Social Web gewinnen. Die Personalrekrutierung scheint auch nicht mehrheitlich primäres Ziel der Einrichtungen zu sein. 42,3 Prozent (41) verfolgen sie als ein Kommunikationsziel ihrer Einrichtung im Social Web. Noch weniger stehen die Neukundengewinnung – nur von 17 Einrichtungen als Ziel benannt – oder der Einfluss auf die öffentliche Meinung beziehungsweise Medienagenda – von lediglich 10 respektive 14 Instituten ausgewählt – im Fokus der Social Media-Kommunikation (jeweils n = 97). Zielgebend für die Einrichtungen zum kommunikativen Handeln im Social Web sind die Steigerung ihrer Bekanntheit (80,4 Prozent (78); n = 97), der Imagegewinn und die Erhöhung der Online-Reputation (66 Prozent (64); n = 97) sowie die kommunikative Transparenz zur Förderung von Vertrauen und Glaubwürdigkeit (53,6 Prozent (52); n = 97). Die in Theorie beschriebenen Vertrauenskonzepte sowie die in der Empirie gemessene Glaubwürdigkeit und das Vertrauen (Pleil, 2010a, S. 3ff.; Bentele & Seidenglanz, 2013, S. 346ff.; Edelman, 2013a; Schindler & Liller, 2012, S. 355ff.; Niesbet & Scheufele, 2012; Gerber, 2011, S. 33; Kallfass, 2009, S. 129) treffen somit in der Wissenschafts-PR auf Resonanz. Darüber hinaus werden der Dialog mit (45,4 Prozent (44); n = 97) und die Erschließung neuer Zielgruppen (46,4 Prozent (45); n = 97) von nahezu jedem zweiten Teilnehmenden als Ziel benannt (vgl. Abbildung 12). Ein Teilnehmer äußert explizit das Ziel, über den Umweg der sozialen Medien die Traditionsmedien zu erreichen.

Die Themen, mit denen der Kontakt zu den Zielgruppen gesucht wird, sind primär informationsgesteuert. Informationen zu Events, Veranstaltungen, Messen, Konferenzen (69,2 Prozent (72)) oder solche zu Stellenausschreibungen (55,8 Prozent (58)), Ideen und Innovationen (62,5 Prozent (65)) sowie zu allgemeinen Informationen zur Einrichtung (68,3 Prozent (71); je n = 104) werden im Social Web publiziert.

Dass Wissenschaftskommunikation jedoch die Möglichkeiten der Onlinekommunikation – wozu Social Media im Besonderen gehört, da die Interaktionsmöglichkeiten zunehmend alle Online-Bereiche durchdringen – noch zu wenig ausschöpft, bejahen 71 (54,6 Prozent; n = 130) PR-Verantwortliche. Weniger als ein Fünftel (17,7 Prozent (23)) verneint diese Aussage. Diese selbstkritische Einschätzung folgt jener von Meinungs- und Sozialforschern, die diese These sowohl für die Wirtschaft als auch für die verschiedenen wissenschaftlichen Kommunikatoren basierend auf ihren empirischen Ergebnissen äußern (u. a. Rybalko & Seltzer, 2011,

S. 339f.; Gerber, 2011, S. 27; Pleil & Zerfaß, 2007, S. 516f.; Lederbogen, 2004, S. 316; Păcurar, 2012, S. 5). Der These „anstatt hinterher Vertrauen zu schaffen, müssen neue Entwicklungen von Beginn an kommunikativ begleitet werden" pflichten 78,1 Prozent ((100); n = 128) der Teilnehmer bei und stimmen somit der Äußerung von Zens, dem PR-Chef der Leibniz-Gemeinschaft, zu (vgl. Josef Zens zitiert in Gerber, 2011, S. 14f.). Das verlangt zugleich danach, die Online-Medien neben den vielfältigen weiteren Offline-Kommunikations- und Interaktionsmöglichkeiten intensiver zu nutzen. Dennoch sieht nur zirka ein Viertel (35 (26,3 Prozent); n = 133) der Befragten die sozialen Medien als prädestiniert für die direkte Wissenschaftskommunikation.

Abbildung 12: Ziele der Social Media-Kommunikation

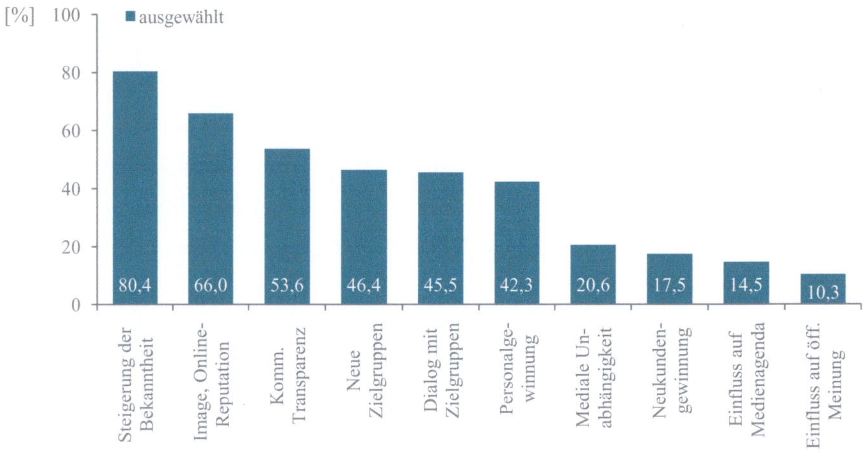

Anmerkung: Frage (25): Und welche Ziele verfolgt Ihre Einrichtung mit der Kommunikation im Social Web? (Mehrfachantworten möglich); je Kategorie: n = 97.

Um insgesamt die Bedeutung der sozialen Medien für die Wissenschafts-PR zu erfassen, wurde eine Faktorenanalyse (Hauptkomponentenmethode) basierend auf sieben Aussagen zu Social Media durchgeführt[116]. Daraus resultierte der Faktor *Social Media-Bedeutung*. Die Ergebnisse der Einfaktorlösung sind in den Tabellen sechs und sieben zusammengefasst. Der Test auf Unterschiede zwischen den Einrichtungen der vier außeruniversitären Forschungs-

[116] Frage 11 im Fragebogen im Anhang. Ausgeschlossen wurde die Aussage „soziale Medien haben bei uns andere Aufgaben ersetzt" (I11.7). Die Normalverteilung der Items als Voraussetzung für die Interpretation des Bartlett-Tests wurde per Sicht geprüft (Backhaus et al., 2011, S. 335). Die Items sind näherungsweise normalverteilt.

organisationen hinsichtlich der Social Media-Bedeutung deutete auf keine nennenswerten hin. Auch die Analyse der einzelnen Aussagen ließ keinen Schluss auf deutliche, organisationale Unterschiede zu.

Tabelle 6: Voraussetzungen und Güte der Faktorenanalyse – Ergebnisse

Voraussetzungen			erklärte	Güte	
KMO	Bartlett	MSA	Gesamtvarianz	Kommunalitäten	Cronbachs α
,837	≤ ,000	alle > ,75	53,05 %	alle > ,38	,846

Anmerkung. Voraussetzungen zur Durchführung der Faktorenanalyse: Kaiser-Meier-Olkin (KMO)-Wert ≥ ,70; signifikanter Bartlett-Test; Measure of Sampling Adequacy (MSA)-Werte ≥ ,50; relevante Itemkorrelationen. Gütebewertung: Kommunalitäten ≥ ,50 (Drei Items erfüllen das Kriterium nicht (siehe dazu Tabelle 7). Sie weisen jedoch hohe Faktorladungen auf, zudem verbesserte deren Ausschluss Cronbachs α nicht.); Cronbachs α ≥ ,70 (Brosius, 2011, S. 792ff., 823ff.; Backhaus, Erichson, Plinke & Weiber, 2011, S. 323ff.).

Tabelle 7: Faktor *Social Media-Bedeutung*: Faktorladungen der Items

Item: Soziale Medien…	Kommunalität	Faktorladung
sind wichtig für die zukünftige Gestaltung von PR / Kommunikationsmaßnahmen einer Einrichtung.	,74	,857
sind keine überbewertete Modeerscheinung.[1]	,65	,807
helfen bei der Positionierung im Meinungsmarkt.	,54	,735
sind Tools für die Alltagsarbeit.	,53	,730
verändern die gesellschaftliche Kommunikationskultur nachhaltig.	,45	,669
bieten einen Mehrwert.[1]	,43	,653
bedeuten einen Paradigmenwechsel in den Kommunikationsmaßnahmen einer Einrichtung.	,38	,616

Anmerkung. Faktorladungen basieren auf einer Hauptkomponentenanalyse ohne Varimaxrotation aufgrund der Einfaktorlösung. [1]Items wurden in der Befragung invers abgefragt und für die Faktorenanalyse recodiert. Erklärte Gesamtvarianz der Items: 53,05 Prozent; (n = 136).

Das Meinungsbild der außeruniversitären Forschungseinrichtungen insgesamt charakterisiert jedoch das Potenzial der Wissenschafts-PR im Social Web. So stimmen der Aussage „soziale Medien bedeuten einen Paradigmenwechsel in den Kommunikationsmaßnahmen einer Einrichtung" 38,5 Prozent ((54); n = 140) zu. Weitere 34,3 Prozent (48) sehen dies teilweise gegeben. So kann durchaus vom Weg in die „Post-PUSH-Ära" (Gerber, 2011, S. 53) gesprochen werden mit neuen Chancen einer akkuraten, respektvollen, nachhaltigen Kommunikation. Allerdings sehen auch etwas mehr als ein Viertel der Befragten (38 (27,1 Prozent)) in den sozialen Medien keinen Paradigmenwechsel kommunikativer Strukturen. In der Bewertung der Aussage unterscheiden sich die Einrichtungen, die Social Media nutzen, von jenen, die darauf verzichten, nicht signifikant[117]. Aussagen, in welchen die Meinungen zwischen diesen zwei Gruppen jedoch nennenswert differieren, lauten: „Soziale Medien sind Tools für die Alltagsarbeit“ und „soziale Medien sind wichtig für die zukünftige Gestaltung von PR/Kommunikationsmaßnahmen einer Einrichtung.“ Beide Items erhalten von den Nutzern sozialer Medien mehr Zustimmung (vgl. Tabelle 8).

Tabelle 8: Unterschiede zwischen Nutzern und Nichtnutzern sozialer Medien in Aussagen zu Social Media in der Wissenschaftskommunikation

				Levene-Test[2]		**T-Test**	
Soziale Medien…	**MW[1]**	**SD**	**n**	**F**	**p**	**T**	**p**
sind Tools für die Alltagsarbeit.							
Nutzer	3,36	1,12	98	,11	,744	3,73	$\leq$,000
Nichtnutzer	2,58	1,15	40				
sind wichtig für die zukünftige Gestaltung von PR/ Kommunikationsmaßnahmen einer Einrichtung.							
Nutzer	3,73	,92	99	,07	,791	3,40	,001
Nichtnutzer	3,15	,91	41				

Anmerkung: [1]Die Items wurden auf einer fünfstufigen Skala von 1 ‚stimme überhaupt nicht zu‘ bis 5 ‚stimme voll und ganz zu‘ abgefragt. [2]Test auf Varianzgleichheit: Bei beiden Items gegeben.

Demgegenüber unterscheiden sich die Gruppen in der Bewertung „soziale Medien sind eine überbewertete Modeerscheinung“ und „soziale Medien bieten keinen Mehrwert“ nicht. Die erste Aussage lehnen 51,4 Prozent ((72); n = 140) ab, weitere 26,4 Prozent (37) teilweise. 31 Einrichtungen (22,1 Prozent) sehen in sozialen Medien eine Modeerscheinung. Der zweiten Aussage stimmen über die Hälfte der Befragten (56,8 Prozent (79); n = 139) nicht zu. Weitere 25,9 Prozent (36) pflichten dieser Aussage zum Teil bei. Nahezu einem Fünftel (24 Einrichtungen) fehlt ein Mehrwert bei dieser Kommunikationsform. Für die Positionierung am Meinungsmarkt halten 32,8 Prozent (46) Social Media geeignet, weitere 44,3 Prozent ((62); n = 140) zumindest anteilig. Außerdem ist die Mehrheit (62,6 Prozent (87); n = 139) der Meinung, dass die sozialen Medien die gesellschaftliche Kommunikationskultur nachhaltig verändern. Weniger als ein Zehntel (9,4 Prozent (13)) lehnt diese Haltung ab. Zusammenfassend legt die Betrachtung der Itemmittelwerte nahe, dass die PR-Verantwortlichen den sozialen Medien tendenziell Bedeutung im Kommunikationsmix einer Einrichtung zuweisen (vgl.

[117] Die Signifikanz wurde mittels T-Test für unabhängige Stichproben geprüft, der den Unterschied zweier Gruppen anhand eines Mittelwertvergleichs erfasst (Bortz & Schuster, 2010, S. 120ff.).

Tabelle 9). Ferner folgen diese Ergebnisse jenen aus den Befragungen der Unternehmens-PR (Zerfaß & Fink, 2010, S. 21).

Die zitierten Ergebnisse zu sozialen Medien insgesamt deuten aktuell auf ihre untergeordnete Rolle in der Verbreitung wissenschaftlicher Themen hin. Ihnen werden aber für die Zukunft einige Potenziale zugesprochen, deren Durchsetzung zu beobachten bleibt. Die Annahme, „*die Resonanz in den sozialen Medien im Bereich der Wissenschaftskommunikation ist noch überwiegend gering, daher herrscht noch weitgehend Unzufriedenheit mit den Interaktionen, den sozialen Medien wird perspektivisch jedoch Potenzial für die PR-Kommunikation eingeräumt*“ (H3a), kann somit als bekräftigt gelten.

Tabelle 9: Mittelwerte verschiedener Aussagen zu Social Media in der Wissenschaftskommunikation

Soziale Medien…	MW[1]	SD	n
bedeuten einen Paradigmenwechsel in den Kommunikationsmaßnahmen einer Einrichtung.	3,16	1,08	140
sind Tools für die Alltagsarbeit.	3,13	1,17	138
verändern die gesellschaftliche Kommunikationskultur nachhaltig.	3,75	1,02	139
sind eine überbewertete Modeerscheinung.[2]	2,56	1,19	140
bieten keinen Mehrwert.[2]	2,38	1,14	139
helfen bei der Positionierung im Meinungsmarkt.	3,13	,92	140
sind wichtig für die zukünftige Gestaltung von PR/ Kommunikationsmaßnahmen einer Einrichtung.	3,56	,95	140

Anmerkung: [1]Die Items wurden auf einer fünfstufigen Skala von 1 ‚stimme überhaupt nicht zu‘ bis 5 ‚stimme voll und ganz zu‘ abgefragt. [2]Inverse Betrachtung: Mittelwerte unter drei bedeuten, Social Media bieten tendenziell einen Mehrwert und sind tendenziell keine Modeerscheinung.

Frage (11): Folgend lesen Sie Aussagen zur Bedeutung von sozialen Medien für die Kommunikation einer Einrichtung, denen man mehr oder weniger zustimmen kann. Inwieweit stimmen Sie diesen Aussagen zu? Bitte nutzen Sie für Ihr Urteil wieder die Skala von 1 ‚stimme überhaupt nicht zu‘ bis 5 ‚stimme voll und ganz zu‘.

In der Delphi-Studie von Höhn (2011, S.268) prognostizierten die Teilnehmenden nicht nur der Wissenschafts-PR, sondern auch dem Wissenschaftsmarketing einen Bedeutungszuwachs. Diese qualitative Prognose wurde in der vorliegenden Erhebung quantitativ geprüft, da sich gerade für die Kommunikation per Social Media synergetische Effekte auf instrumenteller und in der Wissenschaftskommunikation zuweilen auch inhaltlicher Ebene ergeben. PR- und Marketing-Content müssen gleichsam seriös, akkurat, wahrheitsgetreu, verständlich nach außen kommuniziert werden, um vertrauensbildend zu wirken (Scott, 2009, S. 58, 64f.). Trotz aller Synergien dürfen jedoch die ranggleiche Separation der verschiedenen Abteilungsansätze sowie die Entmischung der unterschiedlichen strategischen Ziele – beides eingebettet in den Kommunikationsrahmen der Organisation – nicht aufgegeben werden. Das fordert nicht nur die theoretische, sondern ebenso die empirische Forschung (Zerfaß, 2010; Fröhlich, 2013, S. 102; Höhn, 2011, S. 269ff.).

Die Ergebnisse der vorliegenden Studie zeigen, dass auch auf quantitativer Ebene perspektivisch von einem Bedeutungszuwachs in der Wissenschafts-PR ausgegangen wird (64 Prozent (105); n = 164). Nur zwei Teilnehmer rechnen mit einem Bedeutungsrückgang. Der internen Wissenschaftskommunikation bescheinigen sogar noch mehr partizipierende Einrichtungen einen Bedeutungsgewinn (68,9 Prozent (113); n = 164). Auch in dieser Kategorie vermuten wiederum nur zwei Teilnehmende einen Bedeutungsverlust. Das Wissenschaftsmarketing wird mehrheitlich für die Zukunft – und damit entgegen den qualitativen Ergebnissen von Höhn (2011, S. 268) – auf gleich bleibendem Niveau verortet (52,5 Prozent (83); n = 158). Jedoch sprechen sich auch etliche für einen Bedeutungszuwachs aus (41,8 Prozent (66)). Nur neun Wissenschaftskommunikatoren (5,7 Prozent) schätzen die Bedeutung von Wissenschaftsmarketing künftig geringer ein (vgl. Abbildung 13).

Abbildung 13: Künftige Bedeutung von PR, interner Kommunikation, Marketing

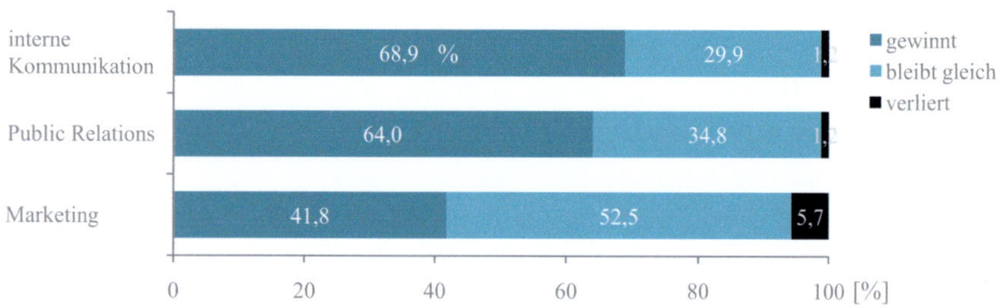

Anmerkung: Frage (1): Wenn Sie zunächst einmal an Public Relations, interne Kommunikation und Marketing denken: Was meinen Sie, gewinnen oder verlieren diese Bereiche in Ihrer Einrichtung künftig an Bedeutung? $n_{PR} = 164$, $n_{interne\ Kommunikation} = 164$, $n_{Marketing} = 158$.

Auf organisationaler Ebene ergeben sich für alle drei Kategorien Unterschiede in der Bedeutungszuschreibung, die jedoch laut Kruskal-Wallis-H-Test[118] nur für das Wissenschaftsmarketing signifikant sind ($\chi^2 = 20,96$; $p \leq ,000$; n = 154). Die Ergebnisse der Mann-Whitney-U-Tests wiesen für die Bedeutungszuschreibung im Marketing organisationale Unterschiede zwischen Fraunhofer und Max-Planck ($MR_{FhG} = 57,03$; $MR_{MPG} = 35,34$; U-Wert = 573,50; $p \leq ,000$; n = 93) sowie zwischen der FhG und der Leibniz-Gemeinschaft ($MR_{FhG} = 60,00$;

[118] Die Items Wissenschafts-PR, interne Kommunikation und Wissenschaftsmarketing wurden auf einer dreistufigen Ordinalskala – verliert, bleibt gleich, gewinnt an Bedeutung – abgefragt, weshalb zum intergruppieren Vergleich erneut der Kruskal-Wallis-H-Test (Brosius, 2011, S. 880ff.) herangezogen wurde.

MR_{WGL} = 43,33; U-Wert = 875,00; $p \leq ,001$; n = 102) auf. Und zwar in jener Form, dass die teilnehmenden Fraunhofer-Institute dem Wissenschaftsmarketing mehr Bedeutungsgewinn zuschreiben. Vermutlich rührt diese Bewertung von der stärkeren Anwendungsorientierung sowie den unterschiedlichen Förder- und Finanzierungsmodellen her, die Wissenschaftsmarketing für Fraunhofer zum Erhalt der Forschungsstruktur und Wachstum bedeutend machen. Alle weiteren Paarvergleiche waren nicht signifikant.

Der Frage nachgegangen, ob die Einschätzung der künftigen Bedeutung von Wissenschafts-PR mit derjenigen von künftiger Online- respektive Social Media-PR korreliert, offeriert für die Bedeutungszuweisung von Wissenschafts- und Online-PR eine signifikante, schwach-positive Korrelation (R = ,203; p = ,014; n = 145)[119]. Das heißt, diejenigen Kommunikatoren, die mit einem Bedeutungszuwachs von Wissenschafts-PR rechnen, prognostizieren auch einen wachsenden Anteil an Online-PR. In der Onlinekommunikation wird die Zukunft der Wissenschaftskommunikation gesehen. Diese These bekräftigt die hohe Zustimmung von 83,3 Prozent ((110); n = 132) zur Aussage „Wissenschaft und Wissenschaftskommunikation werden sich immer stärker online ausbreiten", welche lediglich vier Teilnehmer verneinen.

Insgesamt kann die Annahme *„die Mehrheit der Kommunikatoren sprechen sowohl der Wissenschafts-PR als auch dem Wissenschafts-Marketing und der internen Wissenschaftskommunikation künftig mehr Bedeutung zu"* (H3b) nur bedingt – für Wissenschafts-PR und interne Kommunikation, nicht für Marketing – bekräftigt werden. Tendenziell weisen die Ergebnisse jedoch in diese Richtung.

7.4 Zusammenfassung der Ergebnisse

Die außeruniversitären Forschungseinrichtungen agieren mehrheitlich in den sozialen Medien. Durchschnittlich nutzen sie fünf Anwendungen darunter am häufigsten Facebook, Mikroblogging, Video Sharing und QR-Codes. Nahezu die Hälfte der Zeit wenden die Kommunikatoren heute bereits für die Online-PR-Arbeit auf, zirka 15 Prozent davon für die Public Relations im Social Web. Perspektivisch gehen die PR-Verantwortlichen mehrheitlich von einem Wachstum beider Anteile in ihrer täglichen Kommunikationsarbeit aus.

Viele der außeruniversitären Forschungseinrichtungen setzen zumindest ansatzweise auf Governancestrukturen. Dabei zeigen sich im Vergleich zu früheren Studien Entwicklungstendenzen, welche die Relevanz strategischer Kommunikation in der Wissenschafts-PR gerade unter der veränderten Steuerbarkeit des Kommunikationsoutputs, signalisieren. Diese Relevanz

[119] Beide Variablen wurden dreistufig, ordinalskaliert abgefragt und mittels einer Korrelation nach Spearman auf einen signifikanten Zusammenhang getestet.

steigt zudem, je mehr Social Media-Kanäle bedient werden. Handeln nach einem Kommunikationsrahmen sichert somit bei der Vielzahl an Kommunikationsplattformen die widerspruchsfreie, zielgruppenadäquate Kommunikation. Ebenso korreliert die Relevanzbewertung von Guidelines für den Kommunikationserfolg mit der Intensität der Aktivitäten im Social Web. Allgemein fallen die Meinungen zur Bedeutung von Guidelines für den Kommunikationserfolg ambivalent aus. Mehrheitlich, wenngleich unregelmäßig, beobachten die Forschungseinrichtungen den Kommunikationsverlauf im Social Web. Mehr als drei Viertel von ihnen werten diesen auch mindestens bei Bedarf aus. Für viele fehlen allerdings noch valide Evaluationskonzepte, welches eine belastbare, effiziente Erfolgsmessung augenblicklich erschwert. Nichtsdestotrotz fließen die aus dem Monitoring abgeleiteten Erkenntnisse in die Verbesserung der Kommunikationsmaßnahmen ein. Zur Kommunikationskontrolle messen die Institute am häufigsten Seitenaufrufe, Besucherzahlen, Verweildauern ihres Web-Angebotes. Sie „clippen" Presseartikel elektronisch und analysieren die Berichterstattungsanteile im Social Web.

Auch online bewerten die Kommunikatoren (Wissenschafts-)journalisten/Medien neben den Studierenden und Hochschulabsolventen als wichtigste Zielgruppe der PR-Kommunikation. Sie sehen (Wissenschafts-)journalisten/Medien als signifikant wichtiger als Blogger, Online-Meinungsführer, Mitglieder von Online-Communities und interessierte Bürger. Allerdings zeigt sich auch, dass die Bedeutungszuschreibung zu den Zielgruppen nicht substitutiv, sondern komplementär erfolgt. Ein Bedeutungsgewinn der einen Zielgruppe führt demnach nicht zwingend zu einem Bedeutungsverlust einer anderen, beispielsweise der Medien. So kann derzeit insgesamt nicht von einer Relevanzverschiebung von Journalisten zu Online-Zielgruppen im vormedialen Raum und damit von einem deutlichen Verlust der Gatekeeperfunktion gesprochen werden. Für die Erreichbarkeit relevanter Anspruchsgruppen ist die mediale Berichterstattung nach wie vor essentiell, wenngleich sich das Trägermedium von Off- zu Online-Qualitätsmedienkanälen ändern kann, insbesondere mit einer fortschreitenden Ausweitung der mobilen Kommunikation. Die Traditionsmedien, so die vorherrschende Meinung mit mehr als zwei Drittel Zustimmung, bleiben in den nächsten zwei Jahren für die Wissenschafts-PR weiterhin die wichtigste Bezugsgruppe zur öffentlichen Verbreitung wissenschaftlicher Themen. Gerade um politische und wirtschaftliche Entscheider, wichtige Zielgruppen zur Finanzierung und Förderung der Forschungseinrichtungen, zu erreichen, scheinen die sozialen Medien noch zu ineffizient zu sein, Medienpublicity dafür wesentlich. Perspektivisch jedoch, so die Vermutung, gewinnt die direkte Kommunikation mit den verschiedenen Öffentlichkeiten, ohne Umwege über den Journalismus, an Bedeutung. Heute schon attestieren die Verantwortlichen aus ihren Erfahrungen heraus der Homepage als Informations- und Kommunikationsmedium erstrangige Bedeutung. Eine Relevanzverschiebung von Off- zu Online-PR kann daraus momentan zwar noch nicht eindeutig bekräftigt werden, ist in Tendenz – mit Forderung nach fortlaufender Beobachtung – jedoch erkennbar und wahrscheinlich. Dafür spricht ebenso, dass mehr als acht von zehn Teilnehmern die künftig stärkere Online-Ausbreitung der Wissenschaftskommunikation und Wissenschafts-PR bejahen.

Eine Relevanzverschiebung zu Gunsten von Social Media auf Kosten von Offline- oder allgemeiner Online-PR ist aktuell eher nicht erkennbar. Zwar räumen nahezu drei Viertel der Befragten sozialen Medien künftig mehr Bedeutung ein, fast die Hälfte von ihnen bewerten sie aber nur als bedingt wichtig für die PR-Arbeit der eigenen Einrichtung. Noch herrscht zu viel Unzufriedenheit mit der Interaktion im Social Web. Nahezu jeder zweite äußert eine Überschätzung der Erwartungen an die dialogorientierte Kommunikation. Es fehlt am messbaren Beitrag zur Wertschöpfung einer Einrichtung, selbst wenn die Kommunikatoren den partizipativen Medien einen Mehrwert einräumen. Der personelle und finanzielle Aufwand scheinen zum Nutzen noch nicht im richtigen Verhältnis zu stehen. Allerdings können nur wenige extra Personal beschäftigen. Mehr als drei Viertel der Einrichtungen betreuen die Dialogplattformen nebenher. Gezwungen fühlt man sich jedoch nicht, „always on“ zu sein. Eher werden trotz aller Unzufriedenheit die Chancen wie Dialog, Personalgewinnung oder Suchmaschinenauffindbarkeit wahrgenommen und überwiegend die Ansicht vertreten, dass die Wissenschafts-PR die Möglichkeiten im Social Web noch zu wenig nutzt. Für die Wissenschaftskommunikation prädestiniert halten soziale Medien allerdings nur ein Viertel, wenngleich die Teilnehmenden in dieser Kommunikationsform auch keine Modeerscheinung sehen. Eher vermögen die Kanäle, wenn sich eine Einrichtung für sie entscheidet, eine nachhaltige Veränderung der Kommunikationskultur mit Ansätzen eines Paradigmenwechsels zu fördern. Die Bedeutung der Wissenschafts-PR wie der internen Kommunikation gewinnen nach Meinung der Kommunikatoren an Relevanz. Damit geht auch der Bedeutungsgewinn der Online-PR einher, sodass die Zukunft der Wissenschafts-PR in der Onlinekommunikation – wahrscheinlich in einer mit mehr Dialog, Interaktion, Partizipation bei gleichzeitiger Bereitstellung von Information – zu liegen scheint.

Bezogen auf die nicht normativ wertbaren Online-PR-Typen ordnen mehr als zwei Drittel der Befragten die PR-Kommunikation ihrer Einrichtung der digitalisierten PR zu. Ein Viertel sieht sie der Internet-Public-Relations zugehörig. Dazu passen die zitierten Ergebnisse. Sie deuten überdies anhand der Bedeutungszuweisung und dem Bedeutungsgewinn von Social Media, der Meinungen zum Social Media Monitoring, der Kommunikationsgrundsätze oder den bedienten Social Web-Anwendungen aber auch eine Öffnung zur Cluetrain-PR respektive zu kommunikativen Mischtypen an.

Signifikante Unterschiede zwischen den Einrichtungen der vier Forschungsorganisationen zeigen sich grundsätzlich selten. Wo sie sich offenbaren, eröffnen sie häufig bei den Helmholtz-Zentren gefolgt von den Fraunhofer-Instituten geringfügig stärkere Präferenzen für die Social Media-Kommunikation und die damit verbundenen Ausformungen sowie Ansichten. Das mag einerseits an der unterschiedlichen Forschungsausrichtung, andererseits an der Organisationspolitik und der finanzpolitischen Struktur der Forschungseinrichtungen liegen. Letztlich ähneln sich tendenziell ihre Bedeutungszuweisungen zu Online-Wissenschafts-PR, speziell Wissenschafts-PR im Social Web.

Insgesamt folgen die Ergebnisse jenen, die in Befragungen der Public Relations von Unternehmen oder Non-Profit-Organisationen zu Social Media gemessen wurden, sodass unter den gesamtgesellschaftlichen, globalen und medial-kulturellen Entwicklungen sowie der fortschreitenden Professionalisierung der Wissenschafts-PR eine Annäherung der instrumentellen Nutzung an klassische PR-Strukturen erkennbar ist, obschon sie sich in ihrer inhaltlichen Komplexität maßgeblich unterscheiden.

Social Media hat neben anderen Kommunikationsformen in der Wissenschafts-PR eine Bedeutung, die sich noch weiter etablieren und deren effiziente Nischen sich herauskristallisieren müssen. Dazu bedarf es nicht zuletzt weiterer Forschung.

8 Diskussion und Ausblick

> „Durch den Einsatz interaktiver Medien werden (…) Forschungsorganisationen in die Lage versetzt, neue Akzente in ihrer Öffentlichkeitsarbeit zu setzten." (Lederbogen, 2004, S. 306)

Medial-gesellschaftliche Veränderungen machen vor außeruniversitären Forschungseinrichtungen nicht Halt. Darüber hinaus treffen Forschungseinrichtungen auf zunehmend mehr Wettbewerb nicht zuletzt durch Internationalisierung, veränderte Förderprogramme oder die steigende Zahl wissenschaftlicher Gruppierungen. Bekanntheit, Sichtbarkeit, Aufmerksamkeitsgenerierung und Exzellenz – auch kommunikative – avancieren zu relevanzbestimmenden Faktoren, die von einer institutionellen, professionellen Wissenschafts-PR wesentlich mitgestaltet werden können. Diese professionellen Kommunikatoren müssen sich den veränderten Kommunikationsbedingungen annehmen, sie für die institutionellen Zwecke analysieren, sie bewerten und gegebenenfalls in ihren Kommunikationsalltag integrieren. Neben der traditionellen PR mit Schwerpunkt auf der Pressearbeit entwickelt sich eine PR-Kultur, die direkter mit den Anspruchsgruppen kommuniziert. Die Forschungseinrichtungen nehmen sich dieser neueren PR-Kultur im vormedialen Raum an, analysieren sie hinsichtlich der eigenen organisationalen Kommunikationsziele und partizipieren in einer Vielzahl und vielfältiger

Weise darin. Der Aufgabenbereich wird dadurch jedoch reicher und komplexer, worauf die Verantwortlichen nicht immer mit den eigentlich benötigten Ressourcen reagieren können. Ferner ergeben sich Hürden, die in einer traditionell verankerten, geschlossenen Organisationskultur begründet liegen oder aus Vorbehalten des Managements und der Mitarbeiter gegenüber der PR selbst, den partizipativen Medien sowie der Datensicherheit her rühren.

Kritik an der Erhebung kann einerseits an ihrer deskriptiven, teils oberflächlichen Art geäußert werden, welche jedoch auch der fehlenden Vorstudien zu Social Media in der Wissenschafts-PR außeruniversitärer Forschungseinrichtungen geschuldet ist. Andererseits ging die Breite der aufgegriffenen Themenfelder teils zu Lasten der inhaltlichen Tiefe. Folgestudien könnten detaillierter auf einen Themenbereich fokussieren, welches die inhaltliche Struktur der Befragung vereinfachen und die Beantwortung für die Teilnehmer erleichtern würde. Von den Teilnehmenden wurde mehrmals die Gesamtlänge des Fragebogens angemerkt, ebenso wie die Fragenlänge und Textmenge, die sich manche kürzer gewünscht hätten. Deshalb freut es umso mehr, dass viele das Thema offensichtlich als wichtig erachten und den Fragenbogen komplett ausfüllten. Bei der Frage nach den Erfahrungen der medialen Erreichbarkeit verschiedener Zielgruppen (Frage 20) hätten sich zwei Befragte eine Mehrfachauswahl respektive ein variableres Beantwortungsschema gewünscht, welches in künftigen Studien aufgegriffen werden könnte, um den Mix verschiedener Kommunikationsformen intensiver herauszuarbeiten. Auf die fehlende Abfrage der Anzahl an PR-Mitarbeitern allgemein wies ein Teilnehmender hin, da sie Evidenz zum „Spannungsfeld zwischen Kapazität und Leistung“ der PR widerspiegeln könnte; ein Gedanke, der weiter verfolgt werden sollte.

Künftige Forschungsvorhaben könnten daher einzelne Social Media-Kanäle herausgreifen, ihren Wert für die Wissenschafts-PR im Detail, eventuell beschränkt auf die Einrichtungen einer Forschungsorganisation, analysieren. Auch in den Potenzialen, die soziale Medien für die Wissenschafts-PR bergen, bedarf es weiterer Analysen. Ebenso in Fragen nach den Nischen, die die interaktiven Medien im Wissenschaftsbereich mit welchen Zielgruppen und welchen Themenspezifika besetzen. Zu Fragen nach dem Erreichen von mehr Interaktion sind sicherlich auch die Nutzer von online offerierten Wissenschaftsangeboten mit einzubeziehen. Außerdem eröffnen sich Fragen zur Wertschöpfung der Social Media-Kommunikation in der Wissenschafts-PR, die je nach Ergebnis die Akzeptanz dieser Kommunikationsformen bei den Mitarbeitern und der Leitungsebene positiv beeinflussen können. Die Online- und Social Media-Erreichbarkeit der wirtschaftlichen und politischen Entscheider sollten ebenso weitere Beachtung finden; zudem wie sich Off- und Onlinekommunikation von wissenschaftlichen Veranstaltungen oder Konferenzen intensiver synergetisch verbinden lassen, beispielsweise wie „Lange Nächte der Wissenschaften“ mit Twitterwalls und mobilen Angeboten virtuellinteraktiv begleitet und viral gefördert werden können. Dieses sind nur wenige offene Themen. Wissenschafts-PR hält somit noch genügend Fragen für weitere Analysen bereit.

Die Studie fragte nach der Bedeutung der Onlinekommunikation, vorrangig der Kommunikation im Social Web, für die Wissenschafts-PR außeruniversitärer Forschungseinrichtungen. Sie kommt zu dem Schluss, dass ein wesentlicher Teil künftiger Wissenschafts-PR in der Onlinekommunikation liegt. Die Medien bleiben aber, selbst wenn sich das Trägermedium ändert, eine wichtige Zielgruppe als Baustein in der Übersetzungskaskade wissenschaftlich komplexer Informationen, die mit ihrer investigativen Berichterstattung den Legitimierungsgedanken unterstützen. Dieser Gedanke wird zusätzlich durch die Dialogmöglichkeiten im Social Web gefördert. Soziale Medien haben neben anderen Kommunikationsformen in der Wissenschafts-PR eine Bedeutung, die sich noch weiter etablieren und deren effiziente Nischen sich herauskristallisieren müssen. Wo Social Media die Wissenschafts-PR hinführt, welchen Anteil sie künftig an der gesamten PR-Arbeit einnimmt und welche Potenziale sie letztlich offeriert, bleiben offene Fragen. Alles in allem liegt so eine spannende Zeit vor den Kommunikatoren der Wissenschafts-PR, denn „Public relations helps an organization and its publics mutually adapt to each other“ (Public Relations Society of America zit. in Borchelt, 2008, S. 151).

Literaturverzeichnis

allfacebook (2013). Facebook Nutzerzahlen. (Stand: Juni 2013). Verfügbar unter: *http://allfacebook.de/userdata/* [19.08.2013].

Allgaier, J., Brossard, D., Dunwoody, S., Lo, Y.-Y. & Peters, H. P. (2012). Mediennutzung und Einschätzung von Medieneffekten durch Neurowissenschaftler in Deutschland und den USA: Ergebnisse einer Online-Befragung. In C. Y. Robertson-von Trotha & J. M. Morcillo (Hrsg.), *Öffentliche Wissenschaft und Neue Medien. Die Rolle der Web 2.0-Kultur in der Wissenschaftsvermittlung* (S. 205–214). Karlsruhe: KIT Scientific Publishing.

Allgaier, J., Dunwoody, S., Brossard, D., Lo, Y.-Y. & Peters, H. P. (2013). Journalism and Social Media as Means of Observing the Contexts of Science. *BioScience, 63*(4), 284–287.

Aretin von, F. (2012). Die andere Seite des Schreibtisches. Zum Verhältnis von Wissenschaftskommunikatoren zu Wissenschaftsjournalisten. In B. Dernbach, C. Kleinert & H. Münder (Hrsg.), *Handbuch Wissenschaftskommunikation* (S. 229–235). Wiesbaden: VS Verlag für Sozialwissenschaften.

Backhaus, K., Erichson, B., Plinke, W. & Weiber, R. (2011). *Multivariate Analysemethoden. eine anwendungsorientierte Einführung* (12. Aufl.). Berlin; Heidelberg [u.a.]: Springer.

Baerns, B. (1990). Wissenschaftsjournalismus und Öffentlichkeitsarbeit: Zur Informationsleistung der Pressedienste und Agenturen. In S. Russ-Mohl (Hrsg.), *Wissenschaftsjournalismus und Öffentlichkeitsarbeit. Tagungsbericht zum 3. Colloquium Wissenschaftsjournalismus vom 4.-5. November 1988 in Berlin* (Bd. 32, S. 37–54). Gerlingen: Bleicher.

Bentele, G. (1997). Grundlagen der Public Relations. Positionsbestimmung und einige Thesen. In B. Baerns & W. Donsbach (Hrsg.), *Public Relations in Theorie und Praxis. Grundlagen und Arbeitsweise der Öffentlichkeitsarbeit in verschiedenen Funktionen* (Bd. 4, S. 21–36). München: Fischer.

Bentele, G. (2013b). Ein rekonstruktiver Ansatz der Public Relations. In G. Bentele, R. Fröhlich & P. Szyszka (Hrsg.), *Handbuch der Public Relations. Wissenschaftliche Grundlagen und berufliches Handeln; mit Lexikon* (2. Aufl., 147-160). Wiesbaden: Springer VS.

Bentele, G. (2013a). Öffentlichkeit. In G. Bentele, R. Fröhlich & P. Szyszka (Hrsg.), *Handbuch der Public Relations. Wissenschaftliche Grundlagen und berufliches Handeln; mit Lexikon* (2. Aufl., S. 610–611). Wiesbaden: Springer VS.

Bentele, G. & Seidenglanz René (2013). Vertrauen und Glaubwürdigkeit. In G. Bentele, R. Fröhlich & P. Szyszka (Hrsg.), *Handbuch der Public Relations. Wissenschaftliche Grundlagen und berufliches Handeln; mit Lexikon* (2. Aufl., S. 346–361). Wiesbaden: Springer VS.

Bitkom (2012). Social Media in deutschen Unternehmen. Verfügbar unter: *www.bitkom.org/files/documents/Social_Media_in_deutschen_Unternehmen%284%29.pdf* [22.09.2013].

BMBF - Bundesministerium für Bildung und Forschung (2012). Bundesbericht Forschung und Innovation 2012. Verfügbar unter: *www.bmbf.de/pub/bufi_2012.pdf* [08.10.2013].

Boelter, D. & Hütt, H. (2012). Dialogkommunikation und Partizipation: Wandel einer kommunikativen Praxis. In A. Zerfaß & T. Pleil (Hrsg.), *Handbuch Online-PR. Strategische Kommunikation in Internet und Social Web* (Bd. 7, S. 395–407). Konstanz: UVK.

Borchelt, R. E. (2008). Public Relations in Science. In M. Bucchi & B. Trench (Hrsg.), *Handbook of Public Communication of Science and Technology* (1. Aufl., S. 147–157). London, New York: Routledge.

Bortz, J. & Schuster, C. (2010). *Statistik für Human- und Sozialwissenschaftler. Mit 70 Abbildungen und 163 Tabellen* (7. Aufl.). Berlin [u.a.]: Springer.

Bräutigam, Y. & Ettl-Huber, S. (2013). Potenziale von Social Media für die Medienarbeit in der externen Wissenschaftskommunikation. In S. Ettl-Huber, R. Nowak, B. Reiter & M. Roither (Hrsg.), *Social Media in der Organisationskommunikation* (S. 147–166). Wiesbaden: Springer Fachmedien Wiesbaden.

Brosius, F. (2011). *SPSS 19*. Heidelberg; München [u.a.]: Verlagsgruppe Hüthig Jehle Rehm.

Brosius, H.-B., Haas, A. & Koschel, F. (2009). *Methoden der empirischen Kommunikationsforschung. Eine Einführung* (5. Aufl.). Wiesbaden: VS Verlag für Sozialwissenschaften.

Brosius, H.-B., Haas, A. & Koschel, F. (2012). *Methoden der empirischen Kommunikationsforschung. Eine Einführung* (6. Aufl.). Wiesbaden: Springer VS.

Brossard, D. & Scheufele, D. A. (2013). Science, New Media, and the Public. *Science, 339*(6115), 40–41.

Brumfiel, G. (2009). Supplanting the old media? *Nature, 458*, 274–277.

Bruttel, O. (2012). Kommunikationspotential sozialer Netzwerke. ACTA - Allensbacher Computer- und Technikanalyse 2012. Verfügbar unter: *www.ifd-allensbach.de/fileadmin /ACTA/ACTA_Praesentationen/2012/ACTA2012_Bruttel.pdf* [14.08.2013].

Burns, T. W., O'Connor, D. J. & Stocklmayer, S. M. (2003). Science Communication: A Contemporary Definition. *Public Understanding of Science, 12*(2), 183–202.

Busemann, K. (2013). Wer nutzt was im Social Web? Ergebnisse der ARD/ZDF-Onlinestudie 2013. *Media Perspektiven, 7-8*, 391–399.

Castells, M. (2005). *Die Internet-Galaxie. Internet, Wirtschaft und Gesellschaft* (1. Aufl.). Wiesbaden: VS-Verlag für Sozialwissenschaften

Curtis, L., Edwards, C., Fraser, K. L., Gudelsky, S., Holmquist, J., Thornton, K. & Sweetser, K. D. (2010). Adoption of social media for public relations by nonprofit organizations. *Public Relations Review, 36*(1), 90–92.

Delfanti, A. (2012). Open Access and Science Communication. Reflections on the need for a more open communication environment. *Jcom, 11*(2), E.

Dernbach, B. & Schreiber, P. (2012). Evaluation der Online-Kommunikation. In B. Dernbach, C. Kleinert & H. Münder (Hrsg.), *Handbuch Wissenschaftskommunikation* (S. 363–372). Wiesbaden: VS Verlag für Sozialwissenschaften.

DGPuK-CvK (2004). Selbstverständnis der Fachgruppe Computervermittelte Kommunikation der Deutschen Gesellschaft für Publizistik- und Kommunikationswissenschaft. Verfügbar unter: *www.dgpuk.de/fachgruppenad-hoc-gruppen/computervermittelte-kommunikation/ selbstverstandnis/* [21.08.2013].

Die Firma (2010). B2B Online-Monitor 2010. Business 2.0: Offene Chancen und unentdeckte Potentiale. Verfügbar unter: *www.diefirma.de/fileadmin/user_upload/Themen/b2b_online _monitor_2010.pdf* [23.08.2013].

Die Firma (2011). B2B Online-Monitor 2011. Klartext im Internet: Verantwortliche zwischen Wunsch und Wirklichkeit. Verfügbar unter: *www.diefirma.de/fileadmin/user_upload/ Themen/b2b_online_monitor_2011.pdf* [23.08.2013].

Die Firma (2012). B2B Online-Monitor 2012: Gewinner und Verlierer der digitalen Evolution. Verfügbar unter: *www.diefirma.de/fileadmin/user_upload/Themen/df_b2b_onlinemo nitor_2012_web.pdf* [23.08.2013].

Die Firma (2013). B2B Online-Monitor 2013: Neueste Erkenntnisse aus der Online-Wissenschaft. Verfügbar unter: *www.diefirma.de/themen/detail/b2b_online_monitor-1/* [23.08.2013].

Döbler, T. (2010). Wissensmanagement: Open Access, Social Networks, E-Collaboration. In W. Schweiger & K. Beck (Hrsg.), *Handbuch Online-Kommunikation* (S. 385–408). Wiesbaden: VS Verlag für Sozialwissenschaften.

Drösser, C. (2012). Neue Aufgaben für alte Medien. In B. Dernbach, C. Kleinert & H. Münder (Hrsg.), *Handbuch Wissenschaftskommunikation* (S. 217–220). Wiesbaden: VS Verlag für Sozialwissenschaften.

Duke, S. (2002). Wired science: use of World Wide Web and e-mail in science public relations. *Public Relations Review, 28*(3), 311–324.

Dunwoody, S. (2008). Science Journalism. In M. Bucchi & B. Trench (Hrsg.), *Handbook of public communication of science and technology* (S. 15–26). London, New York: Routledge.

Ebersbach, A., Glaser, M. & Heigl, R. (2011). *Social Web* (2. Aufl.). Konstanz: UVK Verl.-Ges.

Eck, K. (2013). Content Strategie 6: Niemand wartet auf Ihre Inhalte. Verfügbar unter: *http://pr-blogger.de/2013/07/18/content-strategie-6-niemand-wartet-auf-ihre-inhalte/* [20.07.2013].

Eck, K. & Pleil, T. (2006). Public Relations beginnen im vormedialen Raum. Weblogs als neue Herausforderung für das Issues Management. In A. Picot & T. Fischer (Hrsg.), *Weblogs professionell. Grundlagen, Konzepte und Praxis im unternehmerischen Umfeld* (1. Aufl., S. 77–94). Heidelberg: Dpunkt. Verl.

Edelman, R. (2010) The Third Way: Public Engagement. In Edelman (Hrsg.), *The Digital Reset Communicating in an Era of Engagement. A Guide to Engaging Audiences through Social Media (Edelman Whitepaper)* (S. 2–3). New York. Verfügbar unter: *www.newme diaacademicsummit.com/documents/NMAS_whitepaper_20IO.pdf* [10.11.2013].

Edelman (2013a). Edelman Trustbarometer 2013. Annual Global Study. Verfügbar unter: *www.edelman.de/images/studien/2013%20edelman%20trust%20barometer%20global%20 deck.pdf* [10.11.2013].

Edelman (2013b). Edelman Trustbarometer 2013. Infografik. Verfügbar unter: *www.edelman .de/images/studien/Edelman_Trust_Barometer_2013_Infografik.pdf* [10.11.2013].

Eyrich, N., Padman, M. L. & Sweetser, K. D. (2008). PR practitioners' use of social media tools and communication technology. *Public Relations Review, 34*(4), 412–414.

Fink, S. (2012). Microblogging und Twitter-Strategien für die Online-Kommunikation. In A. Zerfaß & T. Pleil (Hrsg.), *Handbuch Online-PR. Strategische Kommunikation in Internet und Social Web* (Bd. 7, S. 265–280). Konstanz: UVK.

Fink, S., Zerfaß, A. & Linke, A. (2012). Social Media Governance. In A. Zerfaß & T. Pleil (Hrsg.), *Handbuch Online-PR. Strategische Kommunikation in Internet und Social Web* (Bd. 7, S. 99–110). Konstanz: UVK.

Fink & Fuchs (2012). Social Media Governance – hohe Relevanz, aber viele Hindernisse. Verfügbar unter: *www.ffpr.de/newsroom/wp-content/uploads/2012/11/FF-2012-008-Studie-Social-Media-Delphi-final.pdf* [22.07.2013].

Fischer, L. (2012). Wissenschaftsblogs – Kulturraum mit eigenen Regeln. In B. Dernbach, C. Kleinert & H. Münder (Hrsg.), *Handbuch Wissenschaftskommunikation* (S. 259–266). Wiesbaden: VS Verlag für Sozialwissenschaften.

Fraunhofer-Forschungs-Blog (o. A.). Dual. Verfügbar unter: *www.forschungs-blog.de/dual/* [28.09.2013].

Fraunhofer-Gesellschaft (o. A.). Über Fraunhofer: Wir erfinden Zukunft. Verfügbar unter: *www.fraunhofer.de/de/ueber-fraunhofer.html* [05.10.2013].

Fraunhofer-Gesellschaft (2013). Fraunhofer-Kinderwebsite »Der Entdeckercampus«. Verfügbar unter: *http://entdeckercampus.fraunhofer.de/_html/index.html* [05.10. 2013].

Freeman, R. E. (2004). The Stakeholder Approach Revisited. *zfuw, 5*(3), 228–241.

Fröhlich, R. (2013). Die Problematik der PR-Definition(en). In G. Bentele (Hrsg.), *Handbuch der Public Relations. Wissenschaftliche Grundlagen und berufliches Handeln; mit Lexikon* (2. Aufl., S. 95–109). Wiesbaden: Springer VS.

Geisel, A. (2013). Langeweile im Social Web oder raus aus der Komfortzone. Verfügbar unter: *http://pr-blogger.de/2013/06/21/langweile-im-social-web-oder-raus-aus-der-komfortzone/* [20.07.2013].

Gerber, A. (2011). *Vorhang auf für Phase 5. Trendstudie. Chancen, Risiken und Forderungen für die nächste Entwicklungsstufe der Wissenschaftskommunikation* (1. Aufl.). Berlin: Innokomm Forschungszentrum.

Gerber, A. (2012). Vorhang auf für Phase 5. In B. Dernbach, C. Kleinert & H. Münder (Hrsg.), *Handbuch Wissenschaftskommunikation* (S. 385–392). Wiesbaden: VS Verlag für Sozialwissenschaften.

Gerber, A. & Linke, A. (2013). Auslaufmodell „Verpackungskünstler". Der Medienwandel erzwingt und ermöglicht neue Perspektiven in der Wissenschaftskommunikation. *Wissenschaftsmanagement special, 2,* 28–29.

Gerber, A. & Neuhaus, J. (2013). Revolution mit Hindernissen. Studie zu den Perspektiven von „Social Media" in der Wissenschaft. *Wissenschaftsmanagement special, 4,* 18–21.

Gerdes, A. & Pätzold, M. (2012). Wie das Meer an Land kommuniziert wird. Zielgruppenorientierte Öffentlichkeitsarbeit am MARUM. In B. Dernbach, C. Kleinert & H. Münder (Hrsg.), *Handbuch Wissenschaftskommunikation* (S. 127–132). Wiesbaden: VS Verlag für Sozialwissenschaften.

Google+ (2013). In sozialen Medien im ganzen Web präsent sein. Verfügbar unter: *www.google.com/intl/de/+/business/* [19.08.2013].

Gordon, J. & Berhow, S. (2009). University websites and dialogic features for building relationships with potential students. *Public Relations Review, 35*(2), 150–152.

Grunig, J. E. (2009). Paradigms of global public relations in an age of digitalisation. PRism: 6(2). Verfügbar unter: *www.prismjournal.org/fileadmin/Praxis/Files/globalPR/GRUNIG .pdf* [01.08.2013].

Grunig, J. E. & Grunig, L. A. (1992). Models of Public Relations and Communication. In J. E. Grunig (Hrsg.), *Excellence in public relations and communication management* (S. 285–326). Hillsdale, New Jersey [u.a.]: Lawrence Erlbaum Associates.

Grunig, J. E. & Hunt, T. (1984). *Managing public relations*. New York: Holt, Rinehart and Winston.

Helmholtz-Gemeinschaft (2013a). Über uns. Verfügbar unter: *www.helmholtz.de/ ueber_uns/* [04.09.2013].

Helmholtz-Gemeinschaft (2013b). Social Media Newsroom der Helmholtz-Gemeinschaft. Social Media Beiträge aus den 18 Forschungszentren und der Geschäftsstelle der Helmholtz-Gemeinschaft Deutscher Forschungszentren. Verfügbar unter: *http://social.helm holtz.de/* [04.09.2013].

Herrmann-Giovanelli, I. (2013). *Wissenschaftskommunikation aus der Sicht von Forschenden. Eine qualitative Befragung in den Natur- und Sozialwissenschaften*. Konstanz, München: UVK-Verlagsgesellschaft.

Höhn, T. D. (2011). *Wissenschafts-PR. Eine Studie zur Öffentlichkeitsarbeit von Hochschulen und außeruniversitären Forschungseinrichtungen*. Konstanz: UVK-Verlags-Gesellschaft.

Höhn, T. (2012). Wissenschaftsjournalismus versus Wissenschafts-PR. Eine kritische Betrachtung des ungleichen Verhältnisses anhand von Rollenbildern, Funktionen und öffentlicher Wahrnehmung. *Medienproduktion - Online Zeitschrift für Wissenschaft und Praxis, 2*, 11–16.

Hohn, H.-W. (2010). Außeruniversitäre Forschungseinrichtungen. In D. Simon, A. Knie & S. Hornbostel (Hrsg.), *Handbuch Wissenschaftspolitik* (S. 457–477). Wiesbaden: VS Verlag für Sozialwissenschaften.

IfD (2008). Bevölkerungsbefragung: IfD-Umfrage 10025 (unv. Dokument).

IfD (2009). Unternehmensbefragung: IfD-Umfrage 5241 (unv. Dokument).

index (2009). Die Index Expertenbefragung: Online-PR 2009. Die Zukunft der PR ist online. Verfügbar unter: *www.reichweiten.net/resources/Studie_Online-PR-2009.pdf* [23.08.2013].

index (2011). Index-Expertenbefragung Online-PR 2011: Unternehmen mit Wissensbedarf bei Online-PR. Verfügbar unter: *www.index.de/nc/publikationen/umfragen* [22.07.2013].

IVW (2013). Werbeträgerdaten – Quartalsauflagen. Verfügbar unter: *www.ivw.eu/index.php? menuid=37&reporeid=10#tageszeitungen* [14.04.2013].

Jarren, O. & Röttger, U. (2013). Public Relations aus kommunikationswissenschaftlicher Sicht. In G. Bentele, R. Fröhlich & P. Szyszka (Hrsg.), *Handbuch der Public Relations. Wissenschaftliche Grundlagen und berufliches Handeln; mit Lexikon* (2. Aufl., S. 19–36). Wiesbaden: Springer VS.

Kallfass, M. (2009). Public Relations von Wissenschaftseinrichtungen - eine explorative Studie in Deutschland, Frankreich und Großbritannien. In H. P. Peters (Hrsg.), *Medienorientierung biomedizinischer Forscher im internationalen Vergleich. Die Schnittstelle von Wissenschaft & Journalismus und ihre politische Relevanz* (S. 101–176). Jülich: Forschungszentrum Jülich.

Kaplan, A. M. & Haenlein, M. (2010). Users of the world, unite! The challenges and opportunities of Social Media. *Business Horizons, 53*(1), 59–68.

Kleinert, C. (2012). Der Dialog muss organisiert und koordiniert werden. Eine Bilanz von Wissenschaft im Dialog (WiD). In B. Dernbach, C. Kleinert & H. Münder (Hrsg.), *Handbuch Wissenschaftskommunikation* (S. 49–54). Wiesbaden: VS Verlag für Sozialwissenschaften.

Kluwe, H. & Smodej, P. (2007). Innovationen als Gegenstand der Wissenschaftskommunikation – Wissenschafts-Innovationskommunikation im Feld der Universitäts-PR. In S. Huck & C. Mast (Hrsg.), *Innovationskommunikation. Ausgewählte Instrumente der Innovationskommunikation: CEO-Kommunikation, Corporate Social Responsibility und Wissenschaftskommunikation* (S. 71–94). Hohenheim: Kommunikations-, Informations- und Medienzentrum der Universität Hohenheim.

Köcher, R. (2013). Erreichbarkeit von Zielgruppen über Multi-Channel-Strategien. Ergebnisse der Allensbacher Computer- und Technik-Analyse ACTA 2013. Verfügbar unter: *www.ifd-allensbach.de/fileadmin/ACTA/ACTA_Praesentationen/2013/ACTA2013_Koecher_Handout.pdf* [09.11.2013].

Kohring, M. (2004). Die Wissenschaft des Wissenschaftsjournalismus. Eine Forschungskritik und ein Alternativvorschlag. In C. Müller (Hrsg.), *SciencePop. Wissenschaftsjournalismus zwischen PR und Forschungskritik* (1. Aufl., S. 161–183). Graz, Wien: Nausner & Nausner.

Kohring, M., Marcinkowski, F., Lindner, C. & Karis, S. (2013). Media orientation of German university decision makers and the executive influence of public relations. *Public Relations Review, 39*(3), 171–177.

Kohut, A., Doherty, C., Dimock, M. & Keeter, S. (2012). In Changing News Landscape, Even Television is Vulnerable. Trends in News Consumption: 1991 - 2012. Verfügbar unter: *www.people-press.org/files/legacy-pdf/2012%20News%20Consumption%20Report.pdf* [28.11.2013].

Kolb, G. (2010). Vertrauen wächst im direkten Dialog – Zur Renaissance der Direktkommunikation im Zeitalter des Internets. In J. Böhm, M. Kayser & A. Spiller (Hrsg.), *Die Ernährungswirtschaft in der Öffentlichkeit. Social Media als neue Herausforderung der PR* (1. Aufl., S. 55–72). Göttingen: Cuvillier.

Korbien, M. (2012). Das Cluetrain Manifest (Levine, Locke, Searls, Weinberger). In D. Michelis (Hrsg.), *Social Media Handbuch. Theorien, Methoden, Modelle und Praxis* (S. 81–89). Baden-Baden: Nomos.

Kunczik, M. & Szyszka, P. (2013). Praktikertheorien. In G. Bentele, R. Fröhlich & P. Szyszka (Hrsg.), *Handbuch der Public Relations. Wissenschaftliche Grundlagen und berufliches Handeln; mit Lexikon* (2. Aufl., S. 110–124). Wiesbaden: Springer VS.

Lederbogen, U. (2004). *Wissenschaft im Netz. Analysen und Strategien der Online-PR von Hochschulen und Forschungsorganisationen* (Europäische Hochschulschriften. Reihe 40, Kommunikationswissenschaft und Publizistik, Bd. 88, 1. Aufl.). Frankfurt am Main: Lang.

Lederbogen, U. & Trebbe, J. (2003). Promoting Science on the Web: Public Relations for Scientific Organizations – results of a Content Analysis. *Science Communication, 24*(3), 333–352.

Leibniz-Gemeinschaft (o. A.). Einheit in der Vielfalt – das Leibniz-Transferportal. Verfügbar unter: *http://www.leibniz-transfer.de/* [04.10.2013].

Leibniz-Gemeinschaft (2013). Die Leibniz-Gemeinschaft. Theoria cum praxi: Wissenschaft zum Wohl und Nutzen des Menschen. Verfügbar unter: *www.leibniz-gemeinschaft.de/ueber-uns/* [04.10.2013].

Leßmöllmann, A. (2009). Wissenschaftsjournalisten – der Nische entwachsen und dennoch Spezialisten. In B. Dernbach & T. Quandt (Hrsg.), *Spezialisierung im Journalismus* (S. 137–146). Wiesbaden: VS Verlag für Sozialwissenschaften.

Leßmöllmann, A. (2012). Social Media: die neue Öffentlichkeit. In B. Dernbach, C. Kleinert & H. Münder (Hrsg.), *Handbuch Wissenschaftskommunikation* (S. 251–257). Wiesbaden: VS Verlag für Sozialwissenschaften.

Levine, R., Locke, C., Searls, D. & Weinberg, D. (1999). The Cluetrain Manifesto. 95 Theses. Verfügbar unter: *www.cluetrain.com* [20.07.2013].

Levine, R., Locke, C., Searls, D. & Weinberg, D. (2009). *The cluetrain manifesto* (10. Aufl.). New York: Basic Books.

Linvill, D. L., McGee, S. E. & Hicks, L. K. (2012). Colleges' and universities' use of Twitter: A content analysis. *Public Relations Review, 38,* 636–638.

Littek, M. S. (2012). *Wissenschaftskommunikation im Web 2.0. Eine empirische Studie zur Mediennutzung von Wissenschaftsblogs*. Frankfurt am Main [u.a.]: Lang.

Mathes, R. & Pfetsch Barbara. (1991). The Role of the Alternative Press in the Agenda-building Process: Spill-over Effects and Media Opinion Leadership. *European Journal of Communication, 6,* 33–62.

Mavridis, T. (2011). Social Media Relations. Die neue Dimension der Nachhaltigkeitskommunikation. *uwf, 19*(3-4), 245–248.

Max-Planck-Gesellschaft (2013). Kurzporträt. Verfügbar unter: *www.mpg.de/kurzportrait* [04.10.2013].

Mayer, K. U. (2012). Einstein brauchte keinen Pressesprecher. Die heutige Wissenschaft dagegen ist auf professionelle Medienarbeit angewiesen. In B. Dernbach, C. Kleinert & H. Münder (Hrsg.), *Handbuch Wissenschaftskommunikation* (S. 19–25). Wiesbaden: VS Verlag für Sozialwissenschaften.

Meier, K. & Feldmeier, F. (2005). Wissenschaftsjournalismus und Wissenschafts-PR im Wandel. Eine Studie zu Berufsfeldern, Marktentwicklung und Ausbildung. *Publizistik, 50*(2), 201–224.

Meyer-Guckel, V. (2013). Marketing oder Kommunikation? *Wirtschaft & Wissenschaft, 1,* 40–43.

Moosmüller, A. (2012). Wissenschaft 2.0: Transparenz und Partizipation. In C. Y. Robertson-von Trotha & J. M. Morcillo (Hrsg.), *Öffentliche Wissenschaft und Neue Medien. Die Rolle der Web 2.0-Kultur in der Wissenschaftsvermittlung* (S. 169–176). Karlsruhe: KIT Scientific Publishing.

Nentwich, M. (2011). Das Web 2.0 in der wissenschaftlichen Praxis. In T. Gloning & G. Fritz (Hrsg.), *Wissenschaftskommunikation – Formate und ihre Nutzung* (S. 35–53). Gießen: Gießener Elektronische Bibliothek.

Neuberger, C. & Pleil, T. (2006). Online-Public Relations: Forschungsbilanz nach einem Jahrzehnt. Verfügbar unter: *http://de.scribd.com/doc/100124234/Neuberger-Christoph-Pleil-Thomas-2006-Online-Public-Relations-Forschungsbilanz-nach-einem-Jahrzehnt* [14.08.2013].

Newman, N. & Levy, D. A. L. (2013). Reuters Institute Digital News Report 2013 Tracking the Future of News, Reuters Institute for the Study of Journalism - Oxfort University. Verfügbar unter: *https://reutersinstitute.politics.ox.ac.uk/fileadmin/documents/Publications/Working_Papers/Digital_News_Report_2013.pdf* [28.11.2013].

news aktuell & Faktenkontor (2013). Social Media Trendmonitor 2013. „Kommunikationsprofis, Journalisten und das Web". Verfügbar unter: *http://de.slideshare.net/newsaktuell/social-media-trendmonitor-2013* [23.09.2013].

Niesbet, M. C. & Scheufele, D. A. (2012). Opinion: Scientists‘ Intuitive Failures. Mach of what researchers believe about the public and effective communication is wrong. *The Scientist,* 23. Juli.

Oetting, M. (2011). Kommunikationswandel: Die vier Subsysteme des Medienapparats. In J. Krone (Hrsg.), *Medienwandel kompakt 2008-2010. Schlaglichter der Veränderung in Medienökonomie, -politik, -recht und Journalismus; ausgewählte Netzveröffentlichungen* (1. Aufl., S. 21–26). Baden-Baden: Nomos, Ed. Fischer.

Păcurar, A. (2012). Science Dissemination as a Potential Form of Public Relations. *Professional Communication and Translation Studies, 5*(1-2), 3–9.

Peters, H. P. (1994). Wissenschaftliche Experten in der öffentlichen Kommunikation über Technik, Umwelt und Risiken. In F. Neidhardt (Hrsg.), *Öffentlichkeit, öffentliche Meinung, soziale Bewegungen* (Bd. 34, S. 162–190). Opladen: Westdt. Verl.

Peters, H. P. (Hrsg.) (2009). *Medienorientierung biomedizinischer Forscher im internationalen Vergleich. Die Schnittstelle von Wissenschaft & Journalismus und ihre politische Relevanz*. Jülich: Forschungszentrum Jülich.

Peters, H. P. (2012). Das Verhältnis von Wissenschaftlern zur öffentlichen Kommunikation. In B. Dernbach, C. Kleinert & H. Münder (Hrsg.), *Handbuch Wissenschaftskommunikation* (S. 331–339). Wiesbaden: VS Verlag für Sozialwissenschaften.

Peters, H. P., Brossard, D., Cheveigné, S. de, Dunwoody, S., Kallfass, M., Miller, S. & Tsuchida, S. (2008a). Science-Media Interface: It's Time to Reconsider. *Science Communication, 30*(2), 266–276.

Peters, H. P., Brossard, D., Cheveigné, S. de, Dunwoody, S., Kallfass, M., Miller, S. & Tsuchida, S. (2008b). Science Communication: Interactions with the Mass Media. *Science, 321*(5886), 204–205.

Peters, H. P., Brossard, D., Cheveigné, S. de, Dunwoody, S., Heinrichs, H., Jung, A., Kallfass, M., Miller, S., Petersen, I., Tsuchida, S., Cain, A. & Paquez, A.-S. (2009). Medialisierung der Wissenschaft und ihre Relevanz für das Verhältnis zur Politik. In H. P. Peters (Hrsg.), *Medienorientierung biomedizinischer Forscher im internationalen Vergleich. Die Schnittstelle von Wissenschaft & Journalismus und ihre politische Relevanz* (S. 9–44). Jülich: Forschungszentrum Jülich.

Pleil, T. (2004). Meinungen machen im Internet? Personal Web Publishing und Online-PR. PR-Guide: 9. Verfügbar unter: *www.fbsuk.h-da.de/fileadmin/dokumente/berichte-forschung/2004/Pleil_OnlinePR_Blogs.pdf* [15.07.2013].

Pleil, T. (2007). Online-PR zwischen digitalem Monolog und vernetzter Kommunikation. In T. Pleil (Hrsg.), *Online-PR im Web 2.0. Fallbeispiele aus Wirtschaft und Politik* (S. 10–31). Konstanz: UVK Verlagsgesellschaft.

Pleil, T. (2010a). Öffentlichkeit im Wandel: Die Rolle von Online-PR in der Krise. Verfügbar unter: *http://de.slideshare.net/apalme2003/offentlichkeit-im-wandel* [13.08.2013].

Pleil, T. (2010b). Öffentlichkeit im Wandel: Überlegungen zum vormedialen Raum. Verfügbar unter: *http://thomaspleil.wordpress.com/2010/10/11/offentlichkeit-im-wandel-vormedialer-raum/* [10.08.2013].

Pleil, T. (2010c). Social Media und ihre Bedeutung für die Öffentlichkeitsarbeit. In J. Böhm, M. Kayser & A. Spiller (Hrsg.), *Die Ernährungswirtschaft in der Öffentlichkeit. Social Media als neue Herausforderung der PR* (1. Aufl., S. 3–26). Göttingen: Cuvillier.

Pleil, T. (2010d). Von der digitalisierten PR zur Cluetrain-PR: Ein Modell der Online-PR als Hilfe zur Strategieentwicklung. Verfügbar unter: *http://thomaspleil.wordpress.com/?s=Modell+Online+PR* [15.06.2013].

Pleil, T. (2012). Kommunikation in der digitalen Welt. In A. Zerfaß & T. Pleil (Hrsg.), *Handbuch Online-PR. Strategische Kommunikation in Internet und Social Web* (Bd. 7, S. 17–38). Konstanz: UVK.

Pleil, T. & Bastian, M. (2012). Online-Communities im Kommunikationsmanagement. In A. Zerfaß & T. Pleil (Hrsg.), *Handbuch Online-PR. Strategische Kommunikation in Internet und Social Web* (Bd. 7, S. 309–323). Konstanz: UVK.

Pleil, T. & Zerfaß, A. (2007). Internet und Social Software in der Unternehmenskommunikation. In M. Piwinger & A. Zerfaß (Hrsg.), *Handbuch Unternehmenskommunikation* (1. Aufl., S. 511–532). Wiesbaden: Gabler.

Post, A. (1997). Hochschule als Dienstleistungsunternehmen. PR für eine moderne Universität. In B. Baerns & W. Donsbach (Hrsg.), *Public Relations in Theorie und Praxis. Grundlagen und Arbeitsweise der Öffentlichkeitsarbeit in verschiedenen Funktionen* (Bd. 4, S. 151–162). München: Fischer.

PZ-Online (2013). LEA Leseranalyse Entscheidungsträger 2013. Verfügbar unter: *http://vdzsynopse.comsulting.net/cgi-bin/synopse.pl* [23.09.2013].

Raupp, J. (2010). Der Einfluss von Wissenschafts-PR auf den Wissenschaftsjournalismus. In H. Hettwer, M. Lehmkuhl, H. Wormer & F. Zotta (Hrsg.), *WissensWelten. Wissenschaftsjournalismus in Theorie und Praxis* (S. 379–392). Guetersloh: Verlag Bertelsmann Stiftung.

Research Information Network (2010). If you build it, will they come? How researchers perceive and use web 2.0. Verfügbar unter: *www.rin.ac.uk/our-work/communicating-and-disseminating-research/use-and-relevance-web-20-researchers* [15.11.2013].

Robertson-von Trotha, C. Y. (2012). Öffentliche Wissenschaft im Spiegel der Web 2.0-Kultur. In C. Y. Robertson-von Trotha & J. M. Morcillo (Hrsg.), *Öffentliche Wissenschaft und Neue Medien. Die Rolle der Web 2.0-Kultur in der Wissenschaftsvermittlung* (S. 19–35). Karlsruhe: KIT Scientific Publishing.

Rössler, P. (2013). Themen der Öffentlichkeit und Issues Management. In G. Bentele, R. Fröhlich & P. Szyszka (Hrsg.), *Handbuch der Public Relations. Wissenschaftliche Grundlagen und berufliches Handeln; mit Lexikon* (2. Aufl., S. 364–377). Wiesbaden: Springer VS.

Röttger, U. (2013). Issues Management. In G. Bentele, R. Fröhlich & P. Szyszka (Hrsg.), *Handbuch der Public Relations. Wissenschaftliche Grundlagen und berufliches Handeln; mit Lexikon* (2. Aufl., S. 597–598). Wiesbaden: Springer VS.

Rümmele, K. (2012). Institutionelle Wissenschaftskommunikation 2.0: Akteure und ihre neuen Rollen. In C. Y. Robertson-von Trotha & J. M. Morcillo (Hrsg.), *Öffentliche Wissenschaft und Neue Medien. Die Rolle der Web 2.0-Kultur in der Wissenschaftsvermittlung* (S. 158–167). Karlsruhe: KIT Scientific Publishing.

Rybalko, S. & Seltzer, T. (2011). Dialogic communication in 140 characters or less: How Fortune 500 companies engage stakeholders using Twitter. *Public Relations Review, 36,* 336–341.

Sava, M. (2011). Public Understanding of Science: Science PR and Popular Culture. *Jurnalism si comunicare, 6*(1), 5–13.

Scheloske, M. (2012a). Bloggende Wissenschaftler – Pioniere der Wissenschaftskommunikation 2.0. In B. Dernbach, C. Kleinert & H. Münder (Hrsg.), *Handbuch Wissenschaftskommunikation* (S. 267–274). Wiesbaden: VS Verlag für Sozialwissenschaften.

Scheloske, M. (2012b). Twitternde Forschungsinstitute. Liste twitternder Forschungseinrichtungen. Verfügbar unter: *www.wissenswerkstatt.net/wissenschaft-wissenschaftler-auf-twitter-twitterstudie/twitternde-forschungsinstitute_2012/* [23.09.2013].

Scheloske, M. (2012c). Twitternde Wissenschaftler. Eine Liste deutschsprachiger Wissenschaftler und Wissenschaftsjournalisten auf Twitter. Verfügbar unter: *www.wissenswerkstatt.net/wissenschaft-wissenschaftler-auf-twitter-twitterstudie/twitternde-wissenschaftler_2012/* [28.09.2013].

Schindler, M.-C. & Liller, T. (2012). *PR im Social Web -- Das Handbuch für Kommunikationsprofis* (2. Aufl.). Köln: O'Reilly.

Schmidt, J. (2008). Was ist neu am Social Web? Soziologische und kommunikationswissenschaftliche Grundlagen. In A. Zerfaß, M. Welker & J. Schmidt (Hrsg.), *Kommunikation, Partizipation und Wirkungen im Social Web* (S. 18–40). Köln: Halem Verlag.

Schmirmund, J. (2010). Wissenschaftskommunikation und Social Media: Grenzaufbruch und Vertrauensmerkmale. *i-com, 9*(3), 28–32.

Schnell, R., Hill, P. B. & Esser, E. (2005). *Methoden der empirischen Sozialforschung* (7. Aufl.). München: Oldenbourg.

Schnurr, J. (o. A.). Warum Wissenschafts-PR wichtig ist. Verfügbar unter: *www.uni-heidelberg.de/presse/unispiegel/us08-3/war.html* [06.10.2013].

Schubert, T. & Schmoch, U. (2010). Finanzierung der Hochschulforschung. In D. Simon, A. Knie & S. Hornbostel (Hrsg.), *Handbuch Wissenschaftspolitik* (S. 244–261). Wiesbaden: VS Verlag für Sozialwissenschaften.

Schultz, F. & Wehmeier, S. (2010). Online Relations. In W. Schweiger & K. Beck (Hrsg.), *Handbuch Online-Kommunikation* (1. Aufl., S. 409–433). Wiesbaden: VS-Verl. für Sozialwissenschaften.

Schweiger, W. (2013). Onlinekommunikation. In G. Bentele, H.-B. Brosius & O. Jarren (Hrsg.), *Lexikon Kommunikations- und Medienwissenschaft* (S. 255). Wiesbaden: Springer Fachmedien Wiesbaden.

Schweiger, W. & Beck, K. (Hrsg.) (2010). *Handbuch Online-Kommunikation*. Wiesbaden: VS Verlag für Sozialwissenschaften.

Scott, D. M. (2009). *Die neuen Marketing und PR-Regeln im Web 2.0. Wie sie News Releases, Blogs, Podcasts, virales Marketing und Online-Marketing nutzen* (1. Aufl.). Heidelberg, München u.a.: mitp.

Semiocast (2012). Twitter reaches half a billion accounts. More than 140 millions in the U.S. Verfügbar unter: *http://semiocast.com/en/publications/2012_07_30_Twitter_reaches_half_a_billion_accounts_140m_in_the_US* [23.09.2013].

Sombre, S. de. (2013). Smartphone und Tablet verändern Märkte und Nutzer. Ergebnisse der ACTA 2013. Verfügbar unter: *www.ifd-allensbach.de/fileadmin/ACTA/ACTA_Praesentationen/2013/ACTA2013_deSombre_Handout.pdf* [08.11.2013].

Sombre, S. de & Bruttel, O. (2013). Generationsspezifische Konsumstile und Mediennutzung. Allensbacher Markt- und Werbeträgeranalyse (AWA) 2013. Verfügbar unter: *www.ifd-allensbach.de/fileadmin/AWA/AWA_Praesentationen/2013/AWA2013_deSombre_Bruttel.pdf* [14.08.2013].

Sonnabend, M. (2009). Stellt die Megafone weg. *W & W, 4,* 46–49. 26.09.2013.

statista (2013a). Anzahl der Mitglieder von LinkedIn 1. Quartal 2009 bis 2. Quartal 2013 (in Millionen). Verfügbar unter: *http://de.statista.com/statistik/daten/studie/198224/umfrage/anzahl-der-mitglieder-von-linkedin-quartalszahlen/* [19.08.2013].

statista (2013b). Soziale Netzwerke in Deutschland nach Anzahl der Nutzer im März 2013 (in Millionen). Verfügbar unter: *http://de.statista.com/statistik/daten/studie/170467/umfrage/besucherzahlen-sozialer-netzwerke-in-deutschland/* [19.08.2013].

statista (2013c). Welche der folgenden Eigenschaften schreiben Sie eher Facebook und welche eher Google+ zu? Verfügbar unter: *http://de.statista.com/statistik/daten/studie/209204/umfrage/bewertung-von-facebook-und-google-aus-nutzersicht/* [19.08.2013].

Stifterverband für die Deutsche Wissenschaft (2012). Social Media in der Wissenschaftskommunikation. Verfügbar unter: *www.stifterverband.info/publikationen_und_podcasts/podcasts/podcast_social_media_01_manuskript.pdf* [23.09.2013].

Ströle-Bühler, H., Naderer, G., Koch, R. & Schuster, C. (2007). *Hochschul-PR in Deutschland. Ziele, Strategien und Perspektiven* (1. Aufl.). Wiesbaden: Deutscher Universitäts-Verlag.

Szyszka, P. (2013a). Bezugsgruppe. In G. Bentele, R. Fröhlich & P. Szyszka (Hrsg.), *Handbuch der Public Relations. Wissenschaftliche Grundlagen und berufliches Handeln; mit Lexikon* (2. Aufl., S. 580–581). Wiesbaden: Springer VS.

Szyszka, P. (2013b). Zielgruppe. In G. Bentele, R. Fröhlich & P. Szyszka (Hrsg.), *Handbuch der Public Relations. Wissenschaftliche Grundlagen und berufliches Handeln; mit Lexikon* (2. Aufl., S. 630). Wiesbaden: Springer VS.

Szyszka, P. (2013c). Stakeholder. In G. Bentele, R. Fröhlich & P. Szyszka (Hrsg.), *Handbuch der Public Relations. Wissenschaftliche Grundlagen und berufliches Handeln; mit Lexikon* (2. Aufl., S. 623–624). Wiesbaden: Springer VS.

Szyszka, P. (2013d). Organisationsbezogenen Ansätze. In G. Bentele, R. Fröhlich & P. Szyszka (Hrsg.), *Handbuch der Public Relations. Wissenschaftliche Grundlagen und berufliches Handeln; mit Lexikon* (2. Aufl., S. 161–176). Wiesbaden: Springer VS.

Taylor, M. & Kent, M. L. (2010). Anticipatory socialization in the use of social media in public relations: A content analysis of PRSA's Public Relations Tactics. *Public Relations Review, 36*(3), 207–214.

Thomas, N. (2005). Wissenschaft in der digitalen Welt. In K. Lehmann & M. Schetsche (Hrsg.), *Die Google-Gesellschaft. Vom digitalen Wandel des Wissens* (S. 313–322). Bielefeld: Transcript.

Traugott, M. W. (2008). Survey. In W. Donsbach (Hrsg.), *International Encyclopedia of Communication* (S. 4907–4911). Malden, Oxfort: Blackwell Publishing.

Trench, B. (2008). Internet. Turning science communication inside-out? In M. Bucchi & B. Trench (Hrsg.), *Handbook of Public Communication of Science and Technology* (1. Aufl., S. 185–198). London, New York: Routledge.

Trescher, D. (2010). Wissenschaftskommunikation zwischen Medialisierung und Moderation. Einflussfaktoren und Entwicklungstendenzen der Wissenschaftskommunikation von außeruniversitären Forschungsorganisationen. *Wissenschaftsmanagement special, 3,* 25–30.

Tuten, T. L. (2008). *Advertising 2.0. Social media marketing in a Web 2.0 world.* Westport, Conn: Praeger.

Valente, T. W. (2008). Social Networks. International encyclopedia of communication online. In W. Donsbach (Hrsg.), International Encyclopedia of Communication. Malden, Oxfort: Blackwell Publishing. Verfügbar unter: *www.communicationencyclopedia.com/subscriber/tocnode.html?id=g9781405131995_yr2011_chunk_g978140513199524_ss70-1* [11.08.2013].

van Eimeren, B. & Frees, B. (2012). 76 Prozent der Deutschen online – neue Nutzungssituationen durch mobile Endgeräte. Ergebnisse der ARD/ZDF-Onlinestudie 2012. *Media Perspektiven, 7-8,* 362–379.

van Eimeren, B. & Frees, B. (2013). Rasanter Anstieg des Internetkonsums – Onliner fast drei Stunden täglich im Netz. Ergebnisse der ARD/ZDF-Onlinestudie 2013. *Media Perspektiven, 7-8,* 358–372.

van Rinsum, H. & Zimmer, F. (2011). *Der Social-Media-Rausch. Wie der Hype und seine Propheten vom Wesentlichen ablenken* (1. Aufl.). Göttingen, Niedersachs: BusinessVillage.

Wehmeier, S. & Winkler, P. (2012). Personalisierung und Storytelling in der Online-Kommunikation. In A. Zerfaß & T. Pleil (Hrsg.), *Handbuch Online-PR. Strategische Kommunikation in Internet und Social Web* (PR-Praxis, Bd. 7, S. 383–394). Konstanz: UVK.

Xing (2013). XING ist das soziale Netzwerk für berufliche Kontakte. Verfügbar unter: *http://corporate.xing.com/deutsch* [19.08.2013].

Yin, S. (2008). How Social Media and PR connect. *Media,* 15. May 2008, S. 20–21.

Zens, J. (2012). Science meets Parliament: eine neue Form der Politikberatung. In B. Dernbach, C. Kleinert & H. Münder (Hrsg.), *Handbuch Wissenschaftskommunikation* (S. 173–176). Wiesbaden: VS Verlag für Sozialwissenschaften.

Zerfaß, A. (2010). *Unternehmensführung und Öffentlichkeitsarbeit. Grundlegung einer Theorie der Unternehmenskommunikation und Public Relations* (3. Aufl.). Wiesbaden: VS Verlag für Sozialwissenschaften / GWV Fachverlage, Wiesbaden.

Zerfaß, A. & Fink, S. (2010). Study Social Media Governance 2010. Wie Unternehmen, Staat und NGOs die Herausforderungen transparenter Kommunikation im Internet steuern. Verfügbar unter: *www.ffpr.de/newsroom/2010/08/25/social-media-governance-2010/* [14.04.2013].

Zerfaß, A., Fink, S. & Linke, A. (2011). Social Media Governance 2011. Kompetenzen, Strukturen und Strategien von Unternehmen, Behörden und Non-Profit-Organisationen für die Online-Kommunikation im Social Web. Verfügbar unter: *www.ffpr.de/newsroom/2011/08/28/social-media-governance-2011/* [14.04.2013].

Zerfaß, A., Fink, S. & Linke, A. (2012). Studie: Social Media Delphi 2012 - Endergebnisse. Verfügbar unter: *www.ffpr.de/newsroom/2012/11/15/studie-social-media-delphi-2012-endergebnisse/* [14.04.2013].

Zerfaß, A., Moreno, A., Tench, R., Verčič, D. & Verhoeven, P. (2013). European Communication Monitor 2013. A Changing Landscape - Managing Crises, Digital Communication and CEO Positioning in Europe. Results of a Survey in 43 Countries. Verfügbar unter: *www.zerfass.de/ecm/ECM2013-Results-ChartVersion.pdf* [22.09.2013].

Zerfaß, A. & Pleil, T. (2012). Strategische Kommunikation in Internet und Social Web. In A. Zerfaß & T. Pleil (Hrsg.), *Handbuch Online-PR. Strategische Kommunikation in Internet und Social Web* (Bd. 7, S. 39–82). Konstanz: UVK.

Zerfaß, A., Sandhu, S. & Young, P. (2007). EuroBlog 2007. European Perspectives on Social Software in Communication Management - Results and Implications. Verfügbar unter: *www.communicationmanagement.de/fileadmin/cmgt/PDF_Publikationen_download/eurob log2007-results.pdf* [19.08.2013].

Anhang: Fragebogen mit Grundauszählung[120]

1. Wenn Sie zunächst einmal an Public Relations, interne Kommunikation und Marketing denken: Was meinen Sie, gewinnen oder verlieren diese Bereiche in Ihrer Einrichtung künftig an Bedeutung? [Anlehnung an Höhn, 2011, S. 320]

	% | n		
	gewinnt	**bleibt gleich**	**verliert**
Public Relations[1]:	64,0 | 105	34,8 | 57	1,2 | 2
Interne Kommunikation[2]:	68,9 | 113	29,9 | 49	1,2 | 2
Marketing[3]:	41,8 | 66	52,5 | 83	5,7 | 9

[1]*Anmerkung*. Median (MED) = 1, $\mathbf{n_{ges}}$ **= 164**; [2]MED = 1; $\mathbf{n_{ges}}$ **= 164**; [3]MED = 2; $\mathbf{n_{ges}}$ **= 158**.

2. Und wenn Sie nun an Kommunikationsgrundsätze denken, die eine Forschungseinrichtung haben kann. Wie wichtig sind die folgenden Eigenschaften für die Kommunikation Ihre Einrichtung? Bitte bewerten Sie diese auf einer Skala von 1 ‚überhaupt nicht wichtig' bis 5 ‚sehr wichtig'. Mit den Zwischenwerten können Sie Ihr Urteil abstufen. [Anlehnung an Hellstern & Freitag, 1997 und Lederbogen, 2000, 2004 zusammengefasst zit. in Lederbogen, 2004, S. 175][121]

	MW | SD | $\mathbf{n_{ges}}$	**% | n**				
		1	**2**	**3**	**4**	**5**
transparent	4,01 | 1,00 | 154	3,9 | 6	3,9 | 6	13,6 | 21	44,2 | 68	34,4 | 53
meinungsbildend	3,26 | 1,01 | 152	6,6 | 10	11,2 | 17	42,8 | 65	28,9 | 44	10,5 | 16
Strategie basiert	3,46 | 1,14 | 155	5,8 | 9	15,5 | 24	24,5 | 38	34,8 | 54	19,4 | 30
informativ	4,35 | 1,05 | 155	5,2 | 8	1,3 | 2	9,0 | 14	23,6 | 35	61,9 | 96
zielgruppenorientiert	4,08 | 1,07 | 155	4,5 | 7	3,2 | 5	16,1 | 25	31,6 | 49	44,5 | 69
vertrauensbildend	4,03 | 1,10 | 140	4,0 | 6	5,3 | 8	18,7 | 28	28,0 | 42	44,0 | 66
glaubwürdig	4,52 | 1,03 | 155	5,2 | 8	1,9 | 3	3,9 | 6	14,2 | 22	74,8 | 116

[120] *Erläuterungen zum Fragebogen mit Grundauszählung*:
Grundgesamtheit (GG): 268 außeruniversitäre Forschungseinrichtungen, davon 85 Fraunhofer-, 77 Max-Planck-, 88 Leibniz-Einrichtungen und 18 Helmholtz-Zentren.
Teilnehmende: n = 168, davon 51 Fraunhofer-, 47 Max-Planck-, 55 Leibniz-Einrichtungen, 10 Helmholtz-Zentren und 5 nicht zuordenbar; vollständig ausgefüllte Fragebögen: n = 137.
Ausschöpfung: gesamt: 62,7 Prozent; vollständig ausgefüllte Fragebögen: 51,1 Prozent.
„n" variiert pro Fragen/Items; Gründe: 1. kein Antwortzwang für Fragen/Items, 2. Filterführung; 3. Befragungsabbruch.

[121] Hellstern und Freitag führten ihre Befragung zur Wissenschafts-PR an Universitäten durch. Lederbogen adaptierte die Fragen für außeruniversitäre Forschungseinrichtungen für seine Vorstudie. Die Ergebnisse sind in Lederbogen (2004) publiziert.

personalisiert	3,15 | ,99 | 154	3,2 | 5	21,4 | 33	43,5 | 67	20,8 | 32	11,0 | 17
sachorientiert	4,17 | 1,07 | 152	4,6 | 7	2,6 | 4	14,5 | 22	27,6 | 42	50,7 | 77
dialogorientiert	3,47 | 1,03 | 152	3,9 | 6	11,2 | 17	35,5 | 54	32,2 | 49	17,1 | 26
einwegorientiert	2,48 | 1,14 | 145	25,5 | 37	22,8 | 33	35,9 | 52	10,3 | 15	5,5 | 8

Anmerkung. MW = Mittelwert, SD = Standardabweichung; n_{ges} = Anzahl derer, die das Item beantworteten.

[Hinweis: automatische Rotation der Items]

3. Wenn Sie jetzt einmal Ihre Online-PR mit Ihrer Offline-PR vergleichen und die Kommunikationsgrundsätze bewerten: Welche davon, würden Sie sagen, gewinnen und welche verlieren in der Online-PR an Bedeutung? Sie können Ihre Antworten zwischen -2 ‚Eigenschaft verliert in der Online-PR deutlich an Bedeutung' und +2 ‚Eigenschaft gewinnt in der Online-PR deutlich an Bedeutung' abstufen. [eigene Überlegung, basierend auf Lederbogen, 2004, S. 175 (vorhergehende Frage)]

	MW* | SD | n_{ges}			**% | n**		
		-2 (=1)	**-1 (=2)**	**0 (=3)**	**1 (=4)**	**2 (=5)**
transparent	3,73 | ,86 | 141	-	5,0 | 7	38,3 | 54	35,5 | 50	21,3 | 30
meinungsbildend	3,43 | ,80 | 140	1,4 | 2	5,0 | 7	52,9 | 74	30,7 | 43	10,0 | 14
Strategie basiert	3,62 | ,82 | 141	,7 | 1	2,1 | 3	48,9 | 69	30,5 | 43	17,7 | 25
informativ	3,66 | ,87 | 142	-	4,2 | 6	47,9 | 68	25,4 | 36	22,2 | 32
zielgruppenorientiert	4,07 | ,88 | 142	,7 | 1	2,8 | 4	22,5 | 32	36,6 | 52	37,3 | 53
vertrauensbildend	3,64 | ,83 | 141	-	4,3 | 6	46,1 | 65	31,2 | 44	18,4 | 26
glaubwürdig	3,70 | ,87 | 142	-	2,1 | 3	50,0 | 71	23,2 | 33	24,6 | 35
personalisiert	3,47 | ,99 | 142	2,1 | 3	12,7 | 18	38,0 | 54	30,3 | 43	16,9 | 24
sachorientiert	3,48 | ,77 | 141	-	2,8 | 4	60,3 | 85	22,7 | 32	14,2 | 20
dialogorientiert	4,01 | ,93 | 140	,7 | 1	5,0 | 7	22,9 | 32	35,7 | 50	35,7 | 50
einwegorientiert	2,41 | ,95 | 139	19,4 | 27	31,7 | 44	39,6 | 55	7,2 | 10	2,2 | 3

Anmerkung. MW = Mittelwert, SD = Standardabweichung; negative Werte wurden von der Befragungssoftware aufsteigend positiv von 1 bis 5 umkodiert. Daher liegen die Mittelwerte zwischen 1 und 5; n_{ges} = Anzahl derer, die das Item beantworteten.

[Hinweis: automatische Rotation der Items]

4. Denken Sie bitte jetzt einmal an Online-Public-Relations: Welchen Anteil nimmt Online-PR ungefähr an der täglichen Kommunikationsarbeit Ihrer Einrichtung ein? Zu Online-PR zählen alle Maßnahmen, die das Internet nutzen, um mit realen und virtuellen Bezugsgruppen zu kommunizieren – beispielsweise Institutswebseite, E-Mails, soziale Medien, etc. [Anlehnung an index, 2011, S. 4]

Anteil Online-PR in %: MW = 46,46; SD = 23,66; Min = 1; Max = 95; n = 141

5. Und welchen Anteil an Online-PR nimmt Ihre PR-Arbeit in den sozialen Medien ein? Zu sozialen Medien (Social Media) gehören z. B. Blogs, Wikis, Mikroblogging (Twitter), Community-Plattformen, soziale Netzwerke (Facebook, Xing), Sharing-Tools (Flickr, YouTube, SlideShare) und Geo-Tagging-Tools. [eigene Überlegung in Anlehnung an index, 2011, S. 4; Erläuterung vgl. Zerfaß, Fink & Linke, 2011, S. 33]

Anteil Social Media-PR in %: MW = 14,63; SD = 16,67; Min = 0; Max = 90; n = 98
Wir nutzen keine sozialen Medien.*: 31,2 %, n = 48

Anmerkung. 22 beantworteten die Fragen nicht.

[*Filter: bei Frage 6 nur Online-PR anzeigen; Fragen zur Nutzung von Social Media (8-10; 12-15; 21; 23-29) auslassen.]

6. Was schätzen Sie: Wird der Anteil an Online-PR und speziell Social Media-PR bei Ihrer täglichen Kommunikationsarbeit in den nächsten 2 Jahre steigen, sinken oder gleich bleiben?

	% | n		
Anteil an…	**wird steigen**	**wird gleich bleiben**	**wird sinken**
Online-PR[1]:	73,1 | 106	26,2 | 38	,7 | 1
* Social-Media-PR[2]:	73,0 | 73	26,0 | 26	1,0 | 1

Anmerkung. [1]Median (MED) = 1, $\mathbf{n_{ges}}$ **= 145**; [2]MED = 1; $\mathbf{n_{ges}}$ **= 100**.

[*Wird gefiltert bei Nichtnutzung von Social Media.]

7. Unabhängig davon, welchen Anteil Onlinekommunikation und soziale Medien in Ihrer Public Relations einnehmen: Für wie wichtig halten Sie diese Kommunikationsformen generell für Ihre Einrichtung? Bitte nutzen Sie zur Bewertung die Skala von 1 ‚überhaupt nicht wichtig' bis 5 ‚sehr wichtig'. Mit den Werten dazwischen können Sie Ihre Meinung abstufen. [Anlehnung an Lederbogen, 2004, S. 205]

	MW | SD | $\mathbf{n_{ges}}$	**% | n**				
		1	**2**	**3**	**4**	**5**
Onlinekommunikation	4,46 | ,84 | 143	2,1 | 3	,7 | 1	7,7 | 11	28,0 | 40	61,5 | 88
Soziale Medien	3,08 | 1,03 | 144	6,9 | 10	18,1 | 26	45,1 | 65	20,1 | 29	9,7 | 14

Anmerkung. MW = Mittelwert, SD = Standardabweichung; n_{ges} = Anzahl derer, die das Item beantworteten.

8. Wenn Sie jetzt bitte an die von Ihnen eingesetzten sozialen Medien denken: Welche der folgenden Medien und darauf basierende Anwendungen nutzt Ihre Einrichtung aktuell? (Mehrfachnennungen möglich) [Anlehnung an Zerfaß, Fink & Linke, 2011, S. 37, S. 39]

	$\%_A$ | $\%_F$ | n_A
Corporate Blog	3,0 | 13,5 | 13
Mikroblogging (z. B. Twitter)	12,4 | 55,2 | 53
Mobile Kommunikation und Apps	4,7 | 20,8 | 20
Photo Sharing (z. B. Flickr)	1,4 | 6,3 | 6
Podcast/Videocast	7,2 | 32,3 | 31
Präsentationen (z. B. SlideShare)	4,2 | 18,8 | 18
QR Codes	13,8 | 61,5 | 59
Social Bookmarks (Plattformen zum Erstellen/Austauschen von Lesezeichen)	1,2 | 5,2 | 5
Social Media-Elemente auf der Institutswebsite (z. B. Like-, Google+-Button, integrierte Twittermeldungen, etc.)	9,1 | 40,6 | 39
Social Media Newsroom	1,2 | 5,2 | 5
Soziale Netzwerke	17,5 | 78,1 | 75
Video Sharing (z. B. YouTube)	13,1 | 58,3 | 56
Wikis	9,6 | 42,7 | 41
Andere	1,9 | 8,3 | 8

Nennungen bei „Andere" (Zusammenfassung):

- Cloud-Dienste, eigenes Netzwerk, RSS, Website, wissen. Netzwerke wie LinkedIn, ResearchGate

Anmerkung. Mehrfachantworten-Set: $\%_A$ = prozentualer Anteil an Antworten für $\mathbf{n_A = 429}$; $\%_F$ = prozentualer Anteil an gültigen Fällen für $\mathbf{n_F = 96}$.

[Wird gefiltert bei Nichtnutzung von Social Media.]

9. In welchen sozialen Netzwerken ist Ihre Einrichtung mit einer eigenen Präsenz oder gezielten Maßnahmen aktiv? (Mehrfachnennungen möglich) [Zerfaß, Fink & Linke, 2011, S. 38]

	$\%_A$ | $\%_F$ | n_A
Facebook	36,0 | 77,3 | 68
Google+	9,0 | 19,3 | 17
Xing	18,8 | 39,8 | 35
LinkedIn	10,6 | 22,7 | 20
Eigene Communities im Intranet	15,9 | 34,1 | 30
Eigene Communities im Extranet (geschlossener Kundenbereich)	5,8 | 12,5 | 11
Andere	4,2 | 9,1 | 8

Nennungen bei „Andere"(Zusammenfassung):

- Twitter, Pinterest, Instagram, Yammer, YouTube, Wikipedia,
- „Wissenschaftler sind als Personen in versch. Netzwerken aktiv, von LinkedIn bis ResearchGate"

Anmerkung. Mehrfachantworten-Set: $\%_A$ = prozentualer Anteil an Antworten für $\mathbf{n_A = 189}$; $\%_F$ = prozentualer Anteil an gültigen Fällen für $\mathbf{n_F = 88}$.

[Wird gefiltert bei Nichtnutzung von Social Media.]

10. In den sozialen Medien kann man ja zu verschiedenen Themenbereichen informieren. Wie ist das in Ihrer Einrichtung? Zu welchen Themenbereichen informieren Sie in den sozialen Medien? (Mehrfachnennungen möglich) [vgl. Zerfaß, Fink & Linke, 2011, S. 36]

	$\%_A$ | $\%_F$ | n_A
Allgemeine Berichterstattung über unsere Einrichtung	23,1 | 78,0 | 71
Neuerungen/Ideen/Innovationen	21,1 | 71,4 | 65
Produktinformationen/Dienstleistungserstellung	8,8 | 29,7 | 27
Personalthemen/offene Stellen	18,8 | 63,7 | 58
Messebesuche/Konferenzen/Events/Veranstaltungen	23,4 | 79,1 | 72
Sonstige	4,9 | 16,5 | 15

Antworten unter „Sonstige“ (Zusammenfassung):

- „Menschliches“ (hinter der Wissenschaftsfassade)..., keine ausführliche Info über das Institut sondern Mitarbeiterseiten
- Aktuelle Seminare und Veranstaltungen; Großereignisse in der Stadt, die uns in irgendeiner Weise betreffen
- Expeditionen, Einzelprojekte mit speziellen Zielgruppen, Forschungsprojekte, neue Forschungsergebnisse
- Medienecho; Interviews; interessante TV-Beiträge, wo das Institut erwähnt wird oder zu dem Forschungsthema des Institutes passt.
- Fotomeldungen oder witzige Fotos, Teilen von Meldungen anderer Einrichtungen

Anmerkung. Mehrfachantworten-Set: $\%_A$ = prozentualer Anteil an Antworten für $\mathbf{n_A = 308}$; $\%_F$ = prozentualer Anteil an gültigen Fällen für $\mathbf{n_F = 91}$.

[Hinweis: automatische Rotation der Items mit Ausnahme von Sonstige]
[Wird gefiltert bei Nichtnutzung von Social Media.]

11. Folgend lesen Sie Aussagen zur Bedeutung von sozialen Medien für die Kommunikation einer Einrichtung, denen man mehr oder weniger zustimmen kann. Inwieweit stimmen Sie diesen Aussagen zu? Bitte nutzen Sie für Ihr Urteil wieder die Skala von 1 ‚stimme überhaupt nicht zu‘ bis 5 ‚stimme voll und ganz zu‘. [Anlehnung an Zerfaß & Fink, 2010, S. 14, 21]

	MW | SD | n_{ges}			**% | n**		
Soziale Medien…		**1**	**2**	**3**	**4**	**5**
bedeuten einen Paradigmenwechsel in den Kommunikationsmaßnahmen einer Einrichtung.	3,16 | 1,08 | 140	6,7 | 9	20,7 | 29	34,3 | 48	27,1 | 38	11,4 | 16
sind Tools für die Alltagsarbeit.	3,13 | 1,17 | 138	11,6 | 16	15,2 | 21	34,1 | 47	26,8 | 37	12,3 | 17
verändern die gesellschaftliche Kommunikationskultur nachhaltig.	3,75 | 1,02 | 139	3,6 | 5	5,8 | 8	28,1 | 39	37,4 | 52	25,2 | 35
sind eine überbewertete Modeerscheinung.	2,56 | 1,20 | 140	21,4 | 30	30,0 | 42	26,4 | 37	15,0 | 21	7,1 | 10

<table>
<tr><td>bieten keinen Mehrwert.</td><td>2,38 | 1,14
| 139</td><td>26,6
| 37</td><td>30,2
| 42</td><td>25,9
| 36</td><td>12,9
| 18</td><td>4,3
| 6</td></tr>
<tr><td>helfen bei der Positionierung im Meinungsmarkt.</td><td>3,13 | ,92
| 140</td><td>3,6
| 5</td><td>19,3
| 27</td><td>44,3
| 62</td><td>26,4
| 37</td><td>6,4
| 9</td></tr>
<tr><td>haben bei uns andere Aufgaben ersetzt.</td><td>1,72 | 1,05
| 138</td><td>58,7
| 81</td><td>21,7
| 30</td><td>11,6
| 16</td><td>5,1
| 7</td><td>2,9
| 4</td></tr>
<tr><td>sind wichtig für die zukünftige Gestaltung von PR/Kommunikationsmaßnahmen einer Einrichtung.</td><td>3,56 | ,95
| 140</td><td>2,1
| 3</td><td>12,1
| 17</td><td>27,9
| 39</td><td>43,6
| 61</td><td>14,3
| 20</td></tr>
</table>

Anmerkung. MW = Mittelwert, SD = Standardabweichung; n_{ges} = Anzahl derer, die das Item beantworteten.

[Hinweis: automatische Rotation der Items]

12. Und inwieweit treffen folgende Aussagen zur Planung von Onlinekommunikation auf Ihre Einrichtung zu? [Anlehnung an Die Firma, 2012, S. 50f.; zu Items: Die Firma, 2010, S. 9; Die Firma, 2013, S. 34; Zerfaß, Fink, & Linke, 2012, S. 15, 30]

<table>
<tr><th></th><th>Trifft zu</th><th>Trifft in Ansätzen zu</th><th>Trifft nicht zu</th></tr>
<tr><td>Wir haben eine ganzheitliche und langfristige Strategie für Onlinekommunikation.[1]</td><td>15,9 | 22</td><td>61,6 | 85</td><td>22,5 | 31</td></tr>
<tr><td>Social Media und dialogorientierte Kommunikation sind integrale Bestandteile der Strategie.[2]</td><td>21,4 | 21</td><td>51,0 | 50</td><td>27,6 | 27</td></tr>
<tr><td>Die Strategie zur Onlinekommunikation ist eingebettet in die Gesamtkommunikationsstrategie unserer Einrichtung.[3]</td><td>38,8 | 54</td><td>44,6 | 62</td><td>16, 5 | 23</td></tr>
<tr><td>Unsere Kommunikationsmaßnahmen werden crossmedial vernetzt konzipiert und durchgeführt.[4]</td><td>29,2 | 40</td><td>46,7 | 64</td><td>24,1 | 33</td></tr>
<tr><td>Social Media Guidelines sichern uns den Kommunikationserfolg im Web.[5]</td><td>27,8 | 27</td><td>33,0 | 32</td><td>39,2 | 38</td></tr>
<tr><td>Unsere Mitarbeiter werden für das Social Web kommunikativ geschult und in die Social Media-Kommunikation integriert.[6]</td><td>13,3 | 13</td><td>36,7 | 36</td><td>50,0 | 49</td></tr>
<tr><td>Alle Kommunikationsmaßnahmen unserer Einrichtung verweisen auf weiterführende Informationen im Internet.[7]</td><td>40,3 | 56</td><td>46,0 | 64</td><td>13,7 | 19</td></tr>
<tr><td>Die Leitungsebene unserer Einrichtung befürwortet die Kommunikationsmaßnahmen im Social Web.[8]</td><td>41,7 | 40</td><td>42,7 | 41</td><td>15,6 | 15</td></tr>
</table>

Anmerkung. **n_{1ges}= 138**, MED = 2; **n_{2ges}= 98**, MED = 2; **n_{3ges}= 139**, MED = 2; **n_{4ges}= 137**, MED = 2; **n_{5ges}= 97**, MED = 2; **n_{6ges}= 98**, MED = 2,5; **n_{7ges}= 139**, MED = 2; **n_{8ges}= 96**, MED = 2.

[Social Media-Items werden bei Nichtnutzung von Social Media gefiltert.]

13. Denken Sie nun bitte einmal an Social Media-Monitoring: Beobachten Sie systematisch die Statements zu Ihren Produkten/Dienstleistungen und Ihrer Einrichtung im Social Web oder beobachten Sie sie nicht? [Anlehnung an index, 2009, S. 12]

	% | n
Ja, wir beobachten die Statements regelmäßig.	42,3 | 41
Ja, wir beobachten die Statements bei Bedarf.	32,0 | 31
Nein, wir beobachten die Statements nicht.*	25,8 | 25

Anmerkung. $\mathbf{n_{ges}}$ **= 97,** MOD = 1.

[Wird gefiltert bei Nichtnutzung von Social Media.]; [*Filter: weiter mit Frage 16]

14. Werten Sie die Statements des Social Media-Monitorings qualitativ oder quantitativ aus oder nicht? [Anlehnung an index, 2009, S. 12f.]

	% | n
Ja, wir werten die Statements regelmäßig aus.	11,4 | 8
Ja, bei Bedarf werten wir die Statements aus.	68,6 | 48
Nein, wir werten die Statements nicht aus.*	20,0 | 14

Anmerkung. $\mathbf{n_{ges}}$ **= 70,** MOD = 2.

[Wird gefiltert bei Nichtnutzung von Social Media.]; [*Weiter mit Frage 16.]

15. Fließen die Ergebnisse Ihres Social Media-Monitorings in die Verbesserung Ihrer Produkte/Dienstleistungen, Ihrer Kommunikation oder der Kundenbeziehung ein? (Mehrfachnennungen möglich) [Anlehnung an index, 2009, S. 12f.]

	$\%_A$ | $\%_F$ | n_A
Ja, in die Verbesserung unserer Produkte/Dienstleistungen.	7,7 | 10,3 | 6
Ja, in die Verbesserung unserer Kommunikationsmaßnahmen.	47,4 | 63,8 | 37
Ja, in die Verbesserung der Beziehungen zu Kunden.	26,9 | 36,2 | 21
Nein, nichts davon.	17,9 | 24,1 | 14

Anmerkung. Mehrfachantworten-Set: $\%_A$ = prozentualer Anteil an Antworten für $\mathbf{n_A}$ **= 78**; $\%_F$ = prozentualer Anteil an gültigen Fällen für $\mathbf{n_F}$ **= 58**.

[Wird gefiltert bei Nichtnutzung von Social Media.]

16. **Mit welchen Maßnahmen kontrollieren Sie Ihre Onlinekommunikation? (Mehrfachnennungen möglich)** [Anlehnung Lederbogen, 2004, S. 176; Zerfaß, Fink, & Linke, 2011, S. 42; Die Firma, 2011, S. 40]

	%A | %F | nA
Seitenaufrufe, Besucherzahlen, Verweildauer (Traffic) auf den eigenen Web-Angeboten	27,0 | 82,9 | 107
Externe Verlinkungen auf eigene Inhalte	9,8 | 30,2 | 39
Abonnentenzahlen (Newsletter, RSS, etc.)	13,4 | 41,1 | 53
Popularität und Reichweite (Fans, Likes, Follower, Retweets)	13,9 | 42,6 | 55
Engagement: Dialoge, Kommentare, Teilnehmerzahlen bei Aktionen	13,1 | 40,3 | 52
Kundenzufriedenheit und Empfehlungsverhalten	6,5 | 20,2 | 26
Elektronisches Presseclipping und Berichterstattungsanteile im Social Web	15,4 | 47,3 | 61
Andere	1,0 | 3,1 | 4

Antworten bei „Andere" (Zusammenfassung):

- Downloads, Anzahl der Email-Anfragen, Klicks auf Mailings
- Elektronischer Pressespiegel
- Servicedienstleistungen der MPG-Generalverwaltung in diesem Bereich

Anmerkung. Mehrfachantworten-Set: $\%_A$ = prozentualer Anteil an Antworten für $\mathbf{n_A}$ **= 397**; $\%_F$ = prozentualer Anteil an gültigen Fällen für $\mathbf{n_F}$ **= 129**.

[Hinweis: automatische Rotation der Items]
[Social Media-Items werden bei Nichtnutzung von Social Media gefiltert.]

17. **Im Folgenden lesen Sie drei unterschiedliche Modelle zur Online-PR. Welches davon, würden Sie sagen, kommt der Online-PR-Arbeit in Ihrer Einrichtung am nächsten?** [eigene Überlegung basierend auf dem theoretischen Konzept der 3 Online-PR-Typen von Pleil; vgl. Pleil, 2007; Pleil, 2010d; Zerfaß & Pleil, 2012]

	% | n
Modell 1: Mit unserer Onlinekommunikation wollen wir vorrangig zeigen, wer wir sind und was wir tun. Unser Ziel ist es, allen Interessenten Basisinformationen zu vermitteln und ausreichend Informationen z. B. in Form unserer gedruckten Flyer, Broschüren oder Pressemitteilungen als PDF-Dokumente zum Download bereitzustellen. Foren und Kommentarfunktionen, beispielsweise im Social Web, sowie Monitoring-Software und Kontrollmaßnahmen für die Onlinekommunikation nutzen wir derzeit noch nicht. Die Onlinekommunikation selbst wird von einem unserer PR-Mitarbeiter nebenbei mit betreut.	69,4 | 93
Modell 2: Mit unserer Onlinekommunikation wollen wir zeigen, wer wir sind und was wir tun. Wir wollen unsere Rezipienten über unsere Produkte und Dienstleistungen informieren. Dazu bieten wir auch die Möglichkeit per Kontaktformular oder geschlossenem Kommentarbereich bzw. Forum mit uns direkt zu kommunizieren. Diese Kontakte helfen uns, unser Angebot im Rahmen unserer Ziele stetig zu verbessern. Dazu verwenden wir auch Nutzungsstatistiken z. B. unserer Website und messen die Zufriedenheit unserer Kunden. Für die Online-PR selbst haben wir eine eigene Personalstelle geschaffen.	24,5 | 33

Modell 3: Mit unserer Onlinekommunikation wollen wir gezielt das Gespräch mit unseren Zielgruppen suchen und unsere Bereitschaft dazu signalisieren. Ziel ist es, unsere digitale Reputation zu verbessern und Beziehungen zu pflegen. Wir engagieren uns im Social Web. Soziale Medien sind für uns wichtige Kommunikationsinstrumente. Wir beobachten auf Basis unserer Kommunikationsstrategie systematisch die Online-Dialoge. Über das Zuhören und Einbeziehen unserer Gesprächspartner überprüfen wir unsere Ziele und passen sie an. Diese Offenheit erfordert Zeit und Bereitschaft – praktisch das „always on". Wir haben dafür erfahrenes Personal extra für die Onlinekommunikation. Unsere Kommunikationsstrategie regelt zudem, „wer zu welchen Themen wie online kommuniziert". Guidelines regeln die Social Media-Nutzung aller Mitarbeiter innerhalb unserer Einrichtung.	6,0 | 8

Anmerkung. n_{ges} = 134, MOD = 1.

18. Wenn Sie bitte einmal an Zielgruppen denken, die Sie mit der Online-PR Ihrer Forschungseinrichtung erreichen wollen: Wie wichtig sind dann die folgenden Zielgruppen für die Online-PR Ihrer Einrichtung? Bitte nehmen Sie Ihre Bewertung wieder auf einer Skala von 1 ‚überhaupt nicht wichtig' bis 5 ‚sehr wichtig' vor. [Anlehnung an Hellstern & Freitag, 1997 und Lederbogen, 2000, 2004; Zsf. zit. in Lederbogen, 2004, S. 167]

	MW | SD | n_{ge}			**% | n**		
		1	**2**	**3**	**4**	**5**
Politische Entscheidungsträger	3,63 | 1,21 | 137	5,1 | 7	14,6 | 20	23,4 | 32	26,3 | 36	30,7 | 42
Wirtschaft/Industrie	3,55 | 1,31 | 135	8,9 | 12	14,1 | 19	23,0 | 31	21,5 | 29	32,6 | 44
Förderer, Stifter, Spender	3,40 | 1,27 | 137	10,2 | 14	13,1 | 18	27,0 | 37	25,5 | 35	24,1 | 33
Interessierte Bürger	3,76 | 1,08 | 140	2,9 | 4	11,4 | 16	21,4 | 30	35,7 | 50	28,6 | 40
Mitglieder von Online-Communities	2,93 | 1,20 | 136	13,2 | 18	23,5 | 32	32,4 | 44	19,1 | 26	11,8 | 16
Fachmedien	4,19 | .97 | 138	2,2 | 3	5,1 | 7	10,9 | 15	35,5 | 49	46,4 | 64
(Wissenschafts-)journalisten/Medien	4,32 | ,89 | 139	1,4 | 2	3,6 | 5	8,6 | 12	33,8 | 47	52,5 | 73
Blogger (z. B. zu Wissenschaftsthemen)	3,31 | 1,29 | 134	9,0 | 12	20,9 | 28	24,6 | 33	21,6 | 29	23,9 | 32
Online-Meinungsführer	3,03 | 1,23 | 133	11,3 | 15	24,8 | 33	28,6 | 38	20,3 | 27	15,0 | 20
Wissenschaftliche Fachöffentlichkeit	4,12 | 1,10 | 139	2,9 | 4	8,6 | 12	11,5 | 16	28,1 | 39	48,9 | 68
Studierende, Hochschulabsolventen	4,40 | ,80 | 139	,7 | 1	2,2 | 3	8,6 | 12	33,1 | 46	55,4 | 77
Potenzielle Mitarbeiter	4,09 | ,94 | 138	2,2 | 3	3,6 | 5	15,9 | 22	39,1 | 54	39,1 | 54
Mitarbeiter	3,80 | 1,10 | 138	5,1 | 7	5,8 | 8	23,9 | 33	34,8 | 48	30,4 | 42

Anmerkung. MW = Mittelwert, SD = Standardabweichung; n_{ges} = Anzahl derer, die das Item beantworteten.

19. Gibt es weitere Zielgruppen, die in Ihren Online-Public-Relations besonders bedeutend sind?

	% | n
Ja, und zwar (Zusammenfassung der offenen Antworten): ▪ Kunden, Patienten ▪ externe Gutachter, Planungspraxis, Sozialpartner ▪ Behördenvertreter, regionales Wissenschafts- und Wirtschaftsförderumfeld, Öffentliche Verwaltung ▪ Bürgerwissenschaftler ▪ Kinder, Schüler, junge Erwachsene, potenzielle künftige Mathe-Studenten, wissenschaftlicher Nachwuchs, Lehrer ▪ Studierende unsers Fachgebietes/zukünftige Mitarbeiter/innen ▪ internationale PhD- und PostDoc-Kandidaten ▪ Wissenschaftliche Mitarbeiter an Hochschulen ▪ Alumni	31,7 | 45
Nein	68,3 | 97

Anmerkung. n_{ges} = 142, MOD = 2.

20. Aus Ihren bisherigen Erfahrungen: Über welche Medienkanäle können Sie die folgenden Zielgruppen am besten erreichen? Bitte geben Sie pro Zielgruppe den nach Ihrer Meinung besten Kanal an.

	% | n					
	Soziale Netzwerke	**Mikrobloggingdienste**	**eigene oder Beteiligung an Blogs**	**Einrichtungswebsite**	**Klassische Medien**	**Keiner dieser Kanäle**
Politische Entscheidungsträger[1]	-	,7 | 1	-	10,4 | 14	69,4 | 93	19,4 | 26
Wirtschaft/Industrie[2]	-	-	,8 | 1	38,9 | 51	45,8 | 60	14,5 | 19
Interessierte Bürger[3]	5,3 | 7	1,5 | 2	-	54,1 | 72	36,1 | 48	3,0 | 4
Online-Meinungsführer[4]	38,4 | 48	12,8 | 16	12,8 | 16	20,8 | 26	2,4 | 3	12,8 | 16
(Wissenschafts-) journalisten/Medien[5]	4,5 | 6	5,3 | 7	3,0 | 4	42,4 | 56	36,4 | 48	8,3 | 11
Wissenschaftliche Fachöffentlichkeit[6]	,8 | 1	4,6 | 6	3,8 | 5	44,3 | 58	30,5 | 40	16,0 | 21
Studierende, Hochschulabsolventen[7]	36,6 | 49	1,5 | 2	-	55,2 | 74	4,5 | 6	2,2 | 3
Potenzielle Mitarbeiter[8]	14,2 | 19	,7 | 1	-	68,7 | 92	11,2 | 15	5,2 | 7

Anmerkung. n_{1ges} = 134, MOD = 5; n_{2ges} = 131, MOD = 5; n_{3ges} = 133, MOD = 4; n_{4ges} = 125, MOD = 1; n_{5ges} = 132, MOD = 4; n_{6ges} = 131, MOD = 4; n_{7ges} = 134, MOD = 4; n_{8ges} = 134, MOD = 4.

21. Alles in allem: Wie zufrieden sind Sie mit den Interaktionen mit Ihren Zielgruppen auf Ihren Social Media-Kanälen? Bitte kreuzen Sie ganz links an, wenn Sie mit den Interaktionen überhaupt nicht zufrieden sind und ganz rechts, wenn Sie damit voll und ganz zufrieden sind. Mit den Kästchen dazwischen können Sie Ihr Urteil abstufen. [Anlehnung an Die Firma, 2010, S. 21]

	❑	❑	❑	❑	❑
% | n	11,4 | 10	29,5 | 26	44,3 | 39	13,6 | 12	1,1 | 1

Anmerkung. MW = 2,64, SD = ,90; n_{ges} = 88.

[Wird gefiltert bei Nichtnutzung von Social Media.]

22. Folgend lesen Sie einige Aussagen zur Wissenschaftskommunikation: Inwieweit stimmen Sie diesen Aussagen zu? Bitte bewerten Sie diese wieder anhand der Skala von 1 ‚stimme überhaupt nicht zu' bis 5 ‚stimme voll und ganz zu'. [Eigene Überlegung mit Items in Anlehnung an Zerfaß, Fink & Linke, 2011, S. 16; Die Firma, 2010, S. 9; Gerber 2011, S. 14f., 42]

	MW | SD | n_{ges}			**% | n**		
		1	**2**	**3**	**4**	**5**
Die klassischen Medien werden in den nächsten 2 Jahren für die PR weiterhin die wichtigste Bezugsgruppe bleiben, um wissenschaftliche Themen in die Öffentlichkeit zu transportieren.	3,80 | ,89 | 130	-	9,0 | 12	24,1 | 32	44,4 | 59	22,6 | 30
Die Wissenschaftskommunikation schöpft die Möglichkeiten der Onlinekommunikation zu wenig aus.	3,52 |1,04 | 130	2,4 | 4	14,6 | 19	27,7 | 36	36,9 | 48	17,7 | 23
Anstatt hinterher Vertrauen zu schaffen, müssen neue Entwicklungen von Beginn an kommunikativ begleitet werden.	4,10 | ,91 | 128	2,3 | 3	1,6 | 2	18,0 | 23	39,8 | 51	38,3 | 49
Das direkte Aufrufen der statischen Website verliert künftig an Bedeutung.	2,66 |1,04 | 133	12,8 | 17	33,1 | 44	34,6 | 46	14,3 | 19	5,3 | 7
Die direkte Kommunikation mit der Öffentlichkeit, ohne Umwege über den Journalismus, wird zunehmen.	3,67 | ,96 | 133	1,5 | 2	10,5 | 14	27,1 | 36	41,4 | 55	19,5 | 26
Soziale Medien sind wie geschaffen für die direkte Wissenschaftskommunikation.	2,80 |1,10 | 133	14,3 | 19	23,3 | 31	36,1 | 48	20,3 | 27	6,0 | 8
Der Journalismus verliert im Social Web seine führende Funktion, wissenschaftliche Themen für die Öffentlichkeit zu selektieren.	2,85 |1,17 | 134	13,4 | 18	26,9 | 36	31,6 | 41	19,4 | 26	9,7 | 13
Wir fühlen uns gezwungen, „always on" zu sein.	2,67 |1,05 | 133	15,8 | 21	26,3 | 35	36,1 | 48	18,8 | 25	3,0 | 4
Die Erwartungen an Beziehungsaufbau und Dialogkommunikation in den sozialen Medien werden überschätzt.	3,47 |1,03 | 131	3,8 | 5	10,7 | 14	37,4 | 49	30,5 | 40	17,6 | 23

Im Internet erreichen wir kostengünstiger und effizienter unsere Zielgruppen.	3,65 | ,93 | 133	,8 | 1	10,5 | 14	30,1 | 40	39,8 | 53	18,8 | 25
Online können wir Inhalte zielgruppenspezifischer als offline aufbereiten und zur Verfügung stellen.	3,53 |1,10 | 130	5,4 | 7	10,0 | 13	31,5 | 41	32,3 | 42	20,8 | 27
Wissenschaft und Wissenschaftskommunikation werden sich immer stärker online ausbreiten.	4,12 | ,75 | 132	-	3,0 | 4	13,6 | 18	51,5 | 68	31,8 | 42

Anmerkung. MW = Mittelwert, SD = Standardabweichung; n_{ges}= Anzahl der Antworten pro Item.

[Hinweis: automatische Rotation der Items]

23. **Wenn Sie nun einmal an die Chancen und Hindernisse des Social Webs denken: Worin liegen für Ihre Einrichtung die größten Chancen in der Nutzung von Social Media? (Mehrfachantworten möglich)** [vgl. Zerfaß & Fink, 2010, S. 17; zu Items vgl. auch index, 2009, S. 6f.]

	$\%_A$ | $\%_F$ | n_A
Vereinfachte Beobachtung der öffentlichen Meinung	14,4 | 39,4 | 37
Direkter, dialogischer Kontakt zu verschiedenen Zielgruppen	24,1 | 66,0 | 62
Verbesserte Personalgewinnung	18,3 | 50,0 | 47
Bessere interne Zusammenarbeit, Wissensmanagement	11,7 | 31,9 | 30
Bessere Zusammenarbeit und Einbindung von Kooperationspartnern	8.9 | 24,5 | 23
Auffindbarkeit durch Suchmaschinen	20,6 | 56,4 | 53
Sonstige	1,9 | 5,3 | 5

Antworten unter „Sonstige" (Zusammenfassung):

- Ein zusätzlicher Kommunikationskanal
- Einfachere Platzierung der Themen
- Größere Darstellungsvielfalt
- Kundenakquisition

Anmerkung. Mehrfachantworten-Set: $\%_A$ = prozentualer Anteil an Antworten für $\mathbf{n_A = 257}$; $\%_F$ = prozentualer Anteil an gültigen Fällen für $\mathbf{n_F = 94}$.

[Hinweis: automatische Rotation der Items mit Ausnahme von Sonstige]
[Wird gefiltert bei Nichtnutzung von Social Media.]

24. **Worin sehen Sie für Ihre Einrichtung die größten Hindernisse bei der Nutzung von Social Media? (Mehrfachantworten möglich)** [vgl. Zerfaß & Fink, 2010, S. 19; zu Items vgl. index, 2009, S. 6f.; news aktuell & Faktenkontor, 2013, S. 27]

	$\%_A$ | $\%_F$ | n_A
Schlecht steuerbarer Kommunikationsverlauf	11,1 | 31,5 | 29
Kontrollverlust über die Selbstdarstellung der Organisation	9,6 | 27,2 | 25
Verletzung der Vertraulichkeit durch Mitarbeiter	8,4 | 23,9 | 22
Notwendigkeit eines schnellen Reagierens	13,8 | 39,1 | 36
Zu geringes Interesse der Zielgruppen an Interaktion	14,9 | 42,4 | 39

Schwierige Erfolgsmessung/Fehlen valider Evaluationskonzepte	17,6 | 50,0 | 46
Zu großer finanzieller und personeller Aufwand	21,1 | 59,8 | 55
Sonstige	3,4 | 9,8 | 9

Antworten unter „Sonstige" (Zusammenfassung):

- Mangelnde Steuerungsmöglichkeiten
- Nicht adäquate Organisationskultur; zu geringes Interesse der Leitung
- Breitschaft aller Mitarbeiter, auf Fotos, Film etc. in sozialen Netzwerken zu erscheinen
- Komplexität der Inhalte; mangelnde Qualität der Inhalte, Überflutung
- Verbreitung im Wissenschaftsbereich noch zu gering, zu wenig Resonanz und Interaktion
- Wichtigste Zielgruppe (Industrie-Entscheider) noch nicht im Social Web

Anmerkung. Mehrfachantworten-Set: $\%_A$ = prozentualer Anteil an Antworten für $\mathbf{n_A = 261}$; $\%_F$ = prozentualer Anteil an gültigen Fällen für $\mathbf{n_F = 92}$.

[Hinweis: automatische Rotation der Items mit Ausnahme von Sonstige]
[Wird gefiltert bei Nichtnutzung von Social Media.]

25. Und welche Ziele verfolgt Ihre Einrichtung mit der Kommunikation im Social Web? (Mehrfachantworten möglich) [Items in Anlehnung an Die Firma, 2012, S. 48f.; Die Firma, 2013, S. 16f.]

	$\%_A$ | $\%_F$ | n_A
Steigerung der Bekanntheit unserer Einrichtung	20,3 | 87,6 | 78
Imagegewinn, Steigerung unserer Online-Reputation	16,6 | 71,9 | 64
Einfluss auf die Medienagenda	3,6 | 15,7 | 14
Einfluss auf die öffentliche Meinung	2,6 | 11,2 |10
Mehr Unabhängigkeit von medialen Multiplikatoren	5,2 | 22,5 | 20
Dialog mit den Zielgruppen	11,4 | 49,4 | 44
Erschließen neuer Zielgruppen	11,7 | 50,6 | 45
Kommunikative Transparenz zur Förderung von Vertrauen und Glaubwürdigkeit	13,5 | 58,4 | 52
Neukundengewinnung	4,4 | 19,1 | 17
Personalgewinnung	10,6 | 46,1 | 41

Anmerkung. Mehrfachantworten-Set: $\%_A$ = prozentualer Anteil an Antworten für $\mathbf{n_A = 385}$; $\%_F$ = prozentualer Anteil an gültigen Fällen für $\mathbf{n_F = 89}$.

[Hinweis: automatische Rotation der Items]
[Wird gefiltert bei Nichtnutzung von Social Media.]

26. Gibt es noch weitere Ziele, die Sie mit Ihrer Social Media-Kommunikation verfolgen? [eigene Überlegung]

Weitere genannte Ziele (Zusammenfassung):

- Bereitstellung von Informationen über unsere Wissenschaft allgemein, Bildungsarbeit, Citizen Science
- Darstellung unserer Forschungs- und Themenvielfalt
- Den Kundenwünschen nach Online-Präsenz gerecht werden
- Erreichen der klassischen Medien über „Social Media Umweg"

- Größere Reichweite
- Interner Zusammenhalt
- Kommunikation mit Mitarbeitern, diese als Multiplikatoren gewinnen

Nein	37,1 % | n = 36

[Wird gefiltert bei Nichtnutzung von Social Media.]

27. Konnten Sie mit Ihren Kommunikationsmaßnahmen im Social Web bereits neue Projekte und Mitarbeiter gewinnen oder nicht? (Mehrfachantworten möglich) [eigene Überlegung]*

	$\%_A$ | $\%_F$ | n_A
Ja, Projekte	14,1 | 15,9 | 13
Ja, Personal	29,3 | 32,9 | 27
Nein, weder Projekte noch Personal	56,5 | 63,4 | 52

Anmerkung. Mehrfachantworten-Set: $\%_A$ = prozentualer Anteil an Antworten für $\mathbf{n_A = 92}$; $\%_F$ = prozentualer Anteil an gültigen Fällen für $\mathbf{n_F = 82}$.

[Wird gefiltert bei Nichtnutzung von Social Media.]

28. Haben Sie für die Kommunikation in den sozialen Medien neue Personalstellen geschaffen oder übernehmen diese PR-Mitarbeiter neben ihren täglichen Aufgaben? [eigene Überlegung]

	% | n
Ja, wir haben für die Kommunikation im Social Web neue Personalstellen geschaffen.	12,4 | 11
Die Social Media-Kanäle werden von PR-Mitarbeitern nebenbei mit betreut.*	77,5 | 69
Andere Struktur*	10,1 | 9

Antworten unter „Andere Struktur“ (Zusammenfassung):

- Befristete Personalstelle; Institutsübergreifende Stelle für Personalmarketing
- Social Media wird von allgemeiner Online-PR mitbetreut
- Social Media wird von der IT-Abteilung mitbetreut
- Social Media wird von den Wissenschaftlern selbst betrieben
- Umbau der PR-Abteilung mit Planung einer Stelle für Social Web-Aktivitäten

Anmerkung. $\mathbf{n_{ges} = 89}$; MOD = 2.

[Wird gefiltert bei Nichtnutzung von Social Media.]; [*Filter: Weiter mit Frage 30]

29. Wie viele Mitarbeiter kümmern sich um Ihre Kommunikation in den sozialen Medien? [eigene Überlegung]

Mitarbeiter: MW = 1,64; SD = 1,29; Min = 1; Max 5; n = 11

[Wird gefiltert bei Nichtnutzung von Social Media.]

Nachstehend bitte ich Sie noch um zwei allgemeine Angaben zu Ihrer Einrichtung.

30. Welcher Wissenschaftseinrichtung gehören Sie an? [eigene Überlegung]

	% | n
Fraunhofer-Gesellschaft	60,0 | 51
Helmholtz-Gemeinschaft Deutscher Forschungszentren	55,6 | 10
Max-Planck-Gesellschaft	61,0 | 47
Wissenschaftsgemeinschaft Gottfried Wilhelm Leibniz	62,5 | 55

Anmerkung. Prozentuale Angaben beziehen sich auf die Anzahl der einzelnen Institute pro Organisation. (Grundgesamtheit (GG) = 268: FhG = 85, HGF = 18, MPG = 77, WGL = 88)

31. Wie viele Mitarbeiter sind in Ihrer Einrichtung beschäftigt? [Höhn, 2011, S. 305]

Mitarbeiter: MW = 893,96; SD = 3441,21; Min = 4; Max 22 000; n = 116

32. Danke, dass Sie sich die Zeit zur Beantwortung der Fragen nahmen. Haben Sie vielleicht noch Anmerkungen zum Fragebogen, zu den gestellten Fragen oder Themen, die Sie mitteilen möchten? [eigene Überlegung]

____

Interesse an den Befragungsergebnissen?

Falls Sie an einer Zusammenfassung der Ergebnisse interessiert sind, tragen Sie bitte nachstehend Ihre E-Mail-Adresse ein.
Ihre E-Mail-Adresse wird unabhängig von den Befragungsdaten gespeichert und lässt keine Rückschlüsse auf Ihre Antworten zu. Ihre Adresse unterliegt dem Einhalten von Datenschutzrichtlinien und wird ausschließlich zum Versand der Ergebnisse verwendet.
Alternativ können Sie mir aber auch gerne direkt per E-Mail (anika.peucker@gmail.com) Ihr Interesse an den Ergebnissen mitteilen.

Bitte haben Sie nur etwas Geduld. Die Auswertung kann etwas dauern. Sie erhalten die Ergebniszusammenfassung nach Abschluss meiner Masterarbeit.

E-Mail: ____________________________________

Danke!
Ich möchte mich herzlich für Ihre Teilnahme und Unterstützung bedanken.